|天|
|Borderless|
|下|

公司法有张力

领读公司法

（第二版）

张 力 — 著

Decoding
Company
Law

(2nd Edition)

法律出版社 LAW PRESS·CHINA
———— 北京 ————

图书在版编目（CIP）数据

领读公司法 / 张力著. -- 2 版. -- 北京：法律出版社，2025. -- （公司法有张力）. -- ISBN 978 - 7 - 5244 - 0419 - 4

Ⅰ. D922.291.914

中国国家版本馆 CIP 数据核字第 20250X0P30 号

领读公司法（第二版）
LINGDU GONGSIFA（DI-ER BAN）

张　力　著

责任编辑　杨悦芊
装帧设计　李　瞻

出版发行　法律出版社	开本　710 毫米×1000 毫米　1/16
编辑统筹　学术·对外出版分社	印张　21.75　　字数　228 千
责任校对　王语童	版本　2025 年 7 月第 2 版
责任印制　胡晓雅　宋万春	印次　2025 年 7 月第 1 次印刷
经　　销　新华书店	印刷　保定市中画美凯印刷有限公司

地址：北京市丰台区莲花池西里 7 号（100073）

网址：www.lawpress.com.cn　　　　　　　销售电话：010 - 83938349

投稿邮箱：info@lawpress.com.cn　　　　 客服电话：010 - 83938350

举报盗版邮箱：jbwq@lawpress.com.cn　　 咨询电话：010 - 63939796

版权所有·侵权必究

书号：ISBN 978 - 7 - 5244 - 0419 - 4　　　　　　定价：98.00 元

凡购买本社图书，如有印装错误，我社负责退换。电话：010 - 83938349

《领读公司法》（第二版）修订说明

(一)关于本次修订的必要性

1. 2023 年 12 月 29 日《公司法》经历了 2005 年以来第二次大规模修订，修订后的《公司法》共 15 章 266 条，在 2018 年《公司法》13 章 218 条的基础上，实质新增和修改 70 条左右。

2023 年修订启于国内第一部《公司法》施行 30 年后(国内第一部《公司法》于 1993 年 12 月颁布、1994 年 7 月 1 日起施行)，这 30 年恰好是国内改革开放、经济迅猛发展的 30 年。不得不说，作为市场经济制度建设的基础法律，《公司法》的实施对推动改革开放、稳定经济发展的成果发挥了巨大的作用。当然，由于市场经济基础薄弱、商业实践匮乏，这 30 年经济的迅猛发展不可避免地呈现出无序的状态，也出现了一些问题，如到目前为止绝大多数公司呈小规模状态、没有建立现代企业制度、难以形成核心竞争力并长久发展等。这是从立法层面给予调整的必要性。

2023年《公司法》修订既然是大修,重点自然还是在公司法的两大核心制度——资本制度和法人治理制度上,包括市场热议的注册资本5年认缴制以及对小规模/非上市股份有限公司在法人治理上给予的便利等,表明了立法机关欲将当前粗放、无序的公司运营环境逐步引导至集约、有序和法治化的决心。对商事主体来说,这是件大事,了解这些规则、变化和影响,对于如何设立和运营好自己的公司具有重要意义。

2. 近年来,国内外经济环境的重大变化引发了国内部分企业的倒闭,这对于经历了30年改革开放快速发展的商事主体来说,是个始料未及的困难。大量的股东争议、外部投资人对赌回购纠纷、公司重整、破产,实际控制人失信限高、被法院和行政机关判令高额的民事责任、行政责任甚至刑事责任……凡此种种,迫使商务人士对市场做出了深入的思索:为什么要做公司?如何做公司?公司成功的秘籍是什么?如何避免失败?为什么同样的环境下,同行业有的轰然倒掉,有的却逆风飞扬?……简言之,公司法在商务实践中的重要性客观上得到了提高。

(二)本次修订体例和架构上的调整

《领读公司法》作为公司法实务书的定位不变,本次修订在架构和体例上做了较大调整,调整根本原因是考虑读者的需求,以最大限度增加可读性。调整的思路受延海兄关于航空公司飞行员使用的《飞行员手册》思路启发[《飞行员手册》包括三部分内容:第一部分是飞行原理(包括机械、电子、通信等);第二部分是飞机从准备起飞到飞行再到安全降落的完整操作流程;第三部分是飞行故障的快速检测单,便于飞行员在飞行过程中快速检测故障并采取正确的措施解决问题,确保安全飞行]。

按照上述思路,我在前面已经出版的《领读公司法》和《律师谈公司治理》的基础上,做了些系统化、体系化的安排,调整为"公司法有张力1+N"系列丛书(如图0-1所示)。

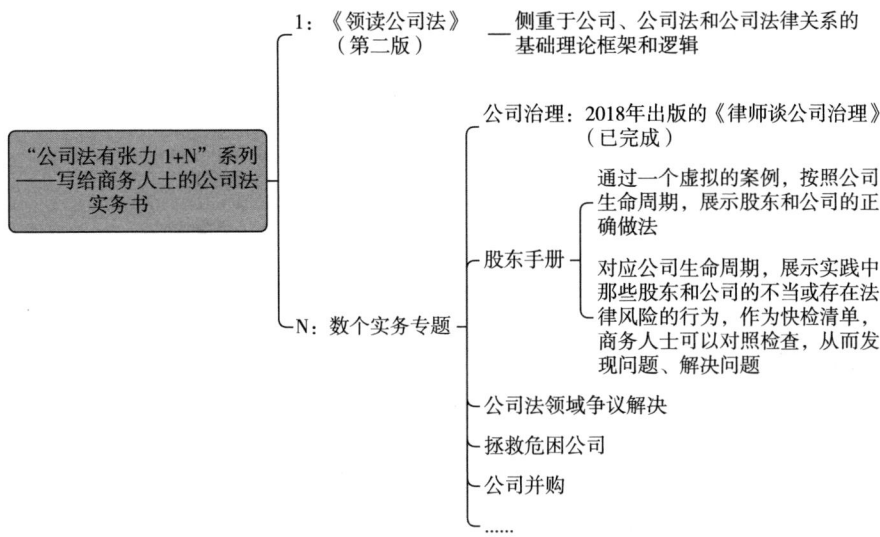

图0-1 "公司法有张力1+N"系列丛书框架

其中的"1"就是本次修订后的《领读公司法》,相当于《飞行员手册》中的第一部分"飞行原理"。侧重于公司、公司法和资本市场的基础知识和理论框架,即原理部分。本次修订从"公司法律关系"这个概念入手(公司法律关系即公司法调整的,以股东、公司、董监高、债权人四方为主体、在公司设立和运营过程中形成的七组法律上的权利义务关系),将这七组法律上的权利义务关系掰开揉碎并结合案例给大家讲清楚。从公司法律关系这个角度,旨在协助商务人士更好地理解问题的实质。

其中的"N"是指数个公司法实务专题册子,如本次《领读公司法》修订同时推出的《股东手册》,侧重于从股东角度全面理解公司、公司法和资本市场,通过一个虚拟的公司顺利走完完整的生命周期【设立阶段(0~1年)➡

生存阶段(1~5年)➡成长阶段(5~10年)➡成熟阶段(10~20年)➡持续发展或终止阶段(20年以后)】展示股东通常的行为指南,相当于《飞行员手册》的第二部分飞机操作流程;同时列示公司生命周期内常见的不当行为,相当于《飞行员手册》的第三部分飞行故障快速检测单。通过这样的架构安排,协助商务人士更加直观了解驾驭公司的通常性正确做法,并对照检查,从而更好发现、理解和解决自己公司的问题。如果大家喜欢,未来根据需要可以持续推出其他专题手册。

"公司法有张力"是我们团队公众号的字号。我们团队做公众号开始于2016年,2018年起开始使用这个字号。公众号的宗旨是"有深度且有温度地展示公司法,与您分享有趣有力量的法律故事"。本次修订《领读公司法》依然服务于这个宗旨,所以,相互依托,也相互成就。

对于商务人士来说,实务手册读起来会更轻松一些。各位读者可以根据自己的实际情况,选择阅读,丰俭由人。

(三) 其他

1. 关于公司分类方法,本次继续沿用《领读公司法》首次出版时使用的两分法——私公司/股权转让受限的公司和公众公司/上市公司/股权转让不受限的公司。2023年《公司法》修订给予了该分类方法积极的支持。

2. 如无特指,本书所述带书名号的《公司法》均指2023年修订、2024年7月1日起实施的《公司法》,不带书名号的公司法是广义的表述,包括2023年修订的《公司法》,与公司法相关的《民法典》《证券法》《破产法》《企业国有资产法》,最高人民法院发布的公司法司法解释、国务院/国资委/中国证监会等行政机关颁布的关于公司、国有企业、上市公司规范运作的行政法规、部门规章等规定。

3. 本书阅读对象仍为商务人士，包括公司创始人、股东（控股股东、机构投资人）、董监高、董秘、公司法务等。《领读公司法》和《律师谈公司治理》首次出版后，我发现律师也是这两本书的重要阅读群体。是的，担任公司法律顾问，为公司提供法律服务几乎是每个律师的经常性工作。作为从业近30年的律师，如果本书能够对同行尤其是年轻律师有所帮助，自是欣慰。

做公司不易，尤其当经济迅速发展模式调整到现在全球性的经济下行模式后。所以，还是那句话，希望我的"公司法有张力1+N"系列公司法实务丛书能够对大家有用。

张 力

2024年6月16日宁波

2021 年再版说明

本着实事求是,负责任的态度,本书自2016年9月首次出版至今近五年的时间,是该修订了。

修订说明如下:

1. 近五年的时间里,《公司法》法律环境发生了系列变化:2018年《公司法》进行了修正,《公司法司法解释(四)》《公司法司法解释(五)》《九民纪要》推出,2021年1月1日实施的《民法典》中也包含了《公司法》部分内容,但这些都没有特别实质性的修改。所以,相应的修改部分并不多。

2. 外部环境的变化对本书内容产生实质性影响的是最近这两年资本市场上注册制的推出与实施。确实,2019年7月25日开始推出的科创板并试行注册制揭开了资本市场新的篇章。2020年6月新三板转板办法推出、7月新三板精选层推出、8月创业板注册制改革以及2021年2月中国证监会宣布深市主板与中小板合并,宣示着注册制全面实施的到来。作为公司法律师、证券市场一线中介机构，及时将最新信息提供给商务人士是自己的本分，所以，本次修订对第九章"首次公开发行并上市（IPO）"部分做了大幅度的修改，全面介绍了注册制的核心内容，并更新了案例。

3.更新了部分数据，如最近5年来新三板的市场数据，新三板市场自2016年挂牌企业数量突破1万家后，5年的时间挂牌数量以及交易量均呈下降态势，这与此前预计的蓬勃发展的新三板市场略有不符。结合新三板分层管理、精选层推出、转板制度实施，笔者认为新三板规则在当前能够拓展优质挂牌公司的上升空间的同时，如果能够适当降低基础层挂牌门槛和信息披露要求，应当可以更好地回归新三板设立宗旨，发挥新三板资本市场对中小规模实体企业的积极鼓励作用。也有部分2016年及以前的数据未更新，如公司诉讼案例、上市公司收购、重大资产重组等案例，主要考虑最近5年虽有法律规定和规则上的变更，但实质变化不大，这些修改都不影响读者对书中此前列示的部分案例的理解。所谓法律的稳定性亦在于此。

4.2019年10月中国证监会修改了《上市公司重大资产重组管理办法》，取消了重组上市（借壳上市）中对标的资产净利润的指标要求，将控制权变更时间由2016年的60个月缩短为36个月，在重大资产重组的同时允许募集配套资金，也放开了自创业板设立之初就禁止的创业板重组上市行为，这些修订最大限度体现了市场化的原则，对鼓励上市公司并购重组、资源配置起到了积极的作用。为此，本次修订更新了书中相关内容。

5.原稿中的部分表述错误一并修订，感谢其间专门发邮件提示错误的朋友。

6. 其实我最想改的是版本,现在的版本确实有点小,拿起来不方便,但改版本很麻烦,跟出版社沟通了很长时间,只能继续当前版本,请各位理解。

张 力

2020 年 2 月 15 日三亚秀水湾

2016年9月首次出版之导读

中国《公司法》是伴随中国市场经济发展步伐而产生的,自1994年7月1日起实施至今已有20多年时间,其间经历了1999年修正、2004年修正、2005年修订和2013年修正。每次修改都反映了更多的市场需求,体现了更多的市场化原则,给了公司更多的意思自治。目前实施的是2013年修正、2014年3月1日生效的版本,共十三章,218条。

作为公司证券业务律师,工作实践中我们对公司投资人、董事长和职业经理人提的最多的要求是熟读《公司法》,书读百遍,其义自见。真正读懂《公司法》了,不仅和我们中介机构的交流会更流畅,最重要的是自己能够带领公司更好地去生产、经营、管理和应对公司发展过程中的重大问题,关键时刻能够作出正确的决策,从而使公司走得更远。

在中国政法大学商法学教授李建伟老师的鼓励下,

我试着动笔,将自己多年公司证券法律业务实践中对《公司法》的理解、思考结合部分案例汇总成册,于是,就有了这本册子的诞生。

关于本册子的几点说明:

1. 这部册子的阅读对象是商务人士,包括正在经营与管理公司的董事长、董事、高管、职业经理人、公司股东、投资人以及正准备设立公司的人。

2. 本册子从公司治理角度将公司分为私公司与公众公司,2 人以上股东的有限责任公司、股东人数低于 200 人且公司股票不上市交易的股份有限公司合称为私公司,沪、深上市公司、新三板挂牌公司以及任何原因导致股东人数超过 200 人但公司股票不在上述三地挂牌交易的股份有限公司合称为公众公司。私公司在公司治理上享有更多的自主权,在遵守法律禁止性规定的前提下,股东和管理层可以更多按照自己的意愿来安排公司治理,即意思自治。公众公司在公司治理上则需承担更多的义务与责任,并全面、及时地对外披露公司重大事项。

3. 本册子采取专题的方式,一共设了 19 个专题,体例的安排基本遵从《公司法》,按照重要性原则选取。本册子旨在给读者关于公司、《公司法》、公司设立及运营基本原则的框架性认识,不是操作手册。又由于每个公司设立和所处的阶段不同,每位读者关心的问题不同,书中所列专题也没有办法做到面面俱到。对于本册子阅读对象来讲,没有时间,也不需要了解那么详尽的规定和规则,因此,除《公司法》外,本册子对部分内容涉及中国证监会部门规章和沪、深、新三板三个股票交易所规则没有一一列示,大家如果对某个专题有兴趣,可以下载具体内容详尽阅读。但为达到更好的阅读效果,大家在阅读本册子的同时,需要将《公司法》全文下载详尽阅读。

4. 将内控 18 条作为附件主要是考虑它的有用性以及在公司治理方面的

重要性,也表明了作者对这个问题的重视,怕大家不主动下载,所以就代劳了。

5. 书中除 2015 年资本市场统计数据来自新华社北京的网站外(后附网站地址),其他信息、数据、案例均来自中国证监会、上海证券交易所、深圳证券交易所和股转公司官方网站,公司诉讼资料来源于省级高级人民法院及最高人民法院的官方网站,大家可以放心使用。案例的选择充分考虑时效性和一定的代表性,从最新案例中抓取。

一句话:希望这本公司法方面的册子能够对大家有用。

张　力

2016 年 7 月北京

目 录（简目）

第一章 商务人士为什么要读《公司法》？ / 1

一、公司法的地位和重要性 / 3

二、公司法的复杂性 / 8

三、《公司法》历次修改的主要内容及影响 / 21

四、用好公司法，为股东、公司、董监高（及员工）和债权人创造价值 / 29

第二章 如何理解公司的法律意义——独立法人？ / 35

一、做公司与养孩子：一组关于公司的漫画 / 37

二、1602年荷兰东印度公司：世界上最早的现代意义股份有限公司 / 41

三、实现盈利并分配给股东：设立公司的目标 / 48

四、主要公司类型与分类方法 / 50

五、商务、财务与法律:理解公司的三个维度 / 69

六、多对多、长期、易变、冲突无处不在:公司法律关系的特点 / 77

七、开会(股东会和董事会):公司形成自己意志的途径 / 92

八、法人治理:保障公司正常运营的制度和架构 / 104

九、何为独立法人? / 120

十、公司/个人破产与重整:将公司有限责任和股东有限责任落到实处 / 132

第三章 如何深入理解公司法律关系? / 161

一、股东之间的"爱恨情仇" / 163

二、股东与公司之间的"新型亲子关系" / 214

三、公司与董监高:劳动关系还是委托代理关系或者兼而有之? / 221

四、民营企业的股东与董监高:"一荣俱荣、一损俱损" / 256

五、公司与债权人:善待"外人" / 267

六、股东与债权人:此消彼长的利益冲突 / 282

七、董监高与债权人:如何防止被债权人追责? / 286

八、如何处理好公司法律关系? / 288

第四章 如何初始建立和动态调整公司法律关系? / 291

一、建立公司法律关系的初始平衡:公司设立 / 293

二、确保动态平衡:适时调整公司法律关系的目标 /298

三、主动协商与被动诉讼:公司法律关系调整的方式 /307

四、尊重公司和股东自治,穷尽内部救济:司法处理公司法领域争议的
原则 /309

五、以当前数万亿元规模对赌回购纠纷为例:如何寻找合适的方案? /316

目　录（详目）

第一章　商务人士为什么要读《公司法》？ ／1

一、公司法的地位和重要性　／3

二、公司法的复杂性　／8

　　（一）规制与激励：实现《公司法》鼓励投资的立法目标的难度　／8

　　（二）组织法与行为法、内部行为与外部行为相互掺杂：《公司法》内容繁杂　／9

　　（三）统一与冲突：民法与公司法的复杂关系　／10

　　（四）股份多数决（效率优先、兼顾公平）：公司内部行为的基本原则　／14

　　（五）强制性条款与任意性/倡导性条款：理解《公司法》的立法技术　／15

　　（六）困惑：如何区分强制性条款和任意性/倡导性条款？　／17

三、《公司法》历次修改的主要内容及影响　／21

　　（一）1993年《公司法》推出　／23

　　（二）《公司法》2005年修订　／23

（三）《公司法》2013 年修正 ／25

（四）《公司法》2018 年修正 ／25

（五）《公司法》2023 年修订 ／27

四、用好公司法，为股东、公司、董监高（及员工）和债权人创造价值 ／29

（一）公司法应用场景 1：公司、股东、董监高如何明确自己的行为边界，避免承担法律责任？ ／29

（二）公司法应用场景 2：股东和公司如何设定自己的意思自治？ ／29

（三）公司法应用场景 3：如何搭建法人治理架构，在关键时刻作出正确决策，促使公司成功？ ／32

（四）公司法应用场景 4：如何更好地解决公司法领域争议？ ／34

第二章 如何理解公司的法律意义——独立法人？ ／35

一、做公司与养孩子：一组关于公司的漫画 ／37

二、1602 年荷兰东印度公司：世界上最早的现代意义股份有限公司 ／41

（一）不断崛起的诸多东印度公司 ／41

（二）《1784 年皮特印度法》与英国联合东印度公司的股东会和董事会工作制度 ／44

（三）东印度公司退出历史舞台 ／46

（四）东印度公司的设立、运营和管理给我们的启示 ／46

三、实现盈利并分配给股东：设立公司的目标 ／48

四、主要公司类型与分类方法 ／50

(一)股权转让是否受限:通用的公司分类方法 / 51

(二)有限责任公司和股份有限公司主要制度异同 / 53

(三)《公司法》赋予了私公司/股权转让受限的公司更多的意思自治 / 56

(四)从私公司到公众公司是一场革命 / 57

(五)公众公司/股权转让不受限的公司法人治理的特别要求 / 62

(六)无面额股、多种类别股、授权(董事会)发行:2023年《公司法》赋予股份有限公司更大的意思自治空间 / 63

(七)不做资本市场的"僵尸企业":用好资本市场平台,助力公众公司发展 / 65

(八)国家出资的公司组织机构和法人治理的特别要求 / 67

五、商务、财务和法律:理解公司的三个维度 / 69

(一)公司设立运营图:商务角度 / 69

(二)资产负债表:财务角度 / 70

(三)公司法律关系:法律角度 / 71

六、多对多、长期、易变、冲突无处不在:公司法律关系的特点 / 77

(一)公司法律关系不直接出现在公司日常经营管理活动中 / 77

(二)公司法律关系的复杂性 / 78

(三)处理好公司法律关系,维持各方权利义务关系平衡的原则 / 80

(四)"善意相对人":如何处理内部法律关系与外部法律关系的平衡? / 81

(五)在只有一个股东、一名执行董事兼经理、一名监事,公司规模不大、未发行债券的情况下,是否还需要关注公司法律关系? / 89

(六)国有股东的特殊性:国有公司处理公司法律关系面临的困难 / 90

七、开会(股东会和董事会):公司形成自己意志的途径 / 92

(一)以民事遗嘱为例,说明民法上的"意思"与"意思表示" / 92

(二)以公司并购为例,说明法人的"意思"与"意思表示" / 93

(三)必须由股东决定的事项:涉及股东权利的重要事项 / 94

(四)董事会法定职责与授权职责、董事会会议 / 97

(五)好好开会:股东会和董事会的规范运作 / 100

八、法人治理:保障公司正常运营的制度和架构 / 104

(一)法人治理的法律概念 / 104

(二)公司治理的三个层级 / 105

(三)决策—执行—监督与纠错:公司治理的功能 / 106

(四)2023年《公司法》修订在法人治理方面展示了未来法人治理的发展趋势 / 109

(五)合规与效率:国有企业法人治理难题 / 111

(六)上市公司治理的高要求 / 113

(七)"公章争夺战"几时休? / 114

(八)建立良好的法人治理架构是公司成功的必要条件 / 116

九、何为独立法人? / 120

(一)《公司法》中体现公司独立性的条款 / 121

(二)IPO招股说明书中需披露和充分展示的关于公司独立性的内容 / 122

(三)"揭开公司面纱":违背公司独立性的最严厉处罚 / 123

(四)股东为公司提供担保的无奈之举 / 130

(五)思考:公司作为独立法人,谁承担了公司的风险? / 130

十、公司/个人破产与重整:将公司有限责任和股东有限责任落到实处 / 132

(一)解散、清算、破产、注销:公司生命终结、公司法律关系终止 / 133

(二)不破不立：全面理解企业破产法律制度 / 139

(三)公司陷入困境资不抵债的情况下,如何处理各方利益冲突? / 144

(四)成功重整：重建公司法律关系与各方权利义务的平衡 / 146

(五)以"ST金一"重整案为例,展示公司在重整过程中如何平衡各方利益 / 149

(六)他山之石,可以攻玉：域外公司破产与重整 / 151

(七)个人破产法的推出,将为落实股东有限责任提供法律支撑 / 152

第三章 如何深入理解公司法律关系? / 161

一、股东之间的"爱恨情仇" / 163

(一)股东资格 / 163

(二)股东权利及其占有、使用、收益、处分四项权能 / 169

(三)股东的一般义务、控股股东的诚信义务 / 181

(四)上市公司控股股东、实际控制人的特别义务 / 194

(五)股东违反法定义务须承担的法律责任 / 202

(六)股东之间平等的法律地位 / 202

(七)股东合作是实现公司成功的必要条件 / 207

(八)股权转让：公司法的核心特征之一 / 208

(九)案例：股东滥用股东权利损害其他股东利益 / 212

二、股东与公司之间的"新型亲子关系" / 214

(一)股东对公司的义务与责任 / 214

(二)公司对股东的义务与责任 / 215

(三)公司全面维护股东利益,防止侵犯股东权益的关键 / 220

三、公司与董监高:劳动关系还是委托代理关系或者兼而有之? / 221

(一)董监高在公司法律关系中的重要性 / 221

(二)董监高的消极任职资格 / 222

(三)董监高对公司的忠实与勤勉义务 / 223

(四)独立董事制度 / 232

(五)董事会集体工作机制与我国法定代表人的独任代表制度 / 235

(六)董监高错误行为的法律后果 / 237

(七)公司对董监高的授权、激励与约束 / 248

(八)股权激励:把好事做好究竟有多难? / 251

四、民营企业的股东与董监高:"一荣俱荣、一损俱损" / 256

(一)股东对董监高的权利 / 256

(二)董监高对股东的义务 / 257

(三)"撕裂的"董监高:实务中的困惑何其多? / 259

(四)"困惑的公司":找个经理怎么这么难? / 261

(五)恒大集团和中植集团引发的思考 / 263

(六)新公司法时代,民营企业如何建立良性的股东——董监高生态关系? / 265

五、公司与债权人:善待"外人" / 267

(一)公司减资、分立、合并过程中对债权人的利益保护 / 268

(二)公司债券发行和交易过程中对债券持有人的利益保护 / 270

(三)公司在债券发行和交易过程中的信息披露义务 / 274

（四）债券持有人权利与债券持有人会议　/ 275

　　（五）受托管理人职责　/ 277

　　（六）频发的高额债券违约事件引人深思　/ 280

六、股东与债权人：此消彼长的利益冲突　/ 282

七、董监高与债权人：如何防止被债权人追责？　/ 286

八、如何处理好公司法律关系？　/ 288

第四章　如何初始建立和动态调整公司法律关系？　/ 291

一、建立公司法律关系的初始平衡：公司设立　/ 293

　　（一）有没有最好的、最坏的或需尽量避免的股权结构？　/ 293

　　（二）初始股权结构设置的原则　/ 295

　　（三）几个初始股权结构不当，或者股东权利义务配置不明确，未来可能

　　　　引发争议的例子　/ 295

二、确保动态平衡：适时调整公司法律关系的目标　/ 298

　　（一）应予调整和必须调整的情形　/ 298

　　（二）如何调整？　/ 300

　　（三）什么是调整的合适时机？　/ 304

三、主动协商与被动诉讼：公司法律关系调整的方式　/ 307

四、尊重公司和股东自治，穷尽内部救济：司法处理公司法领域争议的

　　原则　/ 309

　　（一）司法介入公司法律关系的基本原则　/ 309

（二）一个案例展示公司法诉讼的基本原则　／311

　　（三）最高人民法院发布的与广义的公司有关的纠纷的案由　／314

五、以当前数万亿元规模对赌回购纠纷为例：如何寻找合适的方案？　／316

　　（一）对赌回购失败引发的连环诉讼　／316

　　（二）司法实践中的困境　／318

　　（三）诉讼是否能够解决各方困境？有没有更好的办法？　／318

第一章

商务人士为什么要读《公司法》?

CHAPTER 1

一、公司法的地位和重要性

大家知道,法律作为人类文明的标志,其形成时间是迟于社会生活和商务实践的。以民法的产生过程为例,事实上都是先有买卖、租赁、借款、担保等社会行为,在大量实践基础上形成交易习惯,再经过多年的思考与提炼,最后汇总出"以权利➡义务➡责任为体系"的交易规则和交易秩序的民法。[①]

商法的产生更是如此,商法脱胎于民法,随着商人成为一个独立的社会群体,保险、海事、海商、票据等行为一般由商人以公司的组织形式进行,为建立这些商事行为规则,公司法、保险法、合伙企业法、海商法、破产法、票据法等商法便从民法中独立出来。

以国际票据法的产生为例,国际票据法起源于欧洲中世纪的商业习

[①] 民法是与人们的生活密切相关,调整平等主体的自然人、法人及非法人组织之间的人身关系和财产关系的法律规范的总称,如《民法典》中的婚姻编、继承编、合同编等。

惯,在从陆地贸易到大航海时代的海上贸易和国际贸易过程中,商人为了保障交易安全、降低交易成本、提高交易效率而创造了本票、汇票、提单等票据,并将大家达成共识的关于票据的开具、转让、流通、承兑和支付各环节相关主体的权利义务等习惯提炼为国际公约,进而成为法律。这些统一的国际公约和法律,进一步促进了国际贸易和金融的发展,对减少法律冲突和不确定性、增强商业信任和合作、促进国际经济的繁荣和发展具有重要意义。

公司法的产生也不例外。公司法是伴随社会和国际贸易过程中民商事活动主体的需求而产生的。综观世界各国民商事活动主体的形成过程,大致经历了单个自然人➡家庭作坊➡行会/多个自然人或家庭联合以合伙的方式共同经营(各方对经营风险承担连带责任)➡现代意义的公司的过程。其中1602年成立的荷兰东印度公司是现代意义的股份有限公司的代表,其核心特征是:公司对业务经营过程中产生的风险和债务承担有限责任、股东以出资额为限对公司债务承担有限责任。

以英国公司法为例,从教材所能引用的最早判例(1612年)至今,英国公司法已经发展了400多年。从第一部成文法《1844年股份公司法》到当前适用的《2006年公司法》,其间经历了数次大的改革或修订。其中1862年《英国统一公司法》确立了现代公司制度的三个最重要的原则:独立法人地位、有限责任、股份(权)可转让。

毋庸置疑,公司法的成立在民商事活动主体上实现了巨大的突破,打破了此前自然人和合伙人作为民商事主体的局限性和法律风险,大大降低了股东对从事商事活动的风险的担忧,赋予了商事主体拟制的独立法人资格,达到了鼓励投资的目的,并最终为繁荣全球商业文明和工业文明提供了基础法律框架。

当今社会,公司作为社会增量财富创造者,其大量的设立、运营和持续成长必然促进全社会增量财富的增长。同时,公司在商事活动中对公司法应用的成熟度也可以作为判断一个国家和地区市场经济成熟度的重要标志。美国特拉华州在公司设立上的成功就是个很好的例子。从20世纪至今,美国半数以上的上市公司选择在特拉华州注册。除了税收优势、稳定的商务环境外,该州拥有成熟的公司法律体系、政府和中介机构能够为公司提供便利和成熟的商事服务、法院能够娴熟地解决公司法争议,都是不可忽略的原因。

再以英国为例,英国现行公司法(《2006年公司法》)是在《1985年公司法》的基础上,历经8年时间,最终改定成为英国有史以来篇幅最长的成文法(一共1300条,分成47个部分)。这次改革是英国150年来规模最大的一次公司法改革。关于为什么要进行这次改革?1999年,公司法改革领导小组指出公司法应当遵循的几个原则:

> 有利于商业交易,公司法不应当成为阻碍商业交易的绊脚石。相反,公司法条文的设计应当使交易者感到便捷,降低准入标准,公司是经济活动的最小单位,公司数量多是经济发展的一个指标……总体上说,公司法应当具有的目的是提高英国公司的竞争力,平衡公司各方参与者的利益,节约成本,提高效率,保持公正,提高可预见性和透明度。[1]

---

[1] 《英国2006年公司法》(2012年修订译本),葛伟军译,法律出版社2012年版,"前言"第4页。

从国内公司法实践角度看,1994年7月1日起实施的第一部《公司法》至今也就30余年的时间,作为商法的重要组成部分,《公司法》的推出及历次修改对改革开放、中国市场经济建设发挥了重要的作用。

中国是成文法国家,图1-1粗略地展示了国内当前法律框架体系。该体系以宪法为最高阶,由三大实体法、三大程序法以及其他部门法共同构成,是建立和维护社会秩序的基础。2020年5月28日《民法典》通过,并于2021年1月1日起实施,将此前《婚姻法》《继承法》《民法通则》《收养法》《担保法》《合同法》《物权法》《侵权责任法》《民法总则》九个民法系列单行法律合并,实现了民法的统一,系统搭建了社会民事活动秩序的规则架构。但我国还没有建立统一的商法典,《公司法》《证券法》《信托法》《票据法》《企业破产法》《知识产权法》等商法单行法独立存在,构建了市场经济活动秩序的基础规则。由于绝大多数的商事活动都需要以公司的形式进行,《公司法》在商事活动中具有广泛的适用性,在整个商法体系中占据重要地位。

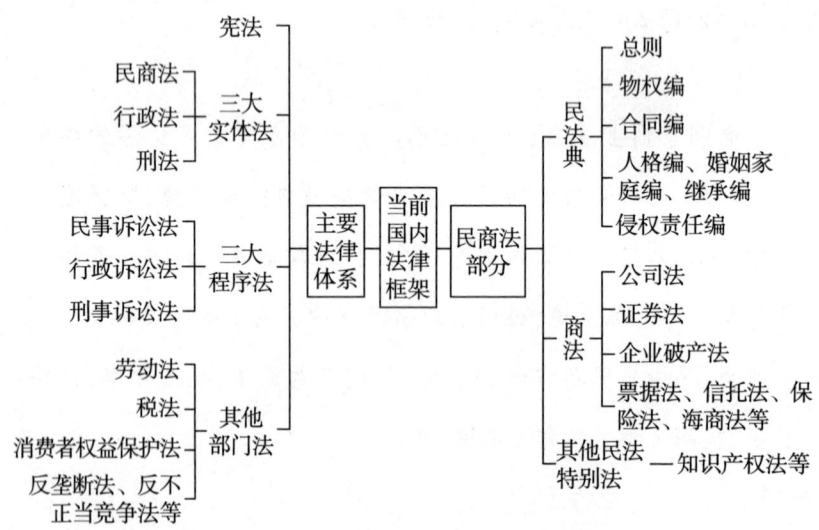

图1-1 当前国内主要法律框架

从国内整个法律体系角度讲,除个人破产法需要尽快出台外,国内立法的基本框架已搭建完成。作为成文法国家,理解公司法,需要在国内民商事法律框架内进行。

二、公司法的复杂性

(一)规制与激励:实现《公司法》鼓励投资的立法目标的难度

《公司法》立法目标在《公司法》第一条作了宣示:规范公司的组织和行为,保护公司、股东、职工和债权人的合法权益,完善中国特色现代企业制度,弘扬企业家精神,维护社会经济秩序,促进社会主义市场经济的发展。

让我们解释一下这个目标:维护社会经济秩序、促进社会主义市场经济的发展是目标;而规范公司的组织和行为,保护公司、股东、职工和债权人的合法权益,完善中国特色现代企业制度是手段。

对于单个公司来说,如果公司的组织和行为都是规范的,未发生损害公司、股东、职工和债权人合法权益的情形,公司企业制度的建立也符合现代企业的管理要求,但是公司就是不盈利,那么公司设立的目标是否可以说是已经实现了?

对于全社会来说,如果多数公司或者公司的设立和组织行为不合规,或者频繁发生损害公司、股东、职工或债权人权益的情形,或者多数公司没有建立现代企业制度,多数企业也没有实现盈利的财务指标,我们是否能够建立一个稳定的经济秩序？是否能够达成发展市场经济的目标？

答案显然是否定的。

上述推理过程可以理解为公司法面临的困境:一方面要通过强制性手段规制各方行为,促使股东、公司、职工和董监高、债权人都能在法律的框架内行事;另一方面还要激发创造力,如果规范成为多数公司发展的障碍,就违背了公司设立的初衷,影响《公司法》的立法目标的实现。

与普通民法鼓励交易的立法目标不同,《公司法》的立法目标是鼓励投资。从这个角度讲,判断一部公司法的优劣就是看它是否达到了鼓励投资的目标。

(二)组织法与行为法、内部行为与外部行为相互掺杂:《公司法》内容繁杂

《公司法》的架构和主要内容见图1-2。

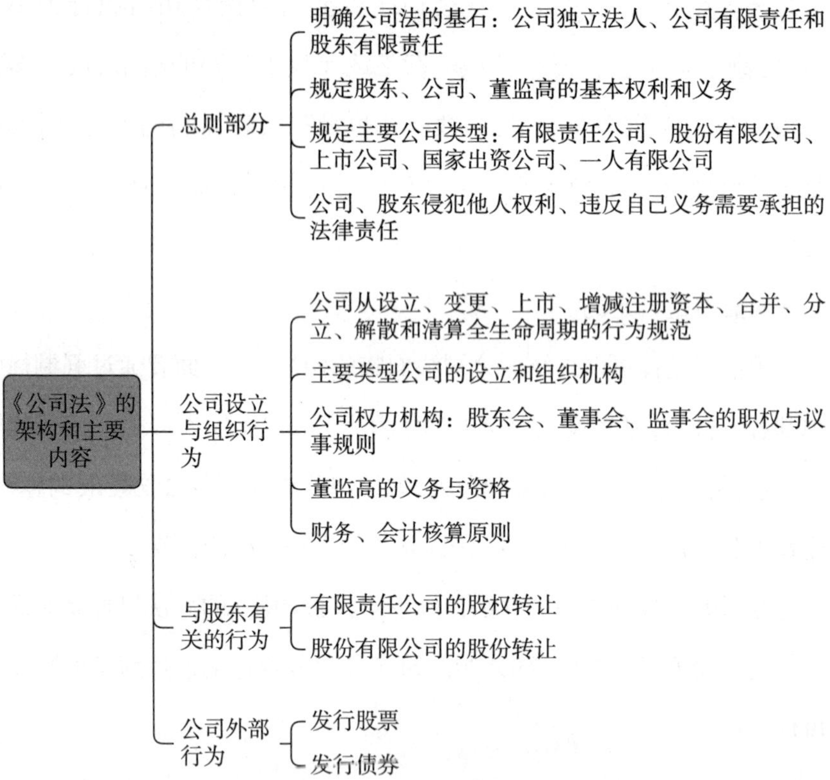

```
                              ┌ 明确公司法的基石：公司独立法人、公司有限责任和
                              │  股东有限责任
                   总则部分 ──┤ 规定股东、公司、董监高的基本权利和义务
                              │ 规定主要公司类型：有限责任公司、股份有限公司、
                              │  上市公司、国家出资公司、一人有限公司
                              └ 公司、股东侵犯他人权利、违反自己义务需要承担的
                                 法律责任

                              ┌ 公司从设立、变更、上市、增减注册资本、合并、分
                              │  立、解散和清算全生命周期的行为规范
《公司法》的                  │ 主要类型公司的设立和组织机构
架构和主要 ── 公司设立 ──────┤ 公司权力机构：股东会、董事会、监事会的职权与议
内容          与组织行为      │  事规则
                              │ 董监高的义务与资格
                              └ 财务、会计核算原则

                   与股东有   ┌ 有限责任公司的股权转让
                   关的行为 ──┤
                              └ 股份有限公司的股份转让

                   公司外部   ┌ 发行股票
                   行为     ──┤
                              └ 发行债券
```

图1-2 《公司法》的架构和主要内容

(三)统一与冲突：民法与公司法的复杂关系

民法与公司法的关系是一般法与商事特别法的关系。民法的基本原则如平等、自愿、等价、有偿等，同样适用于公司法领域。例如，《公司法》规定的公司减资、合并时要通知已有债权人并公告未知债权人便是公司、股东和债权人具有平等的法律地位、民法平等的基本原则的体现。又如，法律强制上市公司履行信息披露义务是民法合同法律关系中卖方品质担保的基本义务的体现。《民法典》在法人制度等方面为《公司法》提供了基础

性规定,而《公司法》则具体规定了法人的设立与运营要求;《公司法》是民法的特别法,在《民法典》与《公司法》规定不一致时,根据特别法优先的原则,应优先适用公司法的规定。所以,理解公司、公司法和公司法律关系的基础是民法基本理论。

既然民法与公司法是一般法与特殊法的关系,二者的冲突自然不可避免。怎么解决这些冲突?尤其是在公司法领域诉讼过程中,需要综合考虑民法的基本原则和公司法的特点,结合案件基本事实和各方商务关系的本质,追溯各方权利义务的边界。

以有限责任公司股东享有的优先购买权对股权转让协议效力的影响为例,说明这种统一与冲突。

为维护有限责任公司股东之间的信任关系和封闭性,公司法规定有限责任股东之间对外转让股权时,其他股东享有优先购买权(当然,股东也可以约定排除这种优先购买权。在没有约定排除的情况下,满足股东的优先购买权构成股东的强制性义务)。

实践中,如果公司股权转让未通知其他股东行使优先购买权,与第三方签署了股权转让合同,这种情况下股权转让方与第三方签署的股权转让合同是否有效?法院如何处理公司法与民法的统一与冲突?如何平衡公司原股东的优先购买权与股东之外的股权受让人的合法权益?

根据最高人民法院关于公司法的司法解释以及裁判案例,不能简单地判定股权转让无效,需要结合案件具体事实作出具体判断,以平衡股权转让双方以及第三人的利益。我们摘录司法解释和判例如下:

《公司法司法解释(四)》第21条规定:

有限责任公司的股东向股东以外的人转让股权,未就其股权转让事项征求其他股东意见,或者以欺诈、恶意串通等手段,损害其他股东优先购买权,其他股东主张按照同等条件购买该转让股权的,人民法院应当予以支持,但其他股东自知道或者应当知道行使优先购买权的同等条件之日起三十日内没有主张,或者自股权变更登记之日起超过一年的除外。

前款规定的其他股东仅提出确认股权转让合同及股权变动效力等请求,未同时主张按照同等条件购买转让股权的,人民法院不予支持,但其他股东非因自身原因导致无法行使优先购买权,请求损害赔偿的除外。

股东以外的股权受让人,因股东行使优先购买权而不能实现合同目的的,可以依法请求转让股东承担相应民事责任。

《九民纪要》第9条再次重申了这一原则:

9.【侵犯优先购买权的股权转让合同的效力】

审判实践中,部分人民法院对公司法司法解释(四)第21条规定的理解存在偏差,往往以保护其他股东的优先购买权为由认定股权转让合同无效。准确理解该条规定,既要注意保护其他股东的优先购买权,也要注意保护股东以外的股权受让人的合法权益,正确认定有限责任公司的股东与股东以外的股权受让人订立的股权转让合同的效力。一方面,其他股东依法享有优先购买权,在其主张按照股权转让合同约定的同等条件购买股权的情况下,应当支持其诉讼请求,除非出现该条第 1 款规定的情形。另一方面,为保护股东以外的股权受让人的合法权益,股权转让合同如无其他影响合同效力的事由,应当认定有效。其他股东行使优先购买权的,虽然股东以外的股权受让人关于继续履行股权转让合同的请求不能得到支持,但不影响其依约请求转让股东承担相应的违约责任。

北京市高级人民法院(2017)京民终 796 号股权转让纠纷,法院亦认定股权转让协议有效,摘录法院说理部分如下:

股东向股东以外的人转让股权应经过其他股东过半数同意、其他股东在同等条件下享有优先购买权,是公司法为维护有限责任公司人合性而赋予股东的权利,但该规定是对公司内部行为的约束,不影响与股东外第三人之间股权转让合同的效力。股东对外签订股权转让合同,只要合同当事人意思表示真实,不违反法律法规效力性强制性规定,在转让人与受让人之间即应自成立时起生效。其他股东如认为股权转让合同未经其过半数同意或侵害其优先购买权,可依法向法院申请撤销股权转让合同。故该案《1101 股权转让协议》及《补充协议》对于签订方合法有效,孙某某负有依约支付股权转让款的合同义务。

(四)股份多数决(效率优先、兼顾公平):公司内部行为的基本原则

为完成公司法的立法目标,作为民法的特别法,民事法律行为平等、自愿、等价、有偿的基本原则不能在公司设立和组织行为中完全适用。股份多数决成为决定公司设立和运营内部事务的基本原则,即在公司重大事务上不可能征求所有人的意见,而要按照大多数人的意见作为公司的意见来运行。股份多数决确定了当效率和公平这两个基本价值发生冲突时的解决原则,即效率优先、兼顾公平。

举例来说,除法律规定的必须获得股东本人同意的两项权利,即有限责任公司股东不按照出资比例行使表决权和认购公司增资权,其他公司所有重大事项都可以按照多数人的意见执行,最多达到 2/3 以上就可以。这是效率优先的体现。但是,当公司发生具备分红条件连续 5 年不分红、转让主要资产、到期不解散、分立、合并这些重要的有违股东投资行为初衷的情形时,在维持公司决议依然有效的前提下,法律会赋予异议股东回购请求权,要求公司按照适当的价格回购他们的股权,从而实现股东退出的目的。这是兼顾公平的体现。

没有效率优先就无法鼓励大股东投资,没有兼顾公平就无法鼓励小股东投资。

从单个公司来说,其设立、组织和经营行为不仅仅影响着股东、董事、经理层、员工内部法律关系主体的利益,也直接影响着具体公司的供应商、销售商、银行、债权人、债务人、社团乃至政府等外部法律关系主体的利益。

众多公司法律关系主体的利益本身具有共益性,也天然存在冲突,并随着公司生产经营状态的变化而变化。从全社会整体来看,无数公司的行为集合起来将直接决定一个国家的市场交易秩序的稳定性、交易结果的确定性,并最终影响一个国家的市场经济水平。

出台一部好的公司法并非易事。如果《公司法》的条款都像《证券法》那样采取严格的禁止性规定,显然不能达到立法目的。因此,《公司法》的立法技术和其他法律不同,现行《公司法》的266个条款不能都是强制性的,得有一些任意性的条款(部分任意性条款具有倡导意义),以鼓励公司根据实际情况作出安排。

(五)强制性条款与任意性/倡导性条款:理解《公司法》的立法技术

1. 任意性法律规范的理论依据与在《公司法》中的表达

《公司法》是商法最主要的组成部分,而商法的基本性质是私法,调整私人关系,体现私人意志,并最终为私人的利益服务。对当事人之间达成的一致,法律应当给予尊重。从实践角度讲,商事行为的价值取向是在维护交易秩序前提下鼓励创新。商人的智慧是无穷的,应鼓励商事主体将这种智慧尽情发挥,维护商事行为的创新与活力。

《公司法》中任意性条款表述方法为"可以""但是,公司章程另有规定的除外""另有约定除外"等,在《公司法》中有20多处,虽然看起来不多,但都是涉及股东权益的事项,如《公司法》第65条和第210条规定允许有限责任公司在全体股东达成一致的情况下、股份有限公司股东在章程约定的前提下可以不按照出资比例行使分配权就是任意性条款。

2. 倡导性法律条款的理论依据

在竞争激烈的商事行为中,错误决策导致的运营失败比比皆是,而且公司、股东、董监高基本没有机会纠错,所以,需要学习好的行为指引,以最大限度地防止错误发生,这就是倡导性条款存在的意义和价值。这些条款本身仍然属于任意性条款的范畴,没有强制性的法律效果。

如董事任期3年的规定、董事会职权、有限责任公司股权转让时其他股东的优先受让权、股东会15天会议通知的时间等,可以理解为任意性条款中的倡导性条款。举例说明,如果公司章程或其他股东会决议、股东协议中均没有明确约定股东会的通知时间为15天,则各方发生争议时,法院即适用法律规定的15天时间作为股东会通知时间。

为表述方便,本书将倡导性条款归于任意性条款类别。

3. 强制性法律规范的理论依据与在《公司法》中的表达

强制性是法律的本质属性。任何一个公司的设立与活动,不仅涉及公司投资者利益,还必然涉及与公司进行交易的相对人的利益,公司的活动必将影响整个社会的交易秩序与交易安全。如果仅仅依赖当事人意思自治,则可能会牺牲相对人利益来保护投资者利益,这不利于交易。因此,需要通过法律和规则建立和维护良好的交易秩序,并最大限度地维护交易的稳定性,这是强制性的由来。

《公司法》中强制性条款表述方法为"应当""不得"等,如总则部分第15条关于公司对股东、控股股东提供担保的规定,第21条、第22条、第23条关于股东依法行使股东权利、不得滥用股东权利的规定,第50条、第51条、第52条、第53条股东出资义务的规定、其他股东对瑕疵出资的连带责任、失权,以及股东不得抽逃出资的规定;第八章关于董事、监事、高级管理人员的资格和对公司忠实和勤勉义务的规定;第十一章关于公司合并、分立、增资、减资程序的规定;第十二章关于公司解散和清算程序的规定等。

违反强制性规定的行为将被法律认定为无效,行为人须承担不利的法律后果。如股东滥用权利损害公司和其他股东利益需要向股东和其他股东承担赔偿责任。公司在章程或者股东会决议中作出违反强制性规定的约定也是无效的,对相关方并不发生法律效力。如《公司法》规定,持有1%以上股份的股东享有代位诉讼权,即当公司董事高管损害公司利益而公司怠于提起诉讼追究其法律责任的时候,持股1%以上股份的股东有权为公司利益以自己的名义提起诉讼,追求董事高管的侵权责任,某公司提高了有权提起代位诉权的持股比例至2%,该约定因为违反了公司法的强制性规定而无效。

(六)困惑:如何区分强制性条款和任意性/倡导性条款?

《公司法》在条款上将强制性和任意性掺杂在一起,这在实践中给大家带来了困惑,也提出了高要求。困惑在于:公司到市场监督管理部门进行登记时,这些部门给公司提供的格式章程版本、股东会/董事会决议版本和公司股东们达成的共识不一致怎么办? 高要求在于:公司、股东、董监高如何区分哪些是强制性条款,哪些是任意性和倡导性条款? 尤其在看起来模棱两可的情况下,如何区分?

举几个例子:

1.《公司法》关于股份有限公司董监高每年减持不超过25%以及离职

后半年内不得出售股票的规定对上市公司来说是强制性的,但对于非上市股份有限公司是否也是强制性的?

这种情况下需要结合公司法法理和立法本意来判断。对于上市公司来说,公众股东不参与公司经营和管理活动,而董监高是最了解公司实际情况的人,因此,对其处分股权作出限制的目的是维护公众公司的利益,防止董监高利用信息差损害其他股东利益。这也是法律未对有限责任公司董监高股权处置作同等限制的原因。

对非上市股份有限公司而言,公司股票未上市,也就没有公众股东。一方面,没有便利的股份处置环境,董监高在任期内想随时处分股权的目标并不容易实现;另一方面,股东之间也很难有信息不对称的情形。

因此,该规定对于非上市股份有限公司应当不是强制性的规定。

2.《公司法》关于董事在董事会上每人一票表决权的规定是不是强制性的?

董事会上每人一票表决权的法理基础是董事会实行集体工作机制,大家共同受股东委托,通过为公司重大事项作出决策、执行股东会决议的方式对股东负责。所以,各董事的法律地位是平等的,每人一票便是这种平等地位的表现。但是,作为商事行为,按照公司法效率优先、兼顾公平的立法原则,如果过分强调平等导致公司不能正常作出决议或者产生僵局,显然有违效率优先的立法本意。因此,这种情况下,如果董事会会议上赞成票与反对票相等,无法达成一致的意见,公司章程约定公司创始人董事或者董事长有权多投一票应当是有效的。

3.股份有限公司章程是否可以约定股权转让受限?

传统观点认为,股份有限公司是资合公司,不过分强调股东之间的合作和信任关系,所以不可以约定股权转让受限。但实践中存在大量股东人数不多、公司股票未上市、没有外部股东的股份有限公司的情况。在这些情况下,公司是资合还是人合?所以,从实际情况来看,非上市股份有限公司如果约定股权转让受限符合公司实际情况和公司利益,并且是股东们达成共识的安排,法律不应当否定这种约定的效力。2023年《公司法》使用了"股份转让受限的股份有限公司"的称谓,允许非上市股份有限公司可以约定股权转让受限,澄清了此前的模糊认识。

4.《公司法》第56条关于公司制备股东名册,"记载于股东名册的股东,可以依股东名册主张行使股东权利"是强制性规定还是任意性/倡导性规定?

关于股东资格的争议在司法实践中发生频次较高。股东取得股东资格,或者通过新设公司初始取得,或者通过股权转让、认购公司增资、继承、拍卖等方式继受取得。关于公司设立后要向股东签发出资证明、制备股东名册的规定由来已久,但实践中除股份有限公司因市场监督管理部门不登记股权变更事项要求公司自行制作股东名册外,多数公司并未给股东签发出资证明、制备股东名册。这也是司法实践中股东资格争议频发的原因。这种情况下,确认股东资格就有多种证据:支付股权转让款、实缴增资款、参加股东会行使表决权、办理公司登记、参与股东分红、持有公司签发的出资证明、公司股东名册中记载了股东名称等。法院会依据实质重于形式的原则确认双方在协议、决议和章程中的约定的效力,并不会仅仅因为股东未持有公司签发的出资证明,或公司没有股东名册而否定股东资格。基于这样的基础逻辑和事实,笔者认为上述条款不可能是强制性条款,而只能是倡导性条款,鼓励公司在实践中制作股东名册,为股东行使权利提供依据。

5.《公司法》第 70 条、第 77 条关于董事每届任期不得超过三年、监事每届任期三年的规定是不是强制性规定？

首先，一个公认的事实是公司的设立和经营行为属于私人事务，同样，聘任董事、监事和经理自然也属于私人事务的范畴，不涉及公共利益。从这个角度讲，公司董监高的任期显然与宪法和行政法规定的国家公职人员任期的法律底层逻辑不一样。国家公职人员的任期应当是强制性的，而《公司法》规定的董监高的任期不应当是强制性的。

既然不应当是强制性的，就意味着各个公司可以根据自己的实际情况进行约定，即任意性规定或倡导性规定。《公司法》为什么还要对这个问题进行规定？如果有的公司章程约定董事任期五年是不是无效？实践中大量董事/监事任期届满后，公司未及时召开股东会选举新董事/监事，导致董事/监事超期任职是不是无效？董事/监事任期内如有辞职/免除职务的情形，新当选的董事/监事任期是不是一定要服从公司的届次？我们理解，这主要是在当前市场经济初级阶段，立法者对商务人士作的倡导性规定。随着未来市场经济逐步成熟，商事主体能够娴熟地驾驭公司的设立和运营行为，相信我们的《公司法》无须继续在这个问题上过分操心。

三、《公司法》历次修改的主要内容及影响

中国首部《公司法》于1993年12月颁布并于1994年7月1日起施行，是在国内改革开放和市场经济建设大背景下产生的。其历次修改也是伴随改革开放过程中"摸着石头过河"发现的问题，并顺应时代潮流适时进行的。《公司法》1994年施行后，历经1999年、2004年、2005年、2013年、2018年和2023年六次修改，其中2005年、2013年和2023年的修改是三次大幅度修改。为帮助大家系统理解《公司法》修改的脉络，并在大的时代背景下全面理解本次修订（2023年修订），笔者回顾整理主要修订内容如图1-3所示。

```
《公司法》1994年7月1日施行后的历次修改
    │
    ├──── 1999年修正
    │       ├── 增加国有独资公司监事会构成
    │       └── 支持高新技术企业上市融资，取消高新技术的股份有限公司发起人以工业产权和非专利技术作价出资的金额占公司注册资本20%的比例的规定
    │
    ├──── 2004年修正
    │       └── 建立股票发行市场化制度，删除原"以超过票面金额发行股票价格的，须经国务院证券管理部门批准"的规定
    │
    ├──── 2005年修订
    │       └── 全面修改资本制度、法人治理制度等
    │
    ├──── 2013年修正
    │       └── 全面修改公司资本制度，推出注册资本认缴制
    │
    ├──── 2018年修正
    │       └── 全面修改公司回购制度，鼓励上市公司回购
    │
    └──── 2023年修订
            └── 全面修改资本制度、法人治理制度等
```

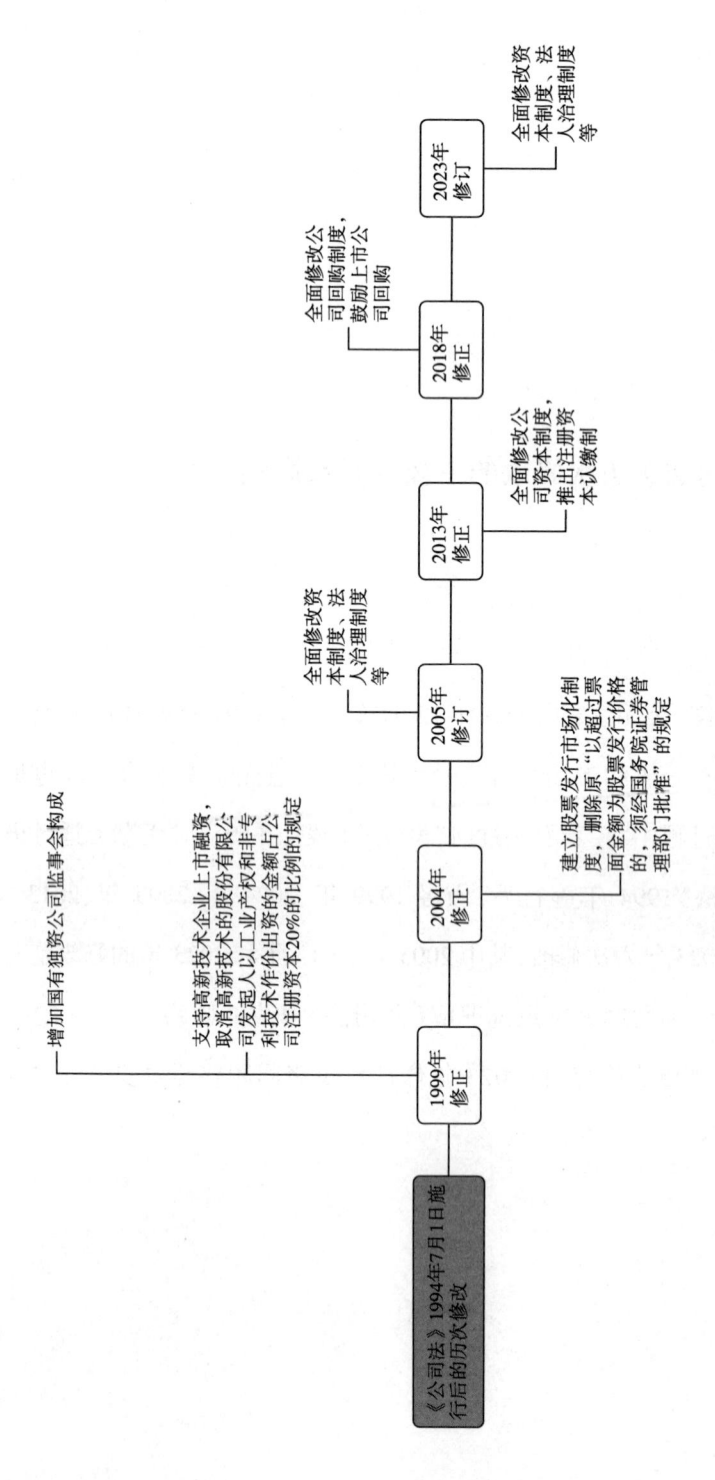

图 1-3 《公司法》历次修改的主要内容

(一) 1993 年《公司法》推出

《公司法》的推出确实是国内社会、经济生活中的大事:南京大学法学院范健教授和南京大学法学院博士研究生李欢共同发表了《中国〈公司法〉改革思考》一文高度赞扬了《公司法》推出的时代意义。[①]

(二)《公司法》2005 年修订

2005 年修订是《公司法》施行 11 年后第一次大规模修订。该次修订,较前《公司法》中只有约 20 条保持原先内容,其他内容均有所添加删改。修订后的《公司法》共 13 章 219 条,搭建了《公司法》的架构,此后历次修改均在此版本上进行。对于 2005 年修订,社会各界均给予了积极的评价:社科院法学研究所陈甦教授称之为"与时俱进的创新",称其立法理念更为科学先进,结构体系更为严肃合理,规范内容更加充实可行,具体表现为——放松管制,强化自治;鼓励投资,提高效率;完善治理,保障权利;结构合理,功能充分。[②]

[①] "1978 年中国改革大幕拉启,商事,即营利性活动开始在社会主义体制下获得了些许活动空间。15 年之后,一部以保护营利主体和营利行为为宗旨的商事大法《公司法》在中国诞生,从此,中国经济制度发生了根本性变革。中国的生产组织出现了从资产型工厂向资本型公司的转变;中国企业出现了从借贷经营向投资经营的转变;中国社会出现了从劳动创造财富向资本增值财富的转变。整个中国实现了从贫穷落后向富裕发达的转变。公司法改变了中国经济,改变了中国人,改变了中国社会,更改变了中国。" 范健、李欢:《中国〈公司法〉改革思考》,载中国法学网,http://iolaw.cssn.cn/fxyjdt/201907/t20190711_4932581.shtml。

[②] 陈甦:《公司法修改——与时俱进的创新》,载中国人大网,http://www.npc.gov.cn/npc/c2/c189/c221/201905/t20190524_31923.html。

《公司法》2005 年修订主要内容如图 1-4 所示。

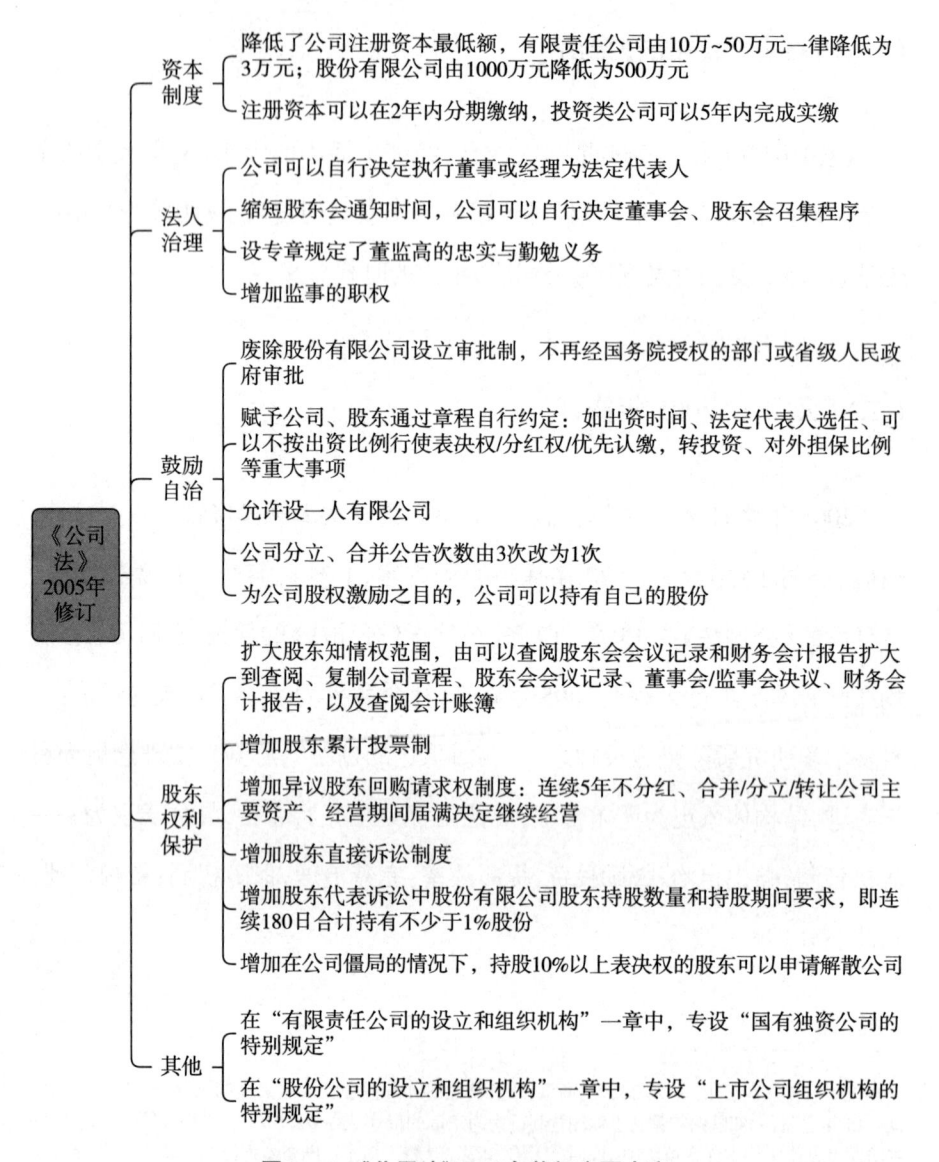

```
                    ┌─ 资本制度 ─┬─ 降低了公司注册资本最低额，有限责任公司由10万~50万元一律降低为3万元；股份有限公司由1000万元降低为500万元
                    │            └─ 注册资本可以在2年内分期缴纳，投资类公司可以5年内完成实缴
                    │
                    │            ┌─ 公司可以自行决定执行董事或经理为法定代表人
                    ├─ 法人治理 ─┼─ 缩短股东会通知时间，公司可以自行决定董事会、股东会召集程序
                    │            ├─ 设专章规定了董监高的忠实与勤勉义务
                    │            └─ 增加监事的职权
                    │
                    │            ┌─ 废除股份有限公司设立审批制，不再经国务院授权的部门或省级人民政府审批
                    │            ├─ 赋予公司、股东通过章程自行约定：如出资时间、法定代表人选任、可以不按出资比例行使表决权/分红权/优先认缴，转投资、对外担保比例等重大事项
《公司法》2005年修订 ─┼─ 鼓励自治 ─┼─ 允许设一人有限公司
                    │            ├─ 公司分立、合并公告次数由3次改为1次
                    │            └─ 为公司股权激励之目的，公司可以持有自己的股份
                    │
                    │            ┌─ 扩大股东知情权范围，由可以查阅股东会会议记录和财务会计报告扩大到查阅、复制公司章程、股东会会议记录、董事会/监事会决议、财务会计报告，以及查阅会计账簿
                    │            ├─ 增加股东累计投票制
                    ├─ 股东权利保护 ┼─ 增加异议股东回购请求权制度：连续5年不分红、合并/分立/转让公司主要资产、经营期间届满决定继续经营
                    │            ├─ 增加股东直接诉讼制度
                    │            ├─ 增加股东代表诉讼中股份有限公司股东持股数量和持股期间要求，即连续180日合计持有不少于1%股份
                    │            └─ 增加在公司僵局的情况下，持股10%以上表决权的股东可以申请解散公司
                    │
                    └─ 其他 ─────┬─ 在"有限责任公司的设立和组织机构"一章中，专设"国有独资公司的特别规定"
                                 └─ 在"股份公司的设立和组织机构"一章中，专设"上市公司组织机构的特别规定"
```

图 1-4 《公司法》2005 年修订主要内容

(三)《公司法》2013 年修正

2013 年《公司法》修正发生在首部《公司法》施行近 20 年后,主要在公司资本制度上沿着 2005 年关于减少管制、鼓励投资、鼓励创业的方向继续推进。

《公司法》2013 年修正主要内容如图 1-5 所示。

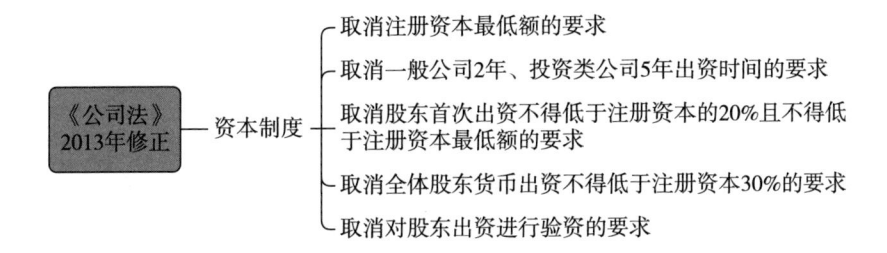

```
                        ┌── 取消注册资本最低额的要求
                        ├── 取消一般公司2年、投资类公司5年出资时间的要求
《公司法》                ├── 取消股东首次出资不得低于注册资本的20%且不得低
2013年修正 ── 资本制度 ──┤    于注册资本最低额的要求
                        ├── 取消全体股东货币出资不得低于注册资本30%的要求
                        └── 取消对股东出资进行验资的要求
```

图 1-5 《公司法》2013 年修正主要内容

(四)《公司法》2018 年修正

《公司法》2018 年主要修正了股份有限公司回购制度,增加了公司在股份回购制度上的自治,并便利上市公司回购股份。该次修正前后比较如图 1-6 所示。

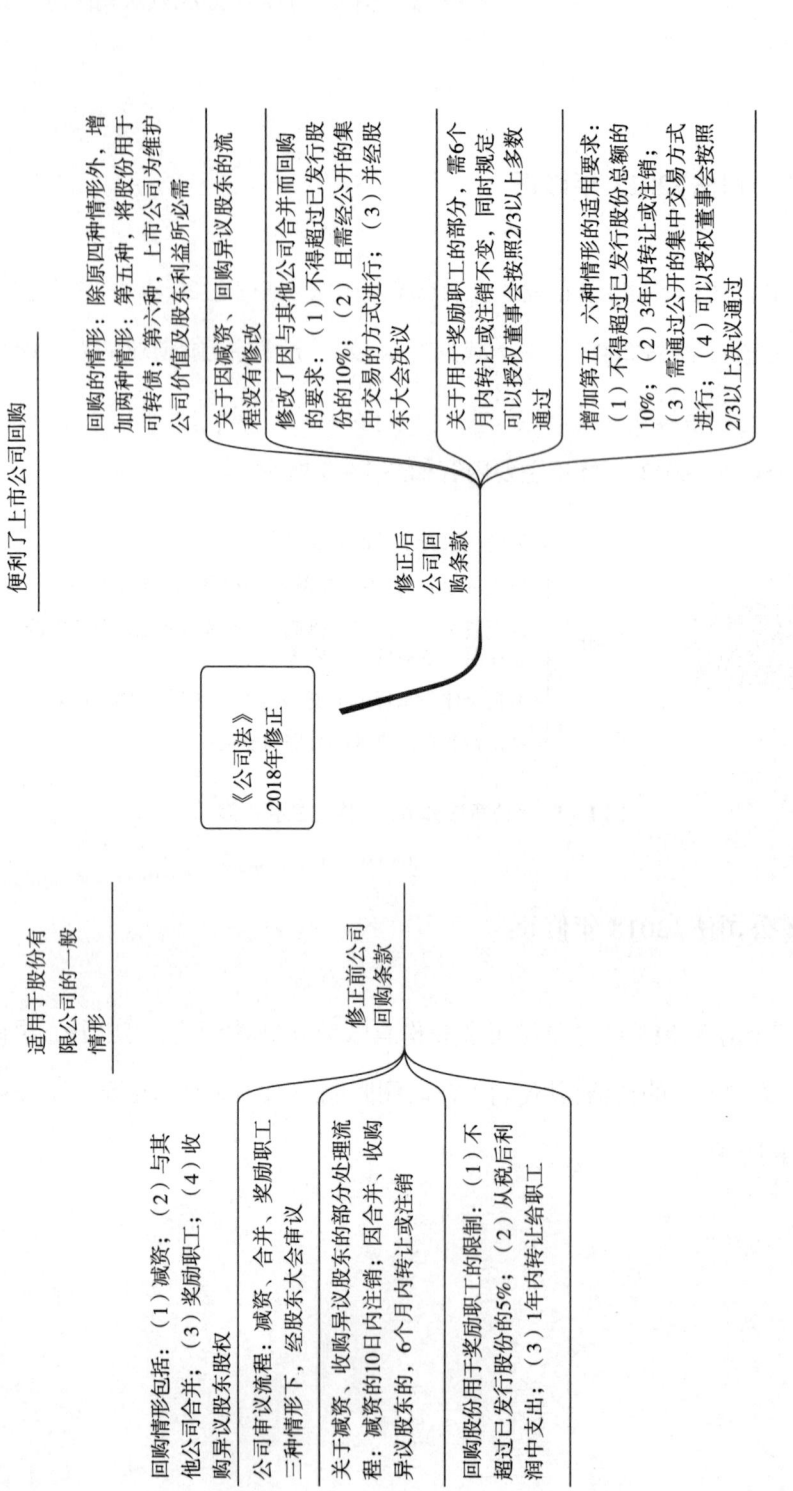

图1-6 《公司法》2018年修正的公司回购制度

适用于股份有限公司的一般情形

修正前公司回购条款

- 回购情形包括：（1）减资；（2）与其他公司合并；（3）奖励职工；（4）收购异议股东股权
- 公司审议流程：减资、合并、奖励职工三种情形下，经股东大会审议
- 关于减资、收购异议股东的部分处理流程：减资、收购的10日内注销；因合并、收购异议股东的，6个月内转让或注销
- 回购股份用于奖励职工的限制：（1）不超过已发行股份的5%；（2）从税后利润中支出；（3）1年内转让给职工

便利了上市公司回购

《公司法》2018年修正

修正后公司回购条款

- 回购的情形：除原四种情形外，增加两种情形：第五种，将股份用于可转债；第六种，上市公司为维护公司价值及股东利益所必需
- 关于因减资、回购异议股东的流程没有修改
- 修改了因与其他公司合并而回购的要求：（1）不得超过已发行股份的10%；（2）且需经公开的集中交易的方式进行；（3）并经股东大会决议
- 关于用于奖励职工的部分，需6个月内转让或注销不变，同时规定可以授权董事会按照2/3以上多数通过
- 增加第五、六种情形的适用要求：（1）不得超过已发行股份总额的10%；（2）3年内转让或注销；（3）需通过公开的集中交易方式进行；（4）可以授权董事会按照2/3以上决议通过

(五)《公司法》2023 年修订

至 2023 年,《公司法》实施已满 30 年。《公司法》的实施和实践确实促进了市场经济建设和发展,但实践中也存在一些问题,如发生了股东权利滥用损害公司利益和小股东利益、董事高管违背忠实和勤勉义务损害公司利益和股东利益、股东和公司/董事高管共同损害债权人利益的情形。另外,虽然经过了 30 年的经济发展,我国公司数量达到 4000 多万家,但绝大多数公司仍处于小规模的状态,多数公司尚未建立现代企业制度、公司核心竞争力明显不足等。这是 2023 年《公司法》修订不得不面对的实际情况,也是对《公司法》进行全面修订的原因。

本次修订,为公司的设立和运营主体——公司、股东和董监高设立与经营公司的行为提出了更高的要求,为解决当前繁杂的公司法实践问题提供立法指导意见,促使更多公司建立现代企业制度和有效法人治理架构,促进公司有序竞争和优胜劣汰,鼓励有竞争力和良好法人治理的公司胜出。

正是从这个角度上,我们认为 2023 年《公司法》修订引导了一个新公司法时代的到来。

《公司法》2023 年修订主要内容如图 1-7 所示。

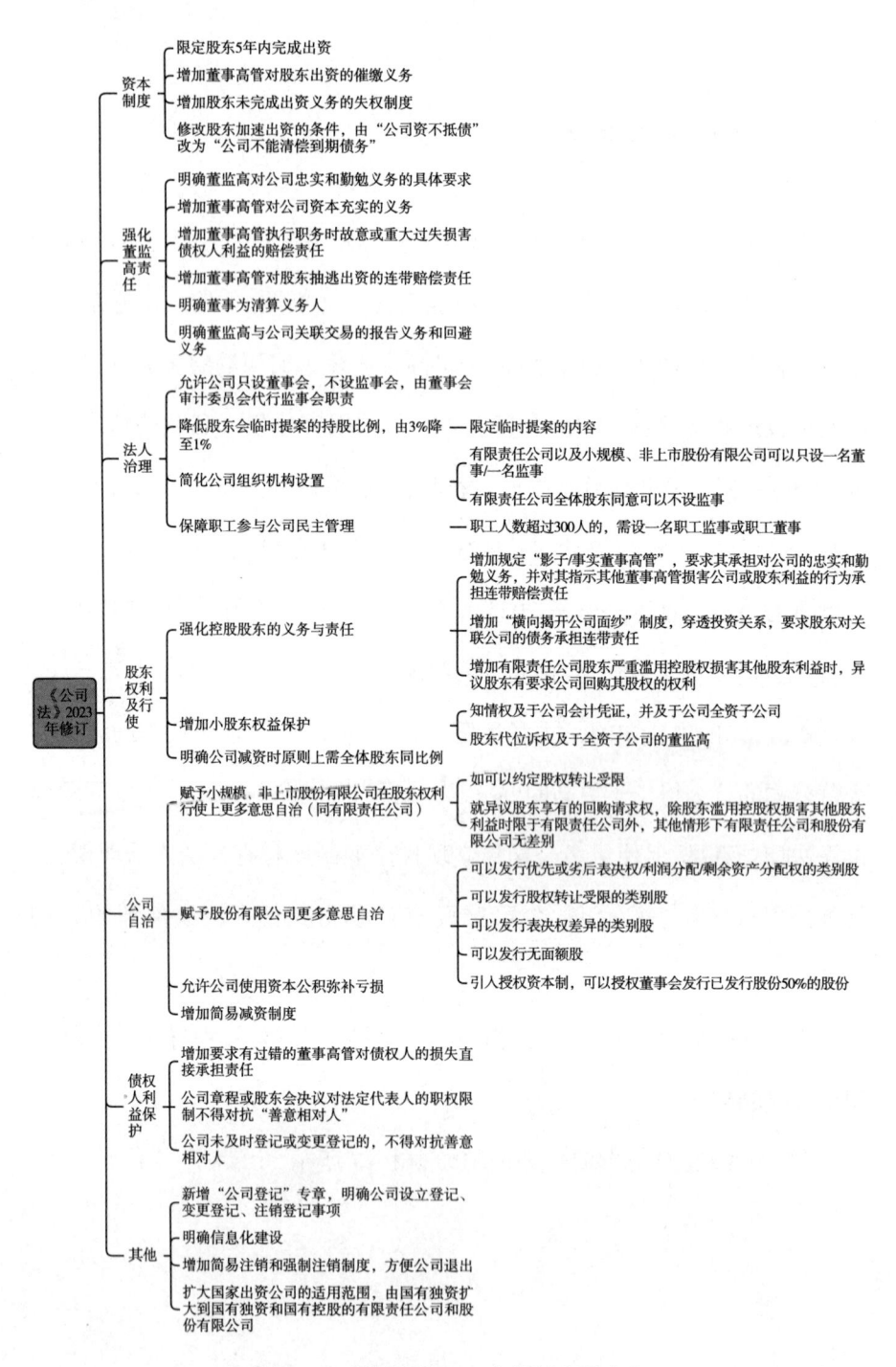

```
                    ┌─ 限定股东5年内完成出资
           ┌ 资本   ├─ 增加董事高管对股东出资的催缴义务
           │ 制度   ├─ 增加股东未完成出资义务的失权制度
           │        └─ 修改股东加速出资的条件，由"公司资不抵债"
           │           改为"公司不能清偿到期债务"
           │
           │        ┌─ 明确董监高对公司忠实和勤勉义务的具体要求
           │        ├─ 增加董事高管对公司资本充实的义务
           │ 强化   ├─ 增加董事高管执行职务时故意或重大过失损害
           │ 董监   │   债权人利益的赔偿责任
           │ 高责   ├─ 增加董事高管对股东抽逃出资的连带赔偿责任
           │ 任     ├─ 明确董事为清算义务人
           │        └─ 明确董监高与公司关联交易的报告义务和回避
           │           义务
           │
           │        ┌─ 允许公司只设董事会，不设监事会，由董事会
           │        │   审计委员会代行监事会职责
           │ 法人   ├─ 降低股东会临时提案的持股比例，由3%降 ── 限定临时提案的内容
           │ 治理   │   至1%
           │        │                                    ┌─ 有限责任公司以及小规模、非上市股份有限公司可以只设一名董
           │        ├─ 简化公司组织机构设置 ─────────────┤   事/一名监事
           │        │                                    └─ 有限责任公司全体股东同意可以不设监事
           │        └─ 保障职工参与公司民主管理 ────────── 职工人数超过300人的，需设一名职工监事或职工董事
           │
           │                                        ┌─ 增加规定"影子/事实董事高管"，要求其承担对公司的忠实和勤
           │                                        │   勉义务，并对其指示其他董事高管损害公司或股东利益的行为承
           │                                        │   担连带赔偿责任
           │        ┌─ 强化控股股东的义务与责任 ────┼─ 增加"横向揭开公司面纱"制度，穿透投资关系，要求股东对关
           │        │                                │   联公司的债务承担连带责任
  《公司    │ 股东   │                                └─ 增加有限责任公司股东严重滥用控股权损害其他股东利益时，异
   法》2023 ┤ 权利   │                                    议股东有要求公司回购其股权的权利
   年修订   │ 及行   │                                ┌─ 知情权及于公司会计凭证，并及于全资子公司
           │ 使     ├─ 增加小股东权益保护 ───────────┤
           │        │                                └─ 股东代位诉权及于全资子公司的董监高
           │        └─ 明确公司减资时原则上需全体股东同比例
           │
           │        ┌─ 赋予小规模、非上市股份有限公司在股东权利     ┌─ 如何可以约定股权转让受限
           │        │   行使上更多意思自治（同有限责任公司）      ─┤
           │        │                                              └─ 就异议股东享有的回购请求权，除股东滥用控股权损害其他股东
           │        │                                                  利益限于有限责任公司外，其他情形下有限责任公司和股份有
           │ 公司   │                                                  限公司无差别
           │ 自治   │                                ┌─ 可以发行优先或劣后表决权/利润分配/剩余资产分配权的类别股
           │        ├─ 赋予股份有限公司更多意思自治 ─┼─ 可以发行股权转让受限的类别股
           │        │                                ├─ 可以发行表决权差异的类别股
           │        │                                ├─ 可以发行无面额股
           │        │                                └─ 引入授权资本制，可以授权董事会发行已发行股份50%的股份
           │        ├─ 允许公司使用资本公积弥补亏损
           │        └─ 增加简易减资制度
           │
           │        ┌─ 增加要求有过错的董事高管对债权人的损失直
           │ 债权   │   接承担责任
           │ 人利   ├─ 公司章程或股东会决议对法定代表人的职权限
           │ 益保   │   制不得对抗"善意相对人"
           │ 护     └─ 公司未及时登记或变更登记的，不得对抗善意
           │           相对人
           │
           │        ┌─ 新增"公司登记"专章，明确公司设立登记、
           │        │   变更登记、注销登记事项
           │        ├─ 明确信息化建设
           └ 其他   ├─ 增加简易注销和强制注销制度，方便公司退出
                    └─ 扩大国家出资公司的适用范围，由国有独资扩
                        大到国有独资和国有控股的有限责任公司和股
                        份有限公司
```

图 1-7　《公司法》2023 年修订主要内容

四、用好公司法，为股东、公司、董监高（及员工）和债权人创造价值

(一) 公司法应用场景1：公司、股东、董监高如何明确自己的行为边界，避免承担法律责任？

如上所述，公司、股东、董监高如果违反公司法的强制性规定侵犯其他主体的合法权益或者未全面履行自己的法定义务损害其他主体的合法权益都是违法行为，需要承担相应的法律责任，包括民事违约/侵权责任、行政责任和刑事责任。实践中大量发生的法律责任的承担是股东、公司和董监高各方不清楚自己的行为边界所致的。所以，学习公司法，明确自己的行为边界，防止违法情形发生是第一位的。

(二) 公司法应用场景2：股东和公司如何设定自己的意思自治？

"意思自治"是个法律专用名词，是指在民事活动（如婚姻、买卖、担保、

设立和运营公司等)中,民事主体(自然人、法人等)的意志是独立的、自由的,不受国家权力和其他当事人的非法干预。也就是说,民事主体在没有非法的外力强迫的情况下,完全根据自己的主观判断来决定民事法律关系的设立、变更和终止。

以专利授权使用合同为例,关于交易方式为什么选择专利授权使用而不是专利所有权转移的买卖?具体授权使用的专利及其价值的确定、授权使用费的支付方式、对具体的使用方式/范围/期限的要求、专利所有权人在授权使用过程中的协助义务、双方违约责任等这些条款都需要合同双方达成一致,按照自己的意愿来设定合同条款并签署、履行。

从设立和组织公司的商事行为来看,如公司设立阶段股东们可以按照自己的意愿决定以下三大主要事项。人:股东和主要管理者;事:确定新公司从事的业务、技术、产品/服务、市场、管理等;钱:公司注册资本、出资方式、股权结构、认缴出资期限等。对于这些事情,股东都可以按照自己的意愿、与其他股东达成的一致来确定。这是公司设立阶段股东的意思自治。

法律规定的私公司和股份有限公司的意思自治事项详见本书第二章"《公司法》赋予了私公司/股权转让受限的公司更多的意思自治"及"无面额股、多种类别股、授权(董事会)发行:2023年《公司法》赋予股份有限公司更大的意思自治空间"部分。

除法律规定的意思自治情形外,商务实践中有更多意思自治的情形:

《公司法》第66条规定股东会特别决议事项应当经代表2/3以上表决

权的股东通过,如果公司股权结构中大股东自己持有2/3股权比例,小股东要参与公司重大事项的决策,所以规定特别决议需要4/5以上多数通过的约定是否有效?

《公司法》第73条规定董事会决议应当有过半数参加,过半数通过方为有效,如果公司约定2/3以上参加、4/5以上通过方可形成决议是否有效?

《公司法》第57条规定了股东知情权的行使,如果小股东通过股东会决议和公司章程放弃了自己的知情权是否有效?

《公司法》第89条、第161条和第162条规定的异议股东回购请求权,如果除法律规定外再增加情形是否有效?

《公司法》第115条规定的股份有限公司股东会提案权的最低持股比例为单独或合计1%,如果提高或降低该比例是否有效?

对上述问题的回答涉及如下两个问题:公司意思自治的边界是什么?如何保障约定有效?

一般而言,司法实践和公司实务中把握的基本原则是遵守公司法的强制性规定,凡是剥夺股东法定权益、限制股东行使权利的约定无效,而扩大股东权益、鼓励股东行使权利(尤其是有利于小股东行使权利)的约定有效。从实践角度讲,笔者认为对《公司法》法律规范进行强制性与任意性划分的实践意义远大于理论意义。

也是从这个角度讲,《公司法》可以被理解为立法机关事先为公司设立所准备的一份格式的合同条款,每个公司所处的行业、业务和服务不同,股东、董监高等基本情况都大相径庭,商事活动复杂多变,所以,从积极的角度讲,投资者需要根据自己的实际情况进行适当调整,以完成投资目标,达到设立公司的目的。

(三)公司法应用场景3:如何搭建法人治理架构,在关键时刻作出正确决策,促使公司成功?

"法人治理"是一个专业术语,同时也是一个跨越社会学、经济学、财务、管理、金融和法律等多学科的术语。从法律上讲,简言之,法人治理是指针对那些规模较大、有股东不参与公司经营管理活动、所有权和经营权相分离并建立了董事会制度的公司,如何科学地建立股东与股东之间的关系、股东会对董事会和经理层的授权/激励和约束机制,从而达到公司能够在股东会和董事会层面作出正确的决策➡正确的决策能够在董事会和经理层得到全面的执行➡决策和执行过程中的错误能够得到及时发现和纠正,即实现促使公司成功的目标。

结合图1-8公司生命周期内需要决策的大事,任何一个关键环节的错误决策或者正确决策不能得到全面的执行都可能导致公司失败。

图1-8 公司生命周期内需要决策的大事

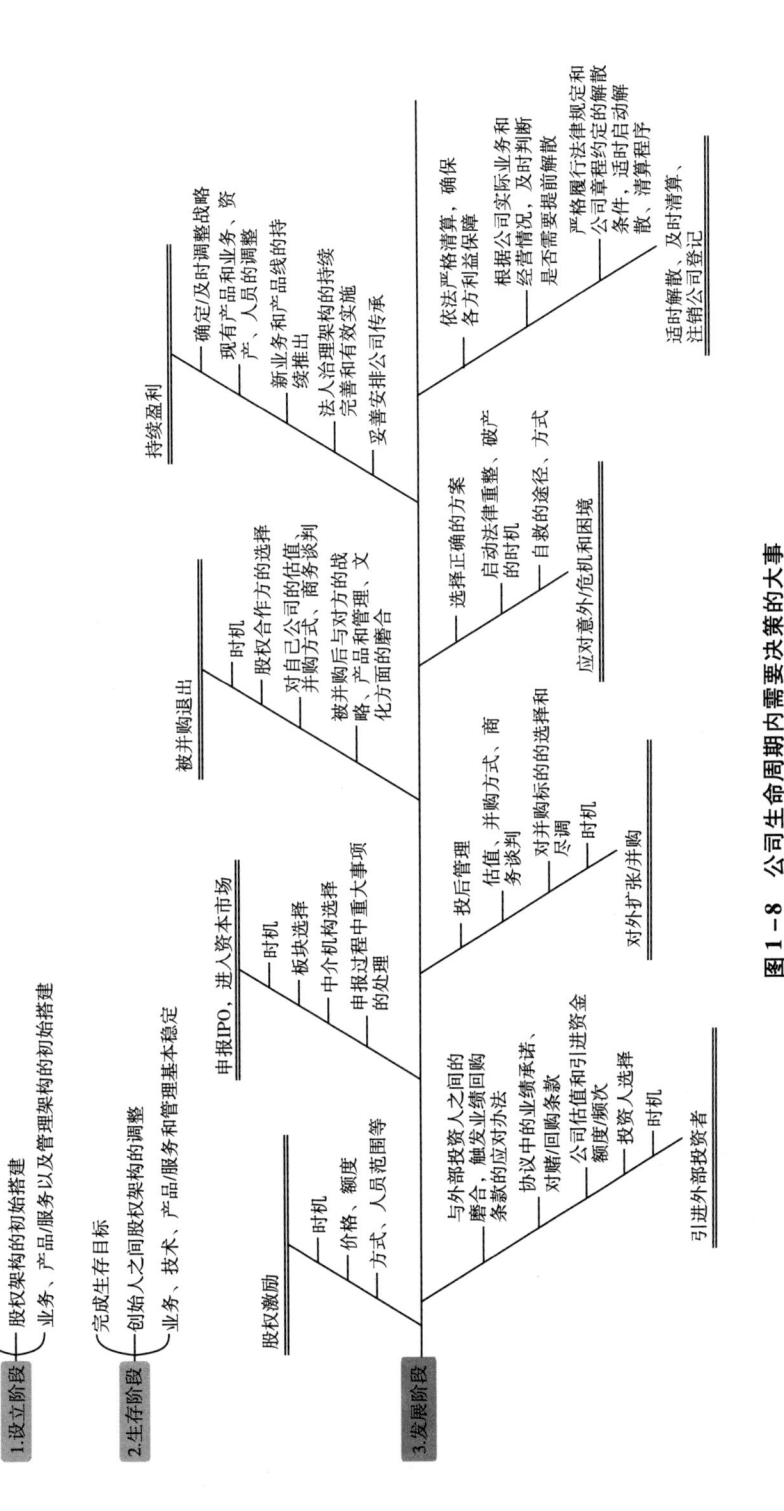

1. 设立阶段
- 公司设立的可行性论证
- 股权架构的初始搭建
- 业务、产品/服务架构以及管理架构的初始搭建

2. 生存阶段
- 完成生存目标
- 创始人之间股权架构的调整
- 业务、技术、产品/服务和管理基本稳定

3. 发展阶段

股权激励
- 时机
- 价格、额度
- 方式、人员范围等

引进外部投资者
- 与外部投资人之间的磨合，触发业务回购条款的应对办法
- 协议中的业绩承诺、对赌回购条款
- 公司估值和引进资金额度、频次
- 投资人选择
- 时机

申报IPO，进入资本市场
- 时机
- 板块选择
- 中介机构选择
- 申报过程中重大事项的处理

被并购退出
- 时机
- 股权合作方的选择
- 对自己公司的估值、并购方式、商务谈判
- 被并购后与对方的战略方向的磨合，产品和管理、文化方面的磨合

对外扩张并购
- 投后管理
- 估值、并购方式、商务谈判
- 对并购标的的选择
- 时机
- 尽调

应对意外/危机和困境
- 选择正确的方案
- 启动法律重整、破产自救的途径和时机

持续盈利
- 确定及时调整战略
- 现有产品和业务、资产、人员线的调整
- 新业务架构的持续推出
- 法人治理架构和有效实施
- 妥善安排公司传承

- 依法严格清算，确保各方利益保障
- 根据公司实际业务和经营情况，及时判断是否需要提前解散
- 严格履行法律规定和公司章程约定的解散条件，清算程序
- 适时解散，及时办理注销公司登记

当前环境下,许多大规模的非上市公司和上市公司突然倒闭,其深层次原因往往与公司治理有关,即公司没有建立科学的授权、激励、约束体系,没有建立科学的现代企业制度,决策—执行—监督和纠错的治理功能无效或者存在重大缺陷。

(四)公司法应用场景4:如何更好地解决公司法领域争议?

近年来,公司法领域的争议呈井喷之势,大量的股东与股东之间、股东与公司之间、股东/公司与董监高之间、股东/公司/董监高与债权人之间的诉讼层出不穷。如前所述,鉴于公司法的特点,股东、公司、董监高之间的争议通常会引发第三人利益受损,即违约行为与侵权行为、公司法与民法典中的合同编/侵权编交织在一起,情况非常复杂。

例如,股东提起公司决议效力纠纷,要求确认某次关于审议关联交易的决议无效,而公司已经根据这一决议与第三方签署了交易合同并支付了对价,合同已经开始履行或者履行完毕。此时如果认定决议无效,合同自始无效并需要恢复原状,给交易稳定性和交易对方的合同预期利益都带来了巨大的影响。

又如,股东权利受到公司和控股股东的侵害,小股东提起了决议效力纠纷、知情权、公司解散等多个诉讼,最终即使获得胜诉,可能也解决不了小股东的问题,因为小股东的本意是退出股权而不是获得胜诉。

所以,公司法领域争议本身是复杂的,如何处理这些复杂争议,解决问题,需要更多的知识、智慧和力量。

第二章

如何理解公司的法律意义——独立法人？

CHAPTER 2

各位亲爱的读者,虽然我们几次三番地强调独立法人是公司的核心特征,对于公司具有重要意义,但是实践中仍然大量存在混淆这个概念的情形。为此,我愿意用较长的篇幅为大家梳理这一概念及其形成过程。

一、做公司与养孩子：一组关于公司的漫画

在多年的公司法律服务过程中，我们基本认同这个观点——做公司与养孩子的过程非常相似，公司法律关系与婚姻家庭关系也非常相似：股东是公司设立的启动者，相当于公司的父母，股东之间的关系类似于夫妻关系，夫妻之间的信任和相互尊重有利于孩子的成长；提前做好规划，可以让孩子少走弯路；父母对孩子的期许是孩子能够自立，独立安排自己的事业和家庭；股东对公司既有经济利益回报的期许，也有希望公司能够自立并持续存在的期许。

如果公司能够按照股东的初始设想不断发展壮大，在一代代股东、职业经理人的共同努力下持续盈利，持续满足股东、董监高、员工和债权人利益，为社会解决就业和纳税义务，为人类进步提供技术和价值，那便是公司的成功。同孩子是独立的个体，不是父母的私人财产一样，公司也有自己独立的人格。做过父母的人都知道，养育孩子是一门大学问，需要遵循人

性和自然规律,更需要智慧和经济实力。

下面这组漫画可以帮助大家更好地理解公司(见图2-1)。①

---

① 漫画作者:张瀚元。

第二章 如何理解公司的法律意义——独立法人？ 39

股东呵护　　　　　各方支持

好好开会，集思广益

公司自立是所有股东的目标

但是

不是所有的公司

都能成功

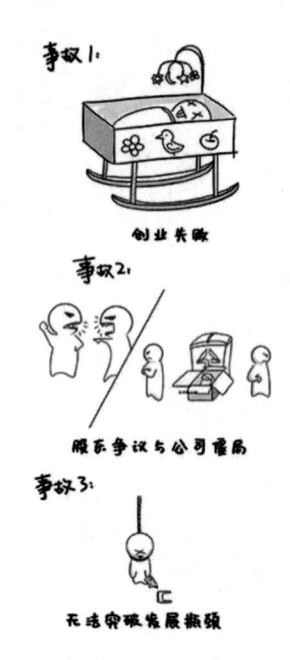

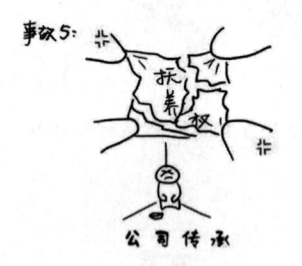

图 2-1 关于做公司与养孩子的一组漫画

二、1602年荷兰东印度公司：世界上最早的现代意义股份有限公司①

(一)不断崛起的诸多东印度公司

1. 1602年荷兰东印度公司(V.O.C)

大国崛起之路中,荷兰是除葡萄牙之外的第二个海上霸权国家。1595~1602年短短的几年里,荷兰在遥远的亚洲国家陆续建立了14家贸易公司,均从事海上贸易,前往印度洋收购胡椒和香料,彼此竞争。同时,英国的航海事业也强劲地登上了历史舞台。在这样的局势下,荷兰政治家约翰·范·奥尔登巴内费尔特(Johan van Oldenbarnevelt)在各公司间积极斡旋,最终促成了这些公司的大统合。1602年3月荷兰东印度公司(V.O.C)成立了。与此前成立的英国东印度公司相比,荷兰东印度公司募集了其10倍以上650万盾的资本,成为历史上第一家股份制公司。荷兰东印度公司持续至

---

① 本主题参考[日]浅田实:《东印度公司》,顾姗姗译,社会科学文献出版社2016年版。

1799年,经营时间近200年。

在荷兰东印度公司公开募集股份的基础上,世界第一家股份公开进行交易的股票交易所于1609年在荷兰阿姆斯特丹成立。

公司规定,出资时间以10年为一期,出资期间不得擅自撤资,而新的投资者与原投资者必须在10年后的"一般清算时"才可以加入或退出。这种长期经营战略,保障了公司长久而稳定的经营,公司不断扩大规模,在东印度地区设置了分公司和商馆,并派遣工作人员常驻当地。

荷兰东印度公司采取的股份制在当时的亚洲和欧洲,都没有出现与之相匹敌、具有同样优越组织结构的企业。荷兰人充分发挥了这种制度的先进性和优势,至少在其后的100年内,以绝对优势压倒了以伊斯兰商人为代表的亚洲商人,以及曾经先入为主的葡萄牙商人和后来的英国商人。

作为食品佐料,胡椒在当时的欧洲是一种稀罕的贵重物品,有歌谣唱道:"关起窗来别让风吹走,富商们拿起镊子数胡椒,一粒一粒又一粒。"在荷兰东印度公司成立后的50年里,仅仅是胡椒和香料这两种商品就占据了当时进口总量的70%~75%。

到1630年前后,荷兰东印度公司便建立了以香料群岛的香料为主要产品的贸易垄断体制,迎来了荷兰历史上的黄金时代。英国和荷兰两大海上贸易大国的竞争最终引发了三次英荷战争(1652~1674年)。

2.英国东印度公司

(1)初始英国东印度公司

1600年12月31日,英国女王伊丽莎白一世认可了"英国东印度公司"(伦敦商人对东印度贸易联合体与管理者)的法人地位,正式授予其皇家特许状。

与荷兰东印度公司采取的每10年结算一次不同,英国东印度公司采取单次结算的模式:每次出海前征集资金,每完成一次远航,本金和收益在股东之间进行一次分配。这种单次航海从1613年起步,前后进行了12次,其中也有船队遇难,分红回馈为零的局面。

无论如何,这种单次结算体制终归难以与已经具有持久而稳定组织的荷兰东印度公司相抗衡。于是,商人们自发进行了组织的合并与合资,从1613年到1623年的第一次合资、1617年到1632年的第二次合资和1631年到1642年的第三次合资。这种合资机制,促进了英国东印度公司的发展,在亚洲各处设置了12处商馆、建造了76艘船舶。

英国东印度公司从事的海上贸易主要是将本国的毛纺织品与印度洋的胡椒和香料进行交换。

(2)从"克伦威尔改革计划"到联合东印度公司成立,开启了英国辉煌的商业革命时代

1657年10月,英国实行"克伦威尔改革计划",东印度公司重新获得皇家许可,变更为永久性组织,仅将盈余分配给公司,开始了现代意义的公司时代,公司计划募集739,872镑,实际募集369,891镑。通过这次改革,"股份"第一次变身为具有营利性质的可自由买卖的证券(英国伦敦股票交易所于1773年成立)。

据统计,英国东印度公司设立后进行了高额的分红:1666年分红比例为40%,1671~1674年分红比例高达90%,1671~1681年合计分红总额达到了总利润的240%,年平均分配比例为21.8%。此后至1691年的10年间,公司又分配了45%的利润。

1702~1709年，两个东印度公司合并为联合东印度公司，资本约320万英镑。从1660年到1760年，以英国东印度公司的商业繁荣为代表，英国商业革命达到了顶峰，并以此启动后期的工业革命时代。

3. 法国等其他东印度公司

法国东印度公司是继荷兰、英国之后的第三家东印度公司，于1604年获得了亨利四世的许可。但是这家公司成立后业务并没有开展起来。直至1664年在重商主义者让－巴普蒂斯特·柯尔贝尔（Jean-Baptiste Colbert）的带领下才重新开展业务，并获得了路易十四颁发的特许状。相对于荷兰和英国，法国的商人都是占股少的小股东，所以，公司规模普遍不大。

其他同期的东印度公司，如1616年的丹麦东印度公司、1695年的苏格兰东印度公司、1722年的德国东印度公司、1713年的瑞典东印度公司以及1754年的普鲁士孟加拉公司等，这些公司多是为对抗荷兰人或英国人在本国开设的东印度公司、开展自身贸易而出资设立的，有的还得到了外国政府的许可。

总而言之，提及"东印度公司"，英国与荷兰才是它真正的代表。

（二）《1784年皮特印度法》与英国联合东印度公司的股东会和董事会工作制度

1. 1784年英国政府颁布《1784年皮特印度法》，又称《皮特公司法》，结束了此前由商人主导东印度公司运营的局面，强化了政府及议会对公司的权力，将东印度公司置于英国政府的控制之下，董事会与王室一起管理公司。

2."民主的股东大会"与差异表决权：凡购买东印度公司股份者,都可以称为股东,并拥有参加股东大会的权利。股东大会会议每年召开4次,会议时间分别在每年的3月、6月、9月和12月,会议主要职责是选举24名董事。除定期股东大会外,如出现特别需要,可通过董事申请或9名股东的联合申请举办临时股东大会。大会会场设在伦敦印度馆内,每场股东大会有200~300名股东出席。在讨论重要议案时,参会人员超过平时的2倍,会场挤得水泄不通。

但是,每位股东拥有平等的参加股东会议的权利,并不意味着每位股东拥有平等表决权。公司实行差异化表决权安排：持有500镑股份的人仅仅拥有"举手投票权",能够使用不记名方式投票的股东必须拥有价值1000镑的股份拥有1票表决权、持有3000镑的可投2票、6000镑的可投3票、10,000镑的可投4票。持有500镑的股东,如果不能两个人凑在一起,就很难参加董事的选举大会。

3.董事会工作制度：董事须为股东,持有2000镑以上的股份,董事会每人一票,集体决策。董事会下设七个专门委员会：通信文书委员会、会计委员会、采购委员会、私人贸易委员会、船舶委员会、财政委员会、仓库委员会。其中通信文书委员会最为重要,由议长、副议长和资格最老的董事参与其中,这体现了向股东们提供信息的重要性。

东印度公司组织结构见图2-2。

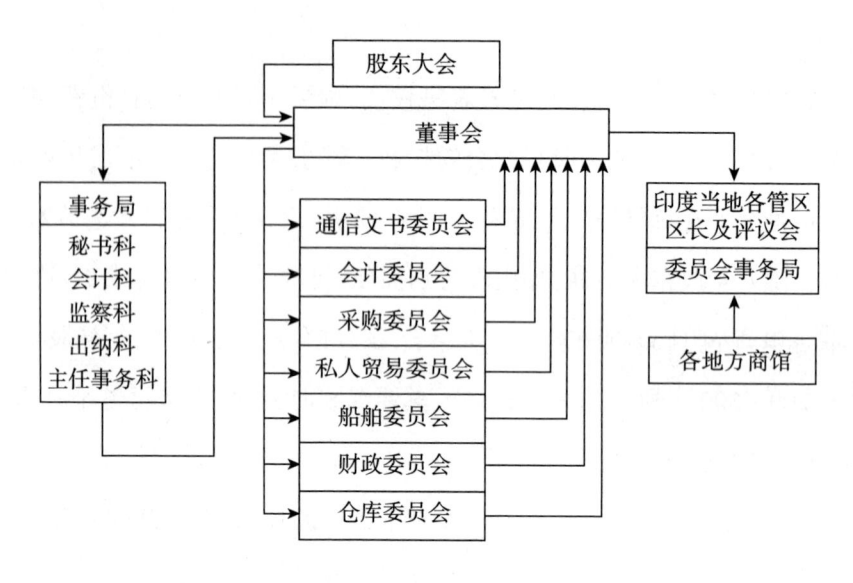

图 2-2 东印度公司组织结构

(三)东印度公司退出历史舞台

导致东印度公司解散的几个大的历史事件:1857年印度佣兵大叛乱、英国工业革命和机器胜利、贸易自由化的呼声(1833年政府废除了东印度公司贸易垄断权),以及1858年8月《印度统治法》通过,以商业资本家为代表的东印度公司在丧失了贸易垄断权后,又被剥夺了对印度的统治权,东印度公司解散。

(四)东印度公司的设立、运营和管理给我们的启示

1. 早期公司成立是特许制,获准从事的是海上贸易的垄断事务,除此之外,还执行了部分国家职能,如对外殖民统治。如同人在法律中的进程一样,法人也经历了"从身份到契约"的演变。

2. 公司最早的雏形是公众公司而不是私公司,即基于公募而不是私募设立,大规模公司而不是小规模公司,公司形式是股份有限公司而不是有限责任公司。

3. 股东有限责任优先于公司有限责任产生。

4. 公司最早的主要商事业务是贸易,直接推动了商业革命和商业文明的发展,是工业革命的前身。

5. 董事会制度伴随公募产生,这是董事会中心主义产生的基础。

6. 东印度公司的设立、运营与发展,使商人成为一个独立的社会群体。18世纪初,英国的一位国务秘书在他的书中写下了这样一段话盛赞商人的社会意义:"在一国之内,商人是最重要的社会成员,他们通过商业交流将人们联系在一起,分配大自然所能赐予人类的物品,为穷人找到他们所需要的工作。为富人带来财富,为统治阶级带来威严。"

东印度公司作为欧洲商业文明时代的开启者和代表者,为人类进行了一场轰轰烈烈的社会革命的试验,对与公司设立和运营有关的股东、董事、员工、债权人及政府等其他利益相关者的关系处理,至今都可以为我们提供参考。

三、实现盈利并分配给股东：设立公司的目标

《民法典》第 76 条规定："以取得利润并分配给股东等出资人为目的成立的法人，为营利法人。营利法人包括有限责任公司、股份有限公司和其他企业法人等。"

试问，大家设立的公司，是不是偏离了这个目标？有多少公司自设立至今都没有给股东分配利润？还有在 2000 年互联网火爆，以及 2014 年、2015 年私募基金火爆的时候，当很多公司的 A 轮、B 轮和 PRE-IPO 轮融资估值步步升高时，公司的创始人已经沉浸在这个"假想的公司成功"的泡沫中了。

毋庸置疑，偏离公司设立的目标是当前很多公司出现股东争议的原因。股东们可以对照这个目标来给自己设立和经营公司的行为打个分，并重新审视一下公司持续经营的条件是否成就。

若公司持续存在就意味着要持续实现盈利并分配给股东，这确实不是

一件容易的事。除了公司在业务、产品、技术和服务以及管理方面要具有核心竞争力外,还要妥善处理好股东关系,包括股东与股东之间、股东与公司之间、股东/公司与董监高之间以及股东/公司/董监高与债权人之间的关系,防止这些关系处理不当导致公司陷入诉讼的泥潭或者导致现金链断裂而倒闭。

四、主要公司类型与分类方法

从民事行为主体角度看,除了自然人外,其他主体分为法人和非法人两大类别,《民法典》中作了明确的规定。

法人是指具备民事权利能力和民事行为能力,依法独立享有民事权利、承担民事义务的组织,包括营利法人、非营利法人以及特别法人(见图2-3),公司是法人的主要组成部分,属于法人中的营利法人。

```
法人:具备民事权利能力和民事行为能力,依法独立享有民事权利、承担民事义务的组织
├── 营利法人:以取得利润并分配给股东等出资人为目的成立的法人
│   ├── 有限责任公司
│   ├── 股份有限公司
│   └── 其他企业法人
├── 非营利法人:以公益为目的或者其他非营利目的成立,不向出资人、设立人或者会员分配所取得的利润的法人
│   ├── 事业单位法人
│   ├── 社会团体法人
│   └── 基金会、社会服务机构:捐助法人
└── 特别法人
    ├── 机关法人
    ├── 农村集体经济法人
    ├── 城镇农村的合作经济组织法人
    └── 基层群众性自治组织法人:居民委员会、村民委员会
```

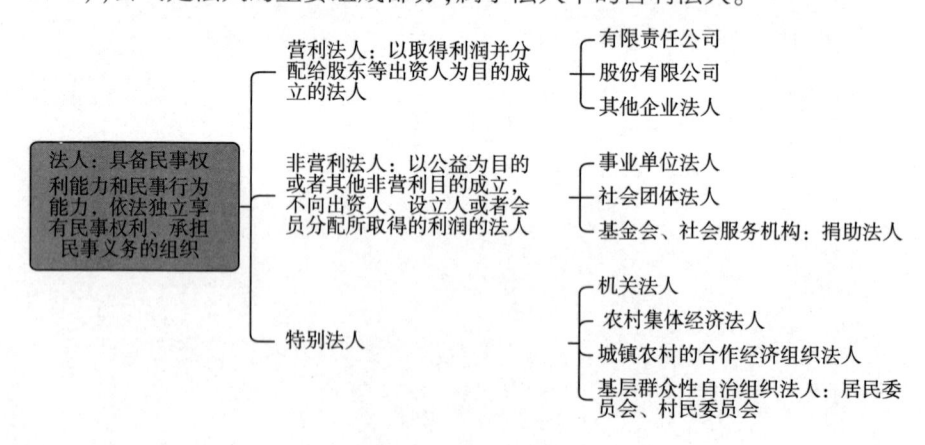

图 2-3 法人的分类

非法人组织是指不具有法人资格,但是能够依法以自己的名义从事民事活动的组织。非法人组织包括个人独资企业、合伙企业、不具有法人资格的专业服务机构等。

《公司法》列示了有限责任公司、股份有限公司、上市公司和国家出资公司,以及只有一个股东的有限责任公司五种主要公司类型。国家出资的公司最终呈现方式也是有限责任公司和股份有限公司。一人有限公司承担有限责任的前提条件是提供证据证明公司的财产独立于股东,所以,不是主要的初创公司形式。有限责任公司和股份有限公司是国内公司法的主要分类方式,其实质都是公司有限责任和股东有限责任。

(一)股权转让是否受限:通用的公司分类方法

由于股权转让是股东的基本权利,多数国家的公司法按照公司股权转让是否受限分为股权转让受限的公司和股权转让不受限的公司。前者又可以称为"私公司"或"封闭公司";后者又称为"公众公司"。

如美国《特拉华州普通公司法》第342条明确规定了封闭公司的定义:

(一)所谓封闭公司是指根据本章规定组建的、章程大纲包含本编第102条(公司设立时章程规定的内容,笔者注)要求的条款和下列内容的公司:(1)除库藏股外,公司发行的所有类别的股份全部有证书代表,且登记持有人不大于指定数目,不超过30人;(2)发行的所有类别的股份全部遵守本编第202条(股份转让的各种限制)所允许的一条或者一条以上的转让限制;(3)公司任何类别的任何股份都不得进行美国1933年证券法案及其修订意义上的"公开发行"。(二)封闭公司的章程大纲可以规定获得股东资格的条件;资格的规定既可以指定哪类人有权成为某类别股份的登记持有人,也可以指定哪类人无权成为某类别股份的登记持有人。(三)为了确定封闭公司股份的登记持有人数目,以共同共有、按份共有或者夫妻统一共同共有的形式持有的股份,视为一个股东持有。①

对我国《公司法》立法产生重要影响的日本《公司法》也于2005年进行了大规模修订,将维持67年之久的无限公司、两合公司、股份公司、有限公司四种公司形式,修改为有限公司和股份公司的一体化,不再保留有限公司形式,但在股份公司的法律适用中仍区别股份转让受限的公司和股份转让不受限的公司。②

2023年《公司法》修订虽未采用上述分类方法,但在公司分类方法上实现了重大突破:股份有限公司股份转让受限的,公司可以发行在公司利润分配权/剩余资产分配权和表决权有差异的类别股,并使用了"股份转让受限的股份有限公司"的称谓,同时将有限责任公司与股份转让受限的股份有限公司以及小规模股份有限公司在法人治理制度上作了大幅度的统一,为日后沿此方向分类打下了基础。

为此,本书继续沿用《领读公司法》2016年出版时的公司分类方法,即继续使用"私公司/股份转让受限的公司"和"公众公司/上市公司/股份转

---

① 《特拉华州普通公司法》,徐文彬等译,中国法制出版社2010年版,第194~195页。
② 王保树主编:《最新日本公司法》,于敏、杨东译,法律出版社2006年版,"代序"第4页。

让不受限的公司"的分类方法(如图2-4所示)。① 此前很多文献中提到的有限责任公司倾向于"人合"、股份有限公司倾向于"资合"的观点在当前分类标准下就不是很准确了(募集设立的股份有限属于资合,多数股份有限公司为非募集设立)。

```
公司分类
├── 私公司/股份转让受限的公司
│   ├── 有限责任公司 —— 股东人数1~50人
│   └── 股份有限公司 —— 股东人数200人以下,且公司股票没有在沪、深、北交所或新三板上市/挂牌
└── 公众公司/上市公司/股份转让不受限的公司 —— 股份有限公司
    ├── 上市公司:公司股票在沪、深、北交所上市
    ├── 新三板挂牌公司:公司股票在新三板挂牌
    └── 股东人数超过200人的非上市公司/非新三板挂牌公司
```

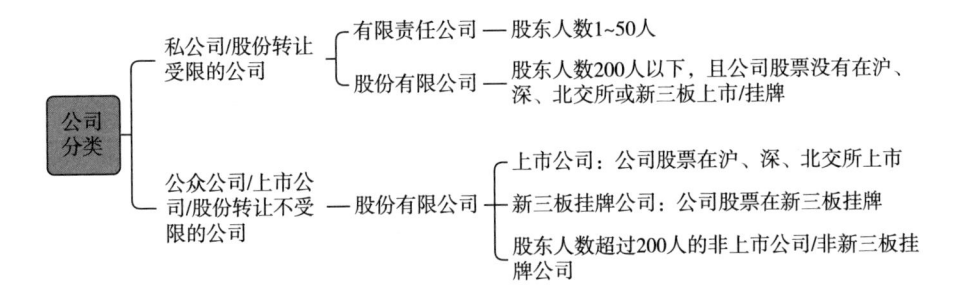

图 2-4 公司分类

从法理上讲,各种不同类型的公司之间可以相互转换形式,如同样承担有限责任的有限责任公司与股份有限公司之间的互相转换,承担有限责任的公司可以转换为承担无限责任的公司。当然,承担无限责任的公司如果转换为有限责任公司,则涉及股东责任的重大调整,因此需要履行解散和新设的程序。

(二)有限责任公司和股份有限公司主要制度异同

股东有限责任和公司有限责任是公司法两大基石,在此基础上,2023年《公司法》修订在公司分类方法上实现重大突破,统一了有限责任公司和股份有限公司的很多制度,但二者仍存在一些差异。汇总比较如下

---

① 按照葛伟军老师在《图解公司法》一书提到的国内理论界对公司分类的观点,笔者的分类方法属于激进派或改革派。葛伟军:《图解公司法》,当代中国出版社2024年版,第21页。

(见表2–1)。

表2–1 有限责任公司和股份有限公司在股东权利、出资制度、法人治理方面的制度异同

序号	事项	有限责任公司	股份有限公司
1	设立方式	发起设立、变更设立	发起设立、变更设立、募集设立
2	股东人数	1~50人	非公开发行的人数不超过200人,公开发行的可以超过200人
3	出资期限	5年内认缴	实缴
4	股东表决权计算基础	以公司全体股东表决权为基数	以出席会议的股东所持表决权为基数
5	股权/股份转让是否可以受限	可以	除上市公司外,可以约定转让权受限
6	股东表决权、分红权是否可以与出资比例不一致	可以	除上市公司外,可以约定不一致;还可以发行无面额股、类别股(表决权、分红权等不同类别的股东权利)
7	是否可以授权董事会增发	否	可以,股东会可以授权董事会3年内发行不超过已发行股份50%的股份,非货币认购的还需要经过股东会审议
8	董监高股权转让是否受限	否	是,(在就任时确定的任期期限内)每年不超过25%,离职后半年内不得转让,适用于上市公司
9	异议股东回购权适用的情形	具备分红条件连续5年不分红、分立、合并、转让主要财产、公司章程规定的营业期限届满或其他解散条件出现/股东会通过修改公司章程使公司存续,以及控股股东滥用控股权严重损害公司或其他股东利益	非上市股份公司适用具备分红条件连续5年不分红、分立、合并、转让主要财产、公司章程规定的营业期限届满或其他解散条件出现/股东会通过修改公司章程使公司存续;上市公司仅适用分立、合并两种情形

续表

序号	事项	有限责任公司	股份有限公司
10	定增时股东是否具有按比例认购的优先权	一般有,全体股东约定排除除外	一般无,公司章程或股东会决议股东享有优先认购权除外
11	对股东行使知情权,查询公司会计账簿、会计凭证的持股期间的要求	无	有,连续180日单独或合计持股3%以上的股东
12	对股东行使提案权的持股比例的要求	无	有,单独或合计持有1%以上的股东
13	对股东行使代位诉权的持股比例的要求	无	有,连续180日以上持有1%以上的股东
14	对持有10%以上股权的股东可以自行召集、召开股东会持股期间的要求	无	有,连续90日,单独或合计持有10%以上的股东
15	规模较小或股东人数较少的公司可以不设董事会和监事会,设一名执行董事会和一名监事	是	是
16	持有10%以上股权的股东有权以公司僵局为由申请公司解散	是	是
17	临时股东会召开的情形	持股10%以上的股东、1/3以上董事或者监事会提议	除持股10%以上的股东、监事会提议外,公司未弥补亏损达到股本总额的1/3,董事会人员少于章程规定的2/3,以及董事会提议都可以启动临时股东会的召开
18	设董事会审计委员会的,是否可以不设监事会或监事	是	是
19	规模较小或者股东人数较少的公司是否可以不设监事会或监事	是,但需要全体股东一致同意	否

就上述差异，分析如下：

1. 表2-1中除第3、4、6、9、10、19项差异外，2023年《公司法》中关于有限责任公司与股份有限公司的制度差异完全由"私公司与公众公司"分类所致。

2. 表2-1中第3项出资制度的差异应当限于募集设立的股份有限公司和公众公司，发起设立和变更设立的私公司股东出资义务应当一致。

3. 表2-1中第4项表决制度的差异可以限于募集设立的股份有限公司和公众公司，私公司股东会表决机制应当一致。

4. 表2-1中第6、9、10、19项差异也可以区别于私公司与公众公司，私公司在制度上可以统一。

5. 上述6项差异的存在表明，《公司法》从立法上还没有完全接受"私公司与公众公司"的分类方法，所以，这也可以是日后《公司法》修改的内容。

(三)《公司法》赋予了私公司/股权转让受限的公司更多的意思自治

《公司法》是商法最主要的组成部分，商法的基本性质是私法，调整私人关系，体现私人意志，并最终为私人的利益服务。对于当事人之间按照自己的意愿达成的一致，法律应当给予尊重，即意思自治。尤其对于私公司来说，公司的设立和经营成果不会影响不特定的多数人(股东)的利益。因此，对私公司法律规制的价值取向应该是在维护交易秩序的前提下鼓励创新，鼓励商事主体将这种智慧尽情发挥，维护商事行为的创新与活力，促进社会资源有序流动和社会增量财富的形成。

正是基于私公司的法律属性，《公司法》赋予了私公司/股权转让受限的公司更多的意思自治：

1. 可以约定股东表决权、分红权与出资比例不一致。

2. 可以对股权转让进行一定的限制。

3. 可以约定不允许股权继承。

4. 规模较小或股东人数较少的公司，可以不设董事会/监事会，一名董事/一名监事；有限责任公司经全体股东同意，可以不设监事。

5. 可以对公司增资时原股东是否享有优先认购权进行约定。

(四) 从私公司到公众公司是一场革命

1. 股票：产品市场和市场经济发展高阶的产物

通俗地讲，股票是一种上市公司的股东权利凭证。股份有限公司通过发行股票获得资金，除初始股东外，公众投资人可以在公开的股票交易市场通过购买公司发行的股票或者原股东出让的股票，成为公司新的股东（公众股东）。与私公司的股权一样，持有公众公司股票的股东可以享有法律规定的股东权利，如参加股东会行使表决权、获得公司分红和剩余资产，同时其收益也具有不确定性，存在收益归零的商业风险。与私公司股权相比，上市公司股票具有更强的流动性，股东在公开的证券市场上交易更便利、更易于变现，在不知道交易对方是谁的情况下，交易系统按照"价格优先、时间优先"的原则自动撮合，瞬间即可完成交易。

从人类贸易的发展过程看，股票作为交易标的经历了几千年的历程：

➡ 最初的易货贸易

➡ 货币产生并作为一般等价物参与贸易过程

▶ 1602年荷兰东印度公司成立,1609年荷兰阿姆斯特丹股票交易所成立和1773年伦敦股票交易所成立后,纸质实物股票开始作为交易标的

▶ 21世纪现代意义的电子交易平台和无纸化交易

纵观整个历程,我们可以清晰地看到,股票和资本市场的产生是市场经济发展高级阶段、成熟阶段的产物。纵观域外市场经济发展的道路,需要先有产品市场,从物与物的交易到货币与物的交易,再到股票这个复杂的不能直接看到交易标的的品质和价值的交易。如果没有成熟的市场经济和产品市场对资本市场各方参与者的历练和洗礼,建立一个公开、公正、公平的股票交易市场对资本市场各方参与者都是一个巨大的挑战。

完整的资本市场交易品种不仅包括股票,还包括债券、基金、期权等其他衍生交易品种,成熟的资本市场的交易品种更多。对于国内资本市场来说,股票和债券是主要交易品种,因此本章主要以股票交易市场为例来谈资本市场。

中国资本市场从无到有,几乎和产品市场同时开启了资本市场之路,"摸着石头过河"走到今天,存在一些问题、发生一些风险是合理的。但是我们需要根据自己的实际情况,遵循资本市场经济规律,只要方向正确,就能够发现问题并及时解决。多年来,资本市场的持续发展对产品市场确实起到了积极的支撑作用,我们已经建立了沪市、深市、北交所和新三板多层次资本市场(见图2-5)。截至2024年12月23日,各大交易所上市公司数量分别为沪市2277家(2316只股票,其中主板1735只、科创板581只)、深市2851家(其中主板1486家、创业板1365家)、北交所261家、新三板挂牌公司6099家(其中基础层3922家、创新层2177家)。从各大市场的交易数据看,交易还是活跃的。

图2-5 国内资本市场大事记

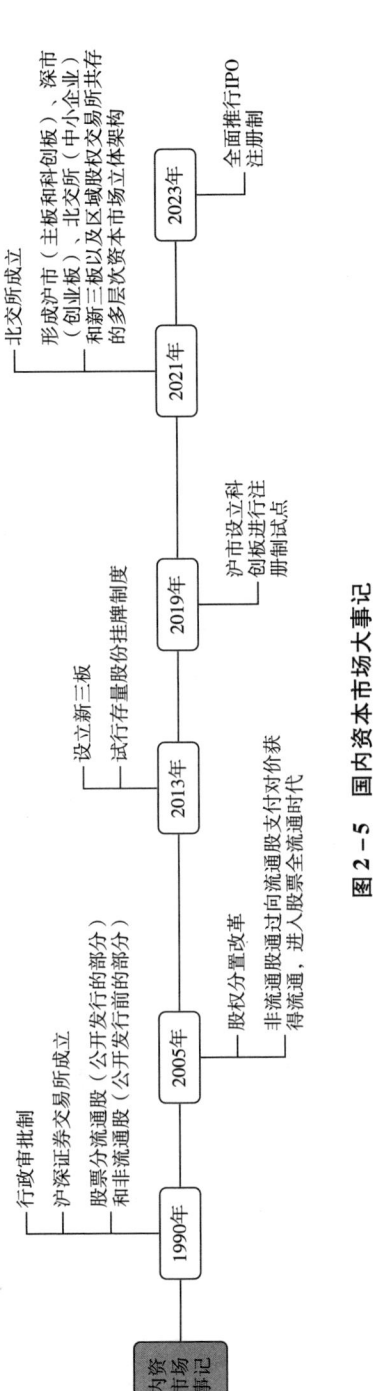

1990年
- 行政审批制
- 沪深证券交易所成立
- 股票分流通股(公开发行的部分)和非流通股(公开发行前的部分)

2005年
- 股权分置改革
- 非流通股通过向流通股支付对价获得流通,进入股票全流通时代

2013年
- 设立新三板
- 试行存量股份挂牌制度

2019年
- 沪市设立科创板进行注册制试点

2021年
- 北交所成立
- 形成沪市(主板和科创板)、深市(创业板)、北交所(中小企业)和新三板以及区域股权交易体系构成的多层次资本市场立体架构

2023年
- 全面推行IPO注册制

2. 资本市场各方参与者及其在资本市场的定位和职责

(1)上市公司:股票提供者,通过发行股票获得资金支持,对发行的股票承担品质担保的责任。

(2)股东:股票交易参与者,既可以是买方,也可以是卖方,通过交易获得利益,并享有股东权利,作为股东会参加者决定公司重大事项。

(3)董监高:受公司委托经营和管理公司,确保公司提供的股票的卖方品质担保责任,同时维护股东权益。

(4)中国证监会:国家行政机关,负责制定证券发行和交易规则,监督证券市场各方参与者的行为,保障交易的公开、透明和效率,并对违反法律、行政法规和中国证监会部门规章的行为作出行政处罚。

(5)交易所:提供股票交易场所和设施,制定交易规则,建立交易秩序,组织证券交易实施,监督市场参与各方的行为,并对违反交易所规则的行为作出自律监管措施。

特别需要指出的是,交易所不是国家行政机关,是实行自律管理的会员制法人,业务上受中国证监会监督和管理。

(6)律师、会计师、券商、评估等专业服务机构:在公司首次公开发行股票并上市(IPO)、上市公司发行股份购买资产等重大资产重组、上市公司收购等情形下,为公司提供法律、财务、保荐与承销、估值等专业服务,从专业角度规范公司产品(股票)的品质,并协助公司书写股票的产生和生产过程以及关于股票/证券价值的说明书。

上述各方分工负责,归位尽责,共同协作,助力一个公开、公平和公正的证券市场的建立,共同维护市场秩序,保护投资者利益,推动证券市场的健康发展。

3. 对于公司来说,资本市场最大的价值是什么

公司为什么要上市?资本市场最大的价值是什么?这是一个需要公司、

股东、董监高深入思考的问题。资本市场经历了20多年的繁荣,也面临2024年的严峻局面:IPO基本停滞,上市公司出清,大量的上市公司/股东/董事高管收到了资本市场的罚单或被追究刑事责任,公司或退市或破产重整。

据东方财富网统计,至2024年6月18日,已经有12家公司股票退市;6家公司股票已经锁定退市;13家公司当日提示公司股票可能被终止上市的风险;36家公司股票收盘价低于1元,可能退市;另有72家公司警示退市风险,即股票简称被戴上"*ST"帽子。[①]

诚然,私公司通过直接IPO或者间接上市成为公众公司,获得资本市场给予的资源、资金和人才的支持,对于每个企业的发展、股东和董事高管的利益都是无可非议的。但是如我们前面所言,民事法律关系的权利和义务是对等的,成为公众公司在获得资本市场利益和好处的同时,当然要支付对价、承担义务。令人痛心的是,那些被出清的上市公司如果不是盲目进入资本市场,或者不理解资本市场的规则,或者无视规则、不尊重规则,可能也不会面临如此惨烈的局面。

这也是我们经常讲的"不是每个公司都适合上市,也不是每个公司都需要上市"的原因。

一句话,能够在资本市场持续生存、获得资本市场和投资者青睐的公司需要的充分条件很多,但是必要条件不多:(1)公司要有核心竞争力,业绩能够持续增长,能够给投资者持续投资回报;(2)公司股东、实际控制人和管理团队有驾驭资本市场的能力。而达成这两个必要条件的架构支撑是有效的法人治理体系,更深层次的支撑是公司文化。

---

① 《2024年退市公司数量或超去年》,载东方财富网,https://finance.eastmoney.com/a/202407013118533730.html。

换句话说,满足上述条件的公司经过努力、选择合适的时机成为公众公司,可以通过资本市场给予的资源、资金、人才、法人治理的帮助,最终不断成长、扩大规模、进一步提升核心竞争力和行业影响力,从而走得更远。用资本市场特有的价值发现功能,发现和培育有潜力的公司,使其成为优秀公司,并推动这些优秀公司的进一步成长——这才是资本市场对于公司最大的价值。那些世界知名的苹果、微软、亚马逊、谷歌等公司无一不是通过资本市场平台的助力获得了长足的发展。我们欣喜地发现,国内资本市场在数十年的时间里也逐步发现和培养了一批优秀公司,相信它们也能够在资本市场的助力下获得长足的发展。

(五)公众公司/股权转让不受限的公司法人治理的特别要求

由于公众公司的经营成果将影响不特定的多数股东的利益,且股份转计不受限,因此,公司法对公众公司法人治理提出了更高要求。

1. 强制要求设立董事会及审计、薪酬、战略等专业委员会,并要求董事会成员中独立董事人数不少于1/3且1名为会计专业人士。董事会聘用/解聘会计师事务所和财务负责人、审议重大资产重组、关联交易、董监高薪酬等重大事项时需经过独立董事的前置程序和独立意见,以防止损害公众股东利益的情形,平等维护股东利益。具体独立董事职权见本书第三章"独立董事制度"部分。

2. 强制要求12个月内累计重大资产重组达到一定指标(购买、出售重大资产或提供担保的金额超过公司资产总额的30%)的交易行为,需经股东会特别决议(2/3以上)通过。

3. 强制信息披露义务,要求披露股东、实际控制人的信息,并要求公司设置董事会秘书专职负责公司信息披露事项,确保全面、及时披露相关信息,并保证信息的真实、准确和完整。

4.强制要求公司董事会、股东会审议关联交易时关联方(包括关联自然人和关联法人)需要回避表决。

5.强制要求上市公司控股子公司不得持有该上市公司股份,因为合并、行使质权等法律行为而持有自己公司股份的,该等股份无表决权,并需及时作出转让或减资的处理。

6.除遵守上述公司法规定外,还需遵守《证券法》、中国证监会部门规章、交易所等对上市公司法人治理的高要求:增加特别对外担保需要经过股东会特别决议通过的情形、强制选举董事需要通过累计投票方式、强制要求网络投票的情形等。

(六)无面额股、多种类别股、授权(董事会)发行:2023年《公司法》赋予股份有限公司更大的意思自治空间

通常来讲,当前选择股份有限公司这种组织形式的,多数基于未来能够成为进入资本市场成为公众公司的预期,所以公司会相对拥有核心竞争力、具有一定的规模、法人治理架构基本建立和健全,能够较好地处理公司法律关系。所以,这种情况下,法律赋予了股份有限公司更多的自治权,其目的在于鼓励公司创新和扩张规模,鼓励市场资源的有序流动。这种做法与当前香港交易所的规定一致,可以更好地便利公司上市后的资本运作。具体如下:

1.可以发行无面额股,这是2023年修订的重大突破。无面额股与有面额股对应,即2023年修订前的《公司法》均强制性规定公司发行的股份必须是有面额的,且不得低于1元。那么,公司什么情况下可以发行无面

额股呢？发行无面额股的主要原因是公司价值无法确定或者亏损导致事实上公司净资产低于注册资本，即每股价值低于1元，所以无法增发面值为1元的股份。

举例说明，2024年8月1日，股份有限公司因为净资产低于注册资本，无法发行1元/股的股份，也无法确定发行价格，于是向A公司定向发行了无面额股份，A公司支付5000万元增资款，但无法确定A公司因此获得的公司股份数量；因为预计公司将于2026年扭亏，于是增资协议同时约定以2026年12月31日经审计的公司财务数据确定发行价格和股份面额，届时再确定A公司可以获得的股份。

就发行无面额股份，《公司法》第142条规定，公司应当将发行股份所得股款的1/2以上计入注册资本。同时规定公司可以根据公司章程规定将已发行的面额股全部转换为无面额股，或者将无面额股全部转换为面额股。当然，实践中可以发行无面额股的还是公众公司。

2. 可以发行类别股。股份有限公司的同股同权限于同一类别的股份拥有同等权利，不同类别股的种类包括三种。

第一种是优先股或劣后股：优先或劣后于其他股东分配利润或者公司剩余财产的股份，这种类别股在国内前期VC/PE盛行的情况下普遍存在。

第二种是表决权多于或少于普通股股份的股份。

第三种是转让受限的股份，如转让需经公司同意或其他股东拥有优先受让权等其他限制。

需要说明的是：

（1）私公司/股权转让受限的公司都可以发行类别股。

（2）公众公司不得发行第二种和第三种类别股，上市前已发行的除外。

（3）发行类别股需防止因此损害其他股东尤其是中小股东利益，因此，要有单独的保护中小股东利益的措施。

（4）类别股一旦发行，后续如果发生公司修改章程、增减注册资本、分立、合并、解散或者变更公司组织形式等重大事项，除继续按照法律规定履行特别决议程序外，还需经过出席会议的类别股东所持表决权的 2/3 以上通过方为有效。

3. 可以授权董事会在 3 年内决定发行不超过公司已发行股份 50% 的股份，赋予了董事会法人治理水平较高的公司更大的自主权。当然，为防止权利滥用，法律规定非货币资产认购的需再次经股东会决议。

需要说明的是，上述法律规定适用于股份有限公司的类别股、无面额股以及授权发行更多及于公司规模较大、法人治理水平较高的股份有限公司。

（七）不做资本市场的"僵尸企业"：用好资本市场平台，助力公众公司发展

公众公司利用资本市场平台，获得资金、资源和人才支持的路径如下：

1. 多种股权融资方式和债权融资方式：定向增发股份募集资金、向原股东配股、发行公司债、可转化为股份的债券、可交换债等多种金融衍生品种。

2. 发行股份购买资产 + 募集配套资金，用于对外收购、扩张，而无须使用现金或全部使用现金。

3. 多种股权激励工具：期权、限制性股票、员工持股计划、资管计划等。

资本市场上的美的集团（000333）是成功运用资本市场做大做强的典范。笔者汇总了该公司自 1993 年初始上市至 2024 年的资本市场大事，供大家参考（见图 2-6）。

美的集团资本市场扩张之路

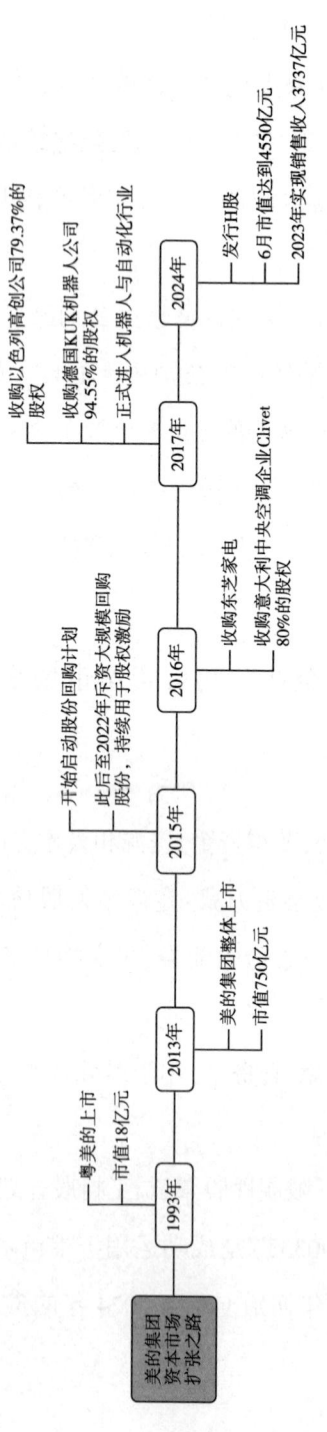

- **1993年**
  - 粤美的上市
  - 市值18亿元
- **2013年**
  - 美的集团整体上市
  - 市值750亿元
- **2015年**
  - 开始启动股份回购计划
  - 此后至2022年斥资大规模回购股份，持续用于股权激励
- **2016年**
  - 收购东芝家电
  - 收购意大利中央空调企业Clivet 80%的股权
- **2017年**
  - 收购以色列高创公司79.37%的股权
  - 收购德国KUKA机器人公司94.55%的股权
  - 正式进入机器人与自动化行业
- **2024年**
  - 发行H股
  - 6月市值达到4550亿元
  - 2023年实现销售收入3737亿元

图2-6 美的集团资本市场扩张之路

(八)国家出资的公司组织机构和法人治理的特别要求

《公司法》明确国家出资的公司包括国有独资公司和国有控股公司,不包括国有参股公司。国有独资公司是指国家单独出资、由国务院或者地方人民政府委托本级人民政府国有资产监督管理机构履行出资人职责的有限责任公司。企业国有资产最终所有人为国家。2009年5月1日,《企业国有资产法》生效,对企业国有资产的管理原则和程序作了明确的规定,企业国有资产管理的基本原则是保值增值。

《公司法》专设国家出资的公司专章,主要规定了如下内容:

(1)国有独资公司不设股东会,由履行出资人职责的机构行使股东会职权,包括审批公司章程、向公司委派董事、监事,授权公司董事会行使股东会的部分职权,决定公司的重大事项,但公司的合并、分立、解散、增减注册资本和发行公司债券,应当由履行出资人职责的机构决定;其中,重要的国有独资公司合并、分立、解散、申请破产的,应当由履行出资人职责的机构审核后,报本级人民政府批准。

(2)国有独资公司董事会成员中应当过半数为外部董事,并应当有公司职工代表,董事会设置审计委员会行使监事会职权的,可以不设监事会或监事。

(3)实践中国资委和国有股东对国有公司的管理是按照重要性原则处理的,国务院国资委和地方国资委均将其管理的国有公司进行了合并与集中,如国务院2013年集中管理114家国有公司,2023年集中为97家,并授权这97家集团公司对其下属公司进行管理,但重要下属公司的重要事项仍需报国务院国资委或者地方国资委审批。

（4）国有控股上市公司重大事项，包括重大资产重组、股权激励、定向增发等重大表决事项需获得国资委审批。

（5）考虑到国有企业出资人的特殊性和需承担的特别责任，《公司法》特别规定了国家出资的公司应当依法建立健全内部监督管理和风险控制制度，加强内部合规管理，并通过国务院行政法规和国务院国资委部门规章的形式对国有企业需特别建立的内控、合规、法人治理等事项作了具体规定。

（6）董事会在决定公司重大问题时，应当事先听取党委的意见。

五、商务、财务和法律：理解公司的三个维度

(一)公司设立运营图:商务角度

作为拟制的人,除小规模公司外,大量的商事主体参与了公司设立和运营的全过程,这些商事主体包括股东、董监高和债权人三大类别,他们从不同的角度为公司贡献力量,为公司能够达成盈利的目标而努力(见图2-7)。

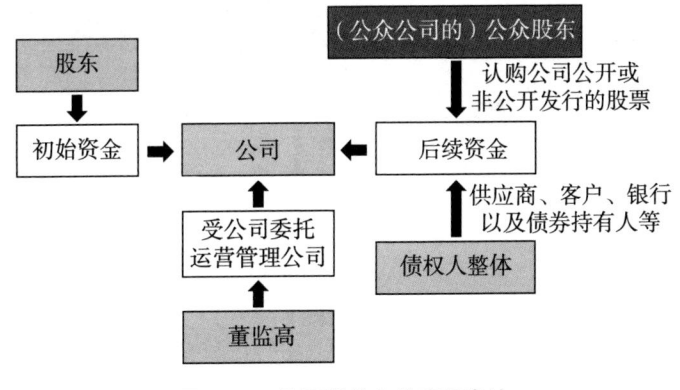

图2-7 公司是什么的商务表达

(二)资产负债表:财务角度

作为独立法人和盈利主体,公司的经营成果最终将通过财务报表(资产负债表、利润分配表和现金流量表)表达出来。以资产负债表为例,其较好地表达了公司、债权人和股东之间在财务上的关系,公司独立拥有货币资金、债权(应收账款和其他应收款)、存货、房地产、知识产权等资产,董监高的财务关系部分在左边的管理费用一栏(部分在右边的应付薪酬一栏)显示,公司的资产总额=公司对债权人的负债+股东的所有者权益。具体如图2-8所示。

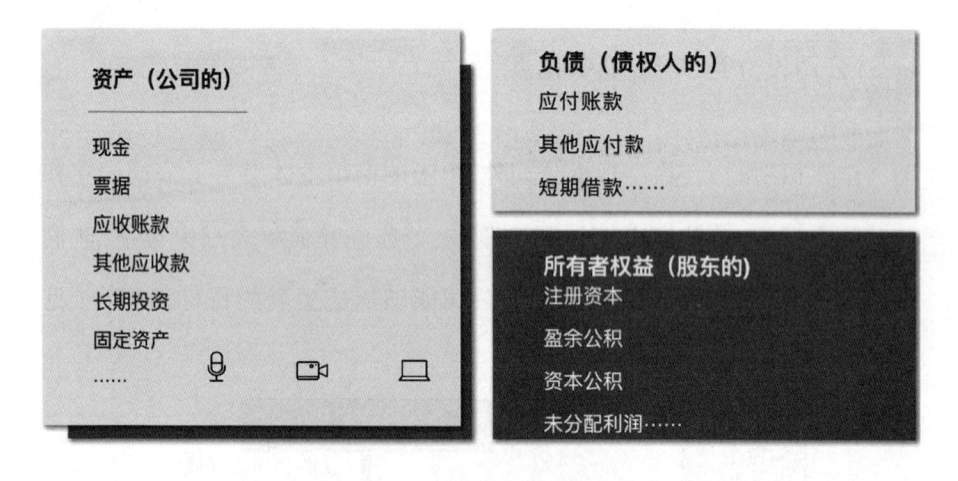

资产(公司的)
现金
票据
应收账款
其他应收款
长期投资
固定资产
……

负债(债权人的)
应付账款
其他应付款
短期借款……

所有者权益(股东的)
注册资本
盈余公积
资本公积
未分配利润……

图2-8 公司是什么的财务表达

(三)公司法律关系:法律角度

1. 以买卖合同为例:理解法律关系和民事法律关系

社会是立体的、纷杂的,社会生活、商业活动更是如此,还是动态的。但从法律视角来看,使用法律语言来表述,能让这些关系更加清晰、准确,因为法律语言是高度理性地概括和提炼的结果,不容易受到那些琐屑的、纷杂的细节影响。

比如,法律关系是我们最经常使用的法律用语,指法律规范在调整人们的行为过程中所形成的具有法律上权利义务形式的社会关系。基于形成法律关系的基础法律不同,如民法、行政法和刑法,可以分别形成民事法律关系(如买卖、租赁、担保、公司、信托等)、行政法律关系(如车主因收到交警罚单与公安局之间产生的法律关系)和刑事法律关系(如犯罪嫌疑人因涉嫌犯罪被公诉机关提起公诉双方之间产生的法律关系)。

三种不同法律关系的权利义务关系当然不同,民事法律关系中双方的权利义务关系是对等的,即一方的权利必然是另一方的义务,权利方的权利要靠对方履行义务来实现;反之亦然。行政和刑事法律关系则不对等。

以民事法律关系中最常见的买卖合同为例,买卖双方的权利义务对等关系可以表述如图 2-9 所示。

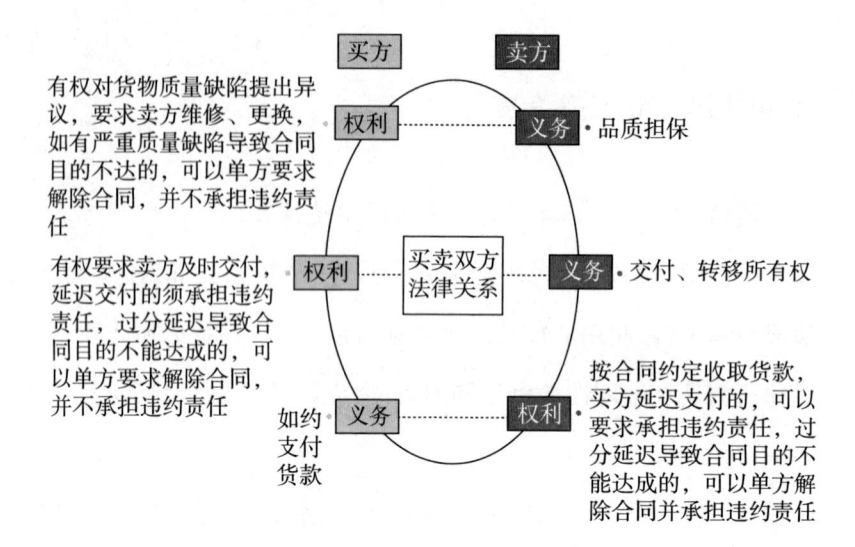

图 2-9 买卖双方法律关系

买方权利：
- 有权对货物质量缺陷提出异议，要求卖方维修、更换，如有严重质量缺陷导致合同目的不达的，可以单方要求解除合同，并不承担违约责任
- 有权要求卖方及时交付，延迟交付的须承担违约责任，过分延迟导致合同目的不能达成的，可以单方要求解除合同，并不承担违约责任

买方义务：如约支付货款

卖方义务：
- 品质担保
- 交付、转移所有权

卖方权利：按合同约定收取货款，买方延迟支付的，可以要求承担违约责任，过分延迟导致合同目的不能达成的，可以单方解除合同并承担违约责任

实践中，买卖合同的大多条款是基于上述买卖法律关系而展开的，结合买卖双方基本情况和商务地位、标的物实际情况，为保障双方交易目的实现，经过多轮磋商达成的一致，如定金条款、包装和验收条款（到货后验收、安装调试条款、试用验收、第三方检验等）、培训条款、分期付款条款、所有权保留条款、质保金条款等不一而足。

2.公司法律关系图

公司法律关系这个概念可以帮助大家理解股东—公司—董监高—债权人之间根据公司法的规定而产生的民事上的权利—义务—责任关系。

其中股东—公司—董监高三方相互之间的法律关系属于内部法律关系，内部法律关系的设立与运营通常不影响其他人的利益，所以，法律鼓励各方根据实际情况进行充分协商，享有更多意思自治空间。

股东—公司—董监高三方与债权人之间的关系属于外部法律关系，由于债权人并不参与公司经营管理活动，各方与债权人之间的权利义务法律关系采取相对简单的归责原则,即形式外观主义,只要形式合法,法律轻易不否定各方达成一致的安排。

简言之,《公司法》的颁布和实施是为了维护股东—公司—董监高—债权人之间的权利义务的平衡。

公司法律关系主要有如下七组(见图 2-10)。

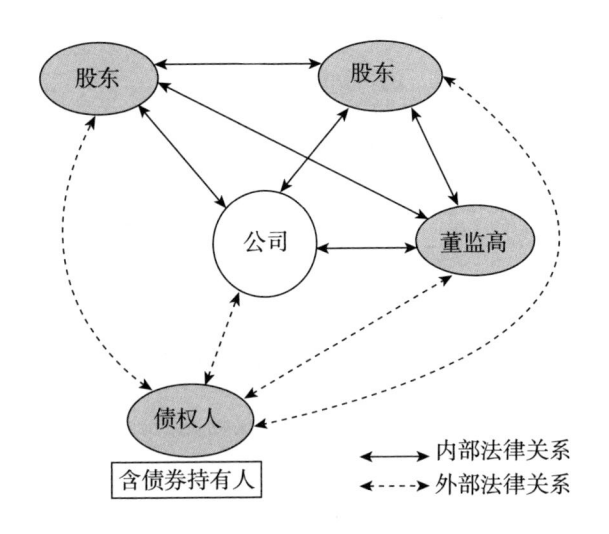

图 2-10 公司是什么的法律表达

上述七组公司法律关系中,股东与股东、股东与公司、股东与董监高、公司与董监高之间的关系属于内部法律关系,内部法律关系的设立和运营通常不直接影响其他人的利益,因此,法律鼓励各方根据实际情况充分协商。

股东、公司、董监高与债权人之间的关系属于外部法律关系,由于债权人并不参与公司经营管理活动,因此各方与债权人之间的权利义务法律采取相对简单的规则原则,即形式外观主义,只要形式合法,法律轻易不否定各方达成一致的权利义务安排。法律上的"善意第三人"便是形式外观主义的运用。详见本章"'善意相对人':如何处理内部法律关系与外部法律关系的平衡?"部分。

3. 粗解七组主要公司法律关系

(1) 股东与公司之间的法律关系:股东将初始出资(货币及房地产/知识产权/股权/债权等非货币资产)交与公司,公司将股权/股票交与股东,双方便开始建立了公司法上的法律关系。除出资的积极义务外,股东还负有不得滥用股东权利损害公司利益的消极义务;股东依据股权享受股东权利,包括民法上的占有、使用、收益和处分的权利;公司应当平等对待全体股东,全面贯彻股东平等和股东民主的原则,并保障股东权利的实现。

(2) 股东与股东之间的法律关系:股东之间权利义务关系的实质是平等,即从结果上看,股东有权平等行使表决权、按照持股比例平等地享受公司剩余资产所有权,同时也有权按照自己的意愿对股东权利的行使作出安排,如放弃部分权利的行使(分红权、表决权与出资比例不一致)、委托他人代为行使表决权甚至代为持有股权等;从过程中看,这种平等的实体权利是通过民主的程序权利即开会来实现的;同样,任何股东都对其他股东负有不得滥用股东权利损害其他股东利益的义务。

(3) 董监高与股东之间的法律关系:股东有权提名董监高,选举、罢免董事和监事,决定其工作职责、报酬;董监高负有全面贯彻股东平等和股东民主原则,保障股东权利实现且不得损害股东权益的义务。

(4) 公司与董监高之间的法律关系:董监高是公司的代理人,受公司委托,为公司利益、以公司名义为生产、销售、研发等各种行为,而董监高行为的利益或损失等全部后果均由公司享有和承担,所以,董监高对公司负有忠实和勤勉尽责的义务;为防止董监高滥用代理权、越权,公司会通过法人治理系列制度完成对董监高的科学授权、激励与约束。

（5）公司与债权人之间的法律关系：公司与单个债权人之间的法律关系属于合同关系或侵权关系，双方基于借款、买卖等民事法律行为建立这种法律关系。在此情形下，公司负有诚实信用义务，应当如约履行合同、及时交付、支付货款、偿还借款，保障债权人利益的实现。公司与上述债权人在履行具体债权债务合同中的权利义务关系受《民法典》的约束，不在本书讨论之列。

《公司法》着力解决公司特有的债权人问题[①]，包括公司与作为一个整体的债权人之间的原则性的权利义务关系，以及公司在发行债券的过程中产生的与债券持有人之间的权利义务关系。

（6）股东与债权人之间的法律关系：从公司法角度讲，与债权人建立直接法律关系的是公司，而不是股东，但是由于股东是公司法律关系的建立者和重要参与者，按照股东与债权人此消彼长的财务关系，股东有滥用权利侵犯债权人利益的冲动，如股东不全面履行出资义务，或者股东会通过减资决议但不履行法律规定的对债权人通知/公告程序，都会降低公司偿债能力，是滥用股东权利损害债权人利益的情形。公司法需要对股东滥用权利损害债权人利益的行为作出禁止性规定，并明确侵权行为的法律后果，如股东加速出资、"纵向/横向揭开公司面纱"否定公司法人人格等。

（7）董监高与债权人之间的法律关系：同股东与债权人之间的法律关系相同，在公司法律关系中，董监高不是与债权人直接建立法律关系的主体，而是必须通过公司，以公司的名义，即代理人的法律后果及于被代理人（公司），如果董监高有过错，则只能在公司向债权人承担了赔偿责任后再在公司内部向有责任的董监高追偿。

---

① [英]保罗·戴维斯：《英国公司法精要》，樊云慧译，法律出版社2007年版，第9页。

但是,2023年《公司法》第191条规定,董事、高管执行职务给第三人造成损害的,除公司承担赔偿责任外,第三人有权直接向存在故意或重大过失的董事高管追究民事责任。虽然,基于民法的侵权理论,如果公司与董监高实施了共同侵权行为损害了第三人利益,第三人可以将公司和董监高列为共同被告,追究他们的侵权责任。但是,《公司法》的这一条款是否突破了上述规定,加重了董事高管的法律责任,尚需结合司法实践加以理解。

综上,从法律角度理解和分析,比商务角度和财务角度更能够抓住事物的本质,具有高度理性和概括性,对于正确解决公司问题具有重要意义,也是法律从业人员解决疑难复杂社会问题所使用的基本工具和方法。

六、多对多、长期、易变、冲突无处不在：公司法律关系的特点

(一)公司法律关系不直接出现在公司日常经营管理活动中

公司与单个商事主体的法律关系(如采购、销售、租赁、担保、银行借款、委托生产等)是公司日常经营管理活动中直接的、第一层面的、经常性发生的法律关系，也是董事高管所熟悉的法律关系。但是，相对于公司日常生产经营活动来说，公司与股东、董监高及作为债权人的整体的公司法律关系可以说是间接的、第二层面的、不经常发生的，也是董事高管所不熟悉的法律关系。因此，如果公司法律关系出现了问题、发生了侵权情形，董事高管也相对不敏感。小股东对控股股东长期不开会、不分红有意见，作为董事长的大股东就不如银行借款到期了这件事更上心，原因在此。

(二)公司法律关系的复杂性

公司法律关系的复杂性表现在如下几个方面：

1. 公司法律关系主体多对多且同时存在

如果公司没有外部股东、未设董事会，公司正常运转，能够支付供应商的货款、员工工资、公司每年都有一定规模的利润，可以对股东进行利润分配，股东—董监高—债权人三方利益都能得到维护和满足，这种情况下，一般不会出现公司法律关系失衡的问题。

反之，就不一样了。举例来说，如果一个公司有三个股东：一个大股东、一个小股东、一个不参与经营管理的财务投资人，其董事会有5名董事（未设置外部董事和独立董事），其中大股东委派3名董事，其他2名股东各委派1名董事，债权人统一为一人，则公司至少存在22组公司法律关系[1]。要同时处理这么复杂的22组法律关系，在公司经营过程中动态维持各方权利义务之间的平衡关系，相对于处理采购/销售/合作研发/委托加工这种一对一的简单民商事法律关系，并不是一件易事。

2. 各方权利义务关系长期存在

相对于房屋买卖合同这样的普通民事法律关系，一方交房、一方付款后房屋过户，合同履行完毕，各方法律关系终止；即使加上银行借款、房地产抵押担保这样的从属法律关系，其终止时间也是确定的。

公司一旦成立，公司法律关系即告产生。单就股东来说，如果没有合

---

[1] 股东之间有3组、股东与公司之间有3组、董事会成员之间有3组、股东与董事会之间有3组、董事会与公司之间有3组、股东与债权人有3组、公司与债权人1组、董事会与债权人有3组，合计22组。

适的机会将股权转让退出,或者虽然约定了退出时间和流程但因各种原因无法退出,就得长期持有公司股权直至公司解散、清算或破产。

所以,我们常常把公司法律关系类比为婚姻关系,各方需要稳定的长期的合作。

3. 各方权利义务经常变化

引起公司法律关系的变化有两个原因:一是因股权结构、股东关系变化而变化,如大股东因持续融资股权被稀释而丧失了控股权,小股东退出、外部投资人引进、公司进入资本市场成为公众公司等情形都会影响股东与股东、股东与公司、股东与董监高、公司与董监高之间的权利义务关系;二是公司经营情况发生变化,如突破了一项关键技术而盈利能力增强,或者公司现金链断裂发生大规模亏损导致无法正常偿还银行借款和供应商货款,甚至拖欠员工工资,公司—股东—董监高—债权人之间的权利义务关系就会发生变化。这种变化随时发生、无处不在。这一点也和婚姻关系相似。

4. 自益与共益共存,各方之间的利益冲突天然存在

对于公司法律关系各方来说,公司经营成功,获得良好的经营成果是各方的共同利益。但如何达到这个目的会有很多不同意见和利益冲突:大股东意愿是扩大规模、少分红,继续做私公司;小股东和财务投资人想多分红并尽快上市,自己可以获利套现;公司经营状况发生下滑,大股东想自救延迟对债权人付款,小股东更倾向于出售公司,自己股权可以退出;在公司业绩大幅下滑的情况下,债权人作为外人并不知悉,可能会在信息不对称的情况下成为最后一个债权人;而当公司处于经营困难的时候,董事高管为了自己的薪酬和利益,可能损害债权人利益和股东利益;在经济下行的

情况下,享有对赌回购权的股东可能单独起诉公司、查封账户,导致银行抽贷、职工工资/供应商货款无法支付,公司、其他股东、董监高和债权人利益都会受到损害;等等。

一句话,公司法律关系各方的利益冲突无处不在、无时不在,资本市场下的巨大利益诱惑和经济下行下的恐惧都会加剧这种冲突。

(三)处理好公司法律关系,维持各方权利义务关系平衡的原则

1.各方归位尽责,不越位、不错位,全面履行法律规定和约定的义务,守住自己的权利的边界,维护公司法律关系的平衡,以此保障公司以及自己利益的实现。

如公司要聘任拥有良好业务素质和职业水平的职业经理人,就必须善待员工和职业经理人,给予市场化的薪酬,这样才能激发他们的善意和创造力,为市场提供优质的产品和服务。同时,公司应照顾好债权人,以高性价比的产品和服务为客户创造价值,讲信用、如约付款,不压榨供应商和经销商。只有这样,公司才会有适当的利润,实现可持续发展;股东也会获得合理的回报——这是公司—董监高—债权人—股东之间良性的生态关系。

反之,任何一方滥用权利损害他方利益都会导致关系失衡。而纠偏是自然的本能,如果自力纠偏无果,受损害一方最终会借助法律——公权力的力量协助纠偏,恢复平衡。纠偏的代价不仅是侵权方因此所获得的利益要吐出来,还要赔偿由此导致的损失,最严重的会导致多输局面,公司因此一蹶不振,陷入僵局。

2.处理好公司法律关系,实现各方共赢的局面,需要各方在法律规定

的行为边界框架内更好地合作,设立公司是股东之间的初始合作,运营好公司需要各方深入合作,出现问题也需要通过合作、充分的协商来解决。任何拖延、推迟、漠视合作方利益和诉求的做法都无助于问题的解决,甚至可能将公司推向绝境。

综合来看,公司法律关系是理解公司法的基础框架。对于商务人士来说,学习公司法就是要理解公司法律关系的框架、法理以及背后的逻辑。因此,作为本书的重点,第三章将为大家详细解析公司法律关系。

(四)"善意相对人":如何处理内部法律关系与外部法律关系的平衡?

作为组织法,公司的内部行为不仅影响股东和董监高之间的权利义务,也会间接影响第三人的利益。如何防止公司按照股份多数决、效率优先、兼顾公平的原则作出的内部决定影响第三人利益?如何维护各方的利益平衡?《公司法》在民法"善意第三人"的基础上,提出了"善意相对人"的概念。《公司法》规定了四种情形下内部约定和行为不得对抗善意相对人,即对善意第三人无效。

1. "第三人"与"相对人"的区别

这是两个法律上的概念,简言之,"第三人"的范围更广,指除本人、与本人发生交易/合同的当事人之外的任何人;"相对人"仅指与本人建立交易/合同法律关系的对方当事人。如房屋买卖合同中的买方和卖方互为相对人,而对买卖合同双方当事人来说,任何一方的父母/承租该房屋的租客就是第三人。

2. 法律上的"善意"与道德上的"善意"不同

"善意"与"恶意"对应,道德上的"善意"是指出于人的善良的愿望或出发点而为的行为,其实是个相对主观的评价。法律作为一般行为规则,为避免在应用过程中出现分歧,一般不出现涉及主观评价的情形,所以,多用客观标准。

法律上的"善意"也是在这个视角下使用,表达为行为人在作出相关行为时以是否"知道"或者"应当知道"某一事实或前提作为是否具有善意的标准。如作为一位养了3年牛的父亲自然知道或者应当知道自己家里养的牛是啥样子,这时候邻居一头牛误入其家门,他将该牛留下并称其误以为是自己家里的牛。这种情况下该父亲的行为就不构成法律上的"善意"。如果换成他儿子,在外地读书4年后回家,发现这头牛并误认为是自己家的,他的行为就可以符合法律上的"善意"。

3.《公司法》规定"不得对抗善意相对人"的四种情形

①第11条第2款:"公司章程或者股东会对法定代表人职权的限制,不得对抗善意相对人。"

②第28条第2款:"股东会、董事会决议被人民法院宣告无效、撤销或者确认不成立的,公司根据该决议与善意相对人形成的民事法律关系不受影响。"

③第34条第2款:"公司登记事项未经登记或者未经变更登记,不得对抗善意相对人。"[第32条规定:"公司登记事项包括:(一)名称;(二)住所;(三)注册资本;(四)经营范围;(五)法定代表人的姓名;(六)有限责任公司股东、股份有限公司发起人的姓名或者名称。公司登记机关应当将前款规定的公司登记事项通过国家企业信用信息公示系统向社会公示。"]

④第67条第3款:"公司章程对董事会职权的限制不得对抗善意相对人。"

除《公司法》上述条款外,最高人民法院为正确实施《公司法》发布的《关于适用〈中华人民共和国公司法〉时间效力的若干规定》第1条第2款第2项表达了同样的观点:

> 公司法施行前的股东会决议、董事会决议被人民法院依法确认不成立,对公司根据该决议与善意相对人形成的法律关系效力发生争议的,适用公司法第二十八条第二款的规定……

4. 实践中如何既维护公司和股东意思自治,又避免因损害善意相对人利益而无效

上述第①③④种情形相对容易处理,即要毫不延迟地将需要登记的事项及其变更事项、公司章程以及章程中对法定代表人和董事会职权限制进行登记,使交易对方及时获得该等信息从而便利交易;同时,让交易对方"知道"或"应当知道"这种安排或限制,从而无法利用善意相对人的法律地位挑战公司和股东的自治。

为防止第②种情形导致的被动,即股东有提起公司决议效力纠纷的,应当及时作出,争取在公司依据股东会/董事会决议与第三方签署合同之前提起诉讼。否则,也应及时通知相对人,让他知道或应当知道这种限制或调整,从而为其以"善意相对人"身份行使权利设置障碍。

5. 以《公司法》第15条规定的法定代表人越权对外作出担保的效力为例

(1)《公司法》第15条和第135条共同搭建了公司对外担保的规制框

架:①肯定公司具有对外担保的能力,上市公司对外担保金额超过资产总额30%的,应当经过股东会2/3以上决议通过;②除关联担保需在关联方回避的情况经股东会决议通过,其他对外担保公司可以根据实际情况自行决定是经股东会还是董事会审议。

(2)司法实践中对公司越权对外担保效力的几种不同的裁判意见:①从法律规范性质出发,认为2018年《公司法》第16条(2023年《公司法》第15条,下同)为管理性强制性规定,违反该规定,不影响公司担保的效力。②从资本维持原则出发,认为关联担保符合程序要求,但同时构成股东抽逃出资的,则认定担保无效。③从公司担保权限的法定限制出发,以越权担保效果不及于公司为由,认定对公司不发生法律效力。

(3)司法实践中,持上述第一种裁判意见,即越权担保对第三人有效的有代表性的判决是最高人民法院(2012)民提字第156号判决,该判决意见作出后被大量引用。

> 法院认为:
>
> 公司作为不同于自然人的法人主体,其合同行为在接受合同法规制的同时,当受作为公司特别规范的公司法的制约。公司法第一条开宗明义规定"为了规范公司的组织和行为,保护公司、股东和债权人的合法权益,维护社会经济秩序,促进社会主义市场经济的发展,制定本法"。公司法第十六条第二款规定:"公司为公司股东或者实际控制人提供担保的,必须经股东会或者股东大会决议"。
>
> 上述公司法规定已然明确了其立法本意在于限制公司主体

行为,防止公司的实际控制人或者高级管理人员损害公司、小股东或其他债权人的利益,故其实质是内部控制程序,不能以此约束交易相对人。故此上述规定宜理解为管理性强制性规范。对违反该规范的,原则上不宜认定合同无效。

另外,如作为效力性规范认定将会降低交易效率和损害交易安全。譬如股东会何时召开,以什么样的形式召开,何人能够代表股东表达真实的意志,均超出交易相对人的判断和控制能力范围,如以违反股东决议程序而判令合同无效,必将降低交易效率,同时也给公司动辄以违反股东决议主张合同无效的不诚信行为留下了制度缺口,最终危害交易安全,不仅有违商事行为的诚信规则,更有违公平正义。

故本案一、二审法院以案涉《股东会担保决议》的决议事项并未经过公司股东会的同意,公司也未就此事召开过股东大会为由,根据公司法第十六条规定,作出案涉不可撤销担保书及抵押合同无效的认定,属于适用法律错误,本院予以纠正。

(4)2019年11月《九民纪要》第18条对2018年《公司法》第16条规定的越权担保不得对抗"善意相对人"中的"善意"的认定:

17.为防止法定代表人随意代表公司为他人提供担保给公司造成损失,损害中小股东利益,《公司法》第16条对法定代表人的代表权进行了限制。根据该条规定,担保行为不是法定代表人所能单独决定的事项,而必须以公司股东(大)会、董事会等公司机关的决议作为授权的基础和来源。法定代表人未经授权擅自为他人提供担保的,构成越权代表,人民法院应当根据《合同法》第50条关于法定代表人越权代表的规定,区分订立合同时债权人是否善意分别认定合同效力:债权人善意的,合同有效;反之,合同无效。

18. 前条所称的善意,是指债权人不知道或者不应当知道法定代表人超越权限订立担保合同。《公司法》第16条对关联担保和非关联担保的决议机关作出了区别规定,相应地,在善意的判断标准上也应当有所区别。一种情形是,为公司股东或者实际控制人提供关联担保,《公司法》第16条明确规定必须由股东(大)会决议,未经股东(大)会决议,构成越权代表。在此情况下,债权人主张担保合同有效,应当提供证据证明其在订立合同时对股东(大)会决议进行了审查,决议的表决程序符合《公司法》第16条的规定,即在排除被担保股东表决权的情况下,该项表决由出席会议的其他股东所持表决权的过半数通过,签字人员也符合公司章程的规定。另一种情形是,公司为公司股东或者实际控制人以外的人提供非关联担保,根据《公司法》第16条的规定,此时由公司章程规定是由董事会决议还是股东(大)会决议。无论章程是否对决议机关作出规定,也无论章程规定决议机关为董事会还是股东(大)会,根据《民法总则》第61条第3款关于"法人章程或者法人权力机构对法定代表人代表权的限制,不得对抗善意相对人"的规定,只要债权人能够证明其在订立担保合同时对董事会决议或者股东(大)会决议进行了审查,同意决议的人数及签字人员符合公司章程的规定，就应当认定其构成善意，但公司能够证明债权人明知公司章程对决议机关有明确规定的除外。

债权人对公司机关决议内容的审查一般限于形式审查，只要求尽到必要的注意义务即可，标准不宜太过严苛。公司以机关决议系法定代表人伪造或者变造、决议程序违法、签章（名）不实、担保金额超过法定限额等事由抗辩债权人非善意的，人民法院一般不予支持。但是，公司有证据证明债权人明知决议系伪造或者变造的除外。

(5)《最高人民法院关于适用〈中华人民共和国民法典〉有关担保制度的解释》（法释〔2020〕28号）第7条规定，按照相对人是否具有善意作为判断越权担保是否有效的条件。该司法解释出台后，多数银行、专业担保公司等因不构成善意相对人而被否定了担保的效力。

第七条　公司的法定代表人违反公司法关于公司对外担保决议程序的规定，超越权限代表公司与相对人订立担保合同，人民法院应当依照民法典第六十一条和第五百零四条等规定处理：

（一）相对人善意的，担保合同对公司发生效力；相对人请求公司承担担保责任的，人民法院应予支持。

（二）相对人非善意的，担保合同对公司不发生效力；相对人请求公司承担赔偿责任的，参照适用本解释第十七条[①]的有关规定。

[①] 主合同有效而第三人担保合同无效。

法定代表人超越权限提供担保造成公司损失，公司请求法定代表人承担赔偿责任的，人民法院应予支持。

第一款所称善意，是指相对人在订立担保合同时不知道且不应当知道法定代表人超越权限。相对人有证据证明已对公司决议进行了合理审查，人民法院应当认定其构成善意，但是公司有证据证明相对人知道或者应当知道决议系伪造、变造的除外。

(6)根据《九民纪要》中关于"善意"的认定标准，最高人民法院(2021)最高法民再232号判决认定担保无效。

摘录判决书说理部分如下：

长春公司实质系为其股东青岛公司提供担保，应当按照公司为股东提供担保的程序进行审查。不能因另一连带债务人武汉公司不是长春公司股东，就降低程序要求。根据《公司法》第十六条第二款之规定，公司为公司股东或者实际控制人提供担保的，必须经股东会或者股东大会决议。因此，Z公司签订担保合同时应注意审查合同签订人是否获得合法授权，该担保合同是否经过长春公司股东大会决议。本案中，长春公司没有就此进行相应股东大会决议，Z公司也并未提供证据证明其审查过长春公司同意担保的股东大会决议。故长春公司签订的担保合同属于法定代表人越权行为，而Z公司应当知道签订该合同行为超越权限而与之签订担保合同，对此并非善意相对人，所订立的合同依法应认定无效。

(五)在只有一个股东、一名执行董事兼经理、一名监事,公司规模不大、未发行债券的情况下,是否还需要关注公司法律关系?

实践中大量存在这样的公司,即只有一个股东(或事实上一个股东,工商登记为夫妻二人股东)、一名执行董事兼经理、一名监事,这样的公司在规模不大、未发行债券的情况下,还需要关注公司法律关系吗?

具体分析如下:

1. 上述情况下,公司所有权与经营权合一,从自然人角度来看,存在股东、董事、经理三人身份竞合的问题。但事实上也还是有所区分的,如与客户签署采购合同、销售合同、借款合同的身份是董事和经理,签署在公司登记中提交的章程修改案、公司增资的股东会决议中的身份是股东。当股东与公司发生交易,如公司租赁其个人房产作为办公室的时候,需要明确自己的身份。

2. 如果公司只有一名自然人股东或夫妻股东,不存在复杂的股东利益冲突。但是如果夫妻二人同时是股东且均在公司参与生产经营和管理,在二人婚姻关系稳定的情况下,如果双方对具体事务的意见不一致,就需要大量的协调工作(俗称"双打"),这个协调工作可能直接关系到公司法人治理架构是否已经搭建完成,法人治理功能是否有效,或是否存在重大缺陷,公司对高管和职业经理人的授权、激励与约束机制是否建立等问题。如果夫妻关系不稳定,双方出现了利益冲突,就不可避免地出现了需要协调的股东关系。

3. 一人股东的情况下,要特别关注公司的独立人格问题,防止出现股东与公司人格混同、资金显著不足、过度控制等否定公司独立人格的情形。

综合上述,对于股东关系简单的公司来说,公司法律关系依然存在,只是关注重点不同。

(六)国有股东的特殊性:国有公司处理公司法律关系面临的困难

对于国家出资的公司来说,由于国有股东是机构而不是自然人,这个机构所有者又分级所有,分别归属中央、不同的省/市/区/县等政府,国有股东的最终所有人是全民所有,不好量化给某个具体的自然人。所以,国有企业(或国有公司,包括国有独资、国有控股和国有参股公司,下同)处理上述七组公司法律关系面临着现实的困难。

1. 对外行使股权前内部先形成决议:作为机构股东,国有股东对外行使股权(如选举董事)前,需要按照要求先在股东内部履行总经理办公会审议程序;构成"三重一大"的还需要履行董事会表决程序,听取外部董事的意见;可能还需要报上级主管部门、国资委或当地人民政府审批,才能形成对外表决的意见(如对选举某位董事的赞成票)。随后才可以授权参加股东会议的代表参加会议对该董事选举事项投赞成票。

2. 国有股东意志的不确定性:如本章"开会(董事会和股东会):公司形成自己意志的途径"部分所述,公司作为法人要通过召开董事会和股东会会议的方式形成自己的意志,这些会议最终是通过人的行为来实现的。国有股东各机构/部门负责人的经常变动性导致了最终形成公司意志的不确定性和变动性。

3. 股东与股东之间,尤其是混合所有制企业民营股东与国有股东之间的股东关系处理面临着现实的困难:国有股东强调流程,有时候作出一个决策需要很长的时间;民营股东强调效率,老板自己当场就可以拍板;而公司生产经营活动更多的是需要迅速决策,否则商业机会稍纵即逝。国有股东在决策时更关注董监高个人风险和责任,民营股东则更关注公司和股东的经营成果和收益。

4.股东和董监高之间:国有企业公司所有权与经营权相分离,对董监高和职业经理人忠实、勤勉地履行对公司的义务提出了特别高的要求。

从积极角度讲,要达到公司成功的目的,董监高和职业经理人只有明确理解股东的意思和意见,才有利于在董事会层面形成公司的意志和意见,并全面执行;决策和执行过程中存在的问题也需要及时反馈给股东。对于国有企业来说,这种沟通显然无法达到与自然人股东及时高效沟通的效果。

从消极角度讲,所有权与经营权分离增加了代理成本,出于人性考虑,公司对董监高的约束和监督机制很难完全有效,越权、舞弊等职业犯罪时有发生,导致对董监高的客观的评价和选任机制、激励机制的有效实施面临困难。

七、开会（股东会和董事会）：公司形成自己意志的途径

(一)以民事遗嘱为例,说明民法上的"意思"与"意思表示"

"意思表示"是民法上的法律专业用语,指民事主体(自然人、法人)按照自己的意愿/意思设立、变更、终止民事法律关系的行为。

举个自然人的例子,老人有意将自己百年后的属于他自己的房子给予小女儿(老人的意思),于是就委托律师写了遗嘱明确自己百年后房子归小女儿所有。这个委托律师写遗嘱的行为就是老人的意思表示。从法律上讲,如果老人生前一直有这个想法,但没有采取诸如开家庭会议宣布并签署法律文件或者书写遗嘱等任何行动,生前也没有完整赠予,那么他的这个想把房子给小女儿的意愿就没有完成。换句话说,如果百年后老人的其他继承人提起诉讼,不承认老人有生前将房子赠与小女儿的想法,法院就可能判令老人生前的赠与行为不成立或者无效。

还有一个问题是民事主体的民事权利能力问题,即民事主体能够按照

自己的意思通过意思表示行为设立、变更或终止民事行为的资格。《民法典》第13条、第14条规定："自然人从出生时起到死亡时止,具有民事权利能力,依法享有民事权利,承担民事义务。""自然人的民事权利能力一律平等。"如果老人患病导致自己"不能辨认或者完全辨认自己行为",成了民法上的限制民事行为能力人或无民事行为能力人,这时候他做的遗嘱就可能无效,即这种情况下他想将房子赠与小女儿的意愿就不一定能够达成。

(二)以公司并购为例,说明法人的"意思"与"意思表示"

再看看法人的"意思"与"意思表示"与民法有哪些不同。公司是营利法人。法人的民事权利和民事行为是由法律赋予的,且其民事行为能力不像自然人那样可以因为年龄、精神健康状况而存有差异。《民法典》第57条、第59条规定："法人是具有民事权利能力和民事行为能力,依法独立享有民事权利和承担民事义务的组织。""法人的民事权利能力和民事行为能力,从法人成立时产生,到法人终止时消灭。"

举个例子,如一家从事传统油车零部件生产的甲公司,决定进军新能源领域,拟投资5000万元收购一家新能源公司的股权。公司章程约定主营业务之外的任何收购、投资行为都需经过股东会审议。公司内部可行性论证工作结束后,便委托律师、会计师做尽调,进入商务谈判、签署合同和履行环节。对照上面的民法基本理论,公司决定出资5000万元收购那家新能源领域汽车股权是"公司的意思",委托专业机构尽调、商务谈判、签署合同、支付股权转让款履行合同、办理公司登记等"一揽子"行为是"公司的意思表示"。那么问题来了,初始的这个收购公司的决定(公司的意志)是如何做出来的?

作为人为设置的组织,拟制的人即公司,其意志只能来自人,即股东(除国有企业外,法人股东的终极所有者也是自然人)。作为自然人的股东/董事的个人意见如何转化为公司的意志?

首先,一人股东、执行董事未设置董事会的公司,股东/执行董事的个人意见经过书面签署后就可以直接成为公司意志,因为不需要他人的意见,不需要集体讨论和决策。

除上述外,对大多数具有一定规模、存在外来股东的有限责任公司/股份有限公司和上市公司来说,如上述甲公司作出收购的意思就需要按照章程先召开董事会,再召开股东会,由股东会按照议事规则作出决策,作为后续公司启动尽调、商务谈判等系列民事行为的基础。

所以,按照重要性原则,公司根据法律规定和章程约定的股东会和董事会权限开会形成决议是形成公司意志的必须动作。如果甲公司的股东是法人而不是自然人,那么作出收购的意思需按照其股东——母公司的章程约定,相应召开董事会及/或股东会,以形成公司的意志。

(三)必须由股东决定的事项:涉及股东权利的重要事项

1.公司法规定必须由股东会决定的事项:

(1)决定公司的设立事项,包括名称、地点、业务、注册资本、股权架构、出资时间、公司章程、法定代表人的产生与变更办法等;

(2)决定是否设立董事会/监事会,决定董事会/监事会的构成和执行

董事/监事的人选,决定董事、监事的报酬,决定对董事会的授权;

(3)审议批准董事会/监事会的报告;

(4)审议批准公司注册资本的增加或者减少;

(5)审议批准公司利润分配方案和弥补亏损方案;

(6)决定公司合并、分立、变更公司形式、解散和清算等事项;

(7)修改公司章程等。

上述事项中注册资本的增减、公司分立、合并、变更公司组织形式、解散和清算、修改公司章程为特别事项,有限责任公司需要全体股东所持表决权的 2/3 以上多数通过,其他事项为普通事项,需要全体股东所持表决权的过半数通过(注意:有限责任公司的表决权计算基础是全体股东拥有的表决权,即公司注册资本;而股份有限公司表决权计算基础是参加会议的股东所拥有的表决权)。

2. 对于上市公司来说,除连续 12 个月资产出售、购买等交易总额达到或超过公司最近一期经审计的资产总额 30% 的交易必须经股东会审议外,中国证监会和交易所规定的需经上市公司股东会通过的担保事项如下:

(1)单笔担保额超过公司最近一期经审计净资产 10% 的担保;

(2)公司及公司控股子公司的对外担保总额,达到或超过公司最近一期经审计净资产 50% 以后提供的任何担保;

(3)为资产负债率超过 70% 的担保对象提供的担保;

(4)连续 12 个月内担保金额超过公司最近一期经审计总资产的 30%;

(5)连续 12 个月内担保金额超过公司最近一期经审计净资产的 50% 且绝对金额超过 3000 万元;

(6)对股东、实际控制人及其关联人提供的担保等。

3.股东会定期会议和临时会议：

(1)年度股东会会议和定期股东会会议

上市公司的年度股东会一般在公司年度审计工作完成后、下一年度的4月30日前召开,最晚不迟于6月30日召开。非上市公司年度会议的召开时间可以根据公司实际情况自行确定,一般也不会迟于下一年度的6月30日。

除年度会议外的其他定期股东会会议,如公司可以规定每半年或每季度一次股东会议,作为制度性安排,构成股东会定期会议。

(2)临时股东会会议

实践中的公司运营情况千差万别,所以,法律不可能规定发生哪些情形需要召开股东会,只能将这个权利交给股东和董事、监事。对于股东来说,提议召开股东会是股东的权利,因此,公司法规定无论是有限责任公司还是股份有限公司,合计持有1/10以上表决权的股东都可以提议召开股东会。但对于董事和监事来说,提议召开股东会构成他们勤勉尽责的情形,即公司实践中发生了可能损及股东共同利益或者董事会难以决策的事项时,有限责任公司1/3以上的董事或者监事会认为有必要就可以提议召开股东会。

《公司法》对股份有限公司董事会、监事会的勤勉义务要求更高,《公司法》第113条规定,明确列示了应当召开临时股东会的情形:①董事人数不足本法规定人数或者公司章程所定人数的2/3时;②公司未弥补的亏损达股本总额1/3时;③单独或者合计持有公司10%以上股份的股东请求时;④董事会认为必要时[①];⑤监事会提议召开时;⑥公司章程规定的其他

[①] 注意,这里是指董事们要一致行动并形成决议,而有限责任公司1/3以上的董事可以单独提议召开临时股东会,不需要形成董事会决议。

情形。

同时，特别需要提示的是，除上述法律规定的情形外，公司都可以根据自己的需要，自行决定召开股东会定期会议和临时会议。

(3) 临时股东会的召开流程

股东/董事会或监事会将召开股东会的提议交给董事会，董事会收到通知后认为符合召开条件的，即自行组织召开股东会；认为不符合召开股东会的条件的，则持股10%以上的股东可以自行召开股东会。实践中当股东发生争议时，通常就会有股东自行召开股东会，罢免董事会、监事会成员的情形。股东、董事和监事会发出召开股东会的提议而董事会拒绝召开的，通常会构成股东追究董事高管未勤勉尽责的证据。

(四)董事会法定职责与授权职责、董事会会议

董事会由董事组成，董事来源于股东或董事会提名，为股东会授权管理机构，对股东会负责，受股东会监督。

1. 董事会的法定职权。

董事会的法定职责包括三部分：一是召开董事会，审议董事会权限范围内的事务并形成决议，将那些需要股东会审议的事项形成决议并提交股东会审议；二是召集、召开股东会会议（包括年度股东会和临时股东会），达成股东会决议；三是执行股东会决议。

2. 可以授权的职权。

除法定职责外，公司还可以根据董事会的构成、决策能力授权其履行更多的职责，具体如下：

(1) 决定公司的年度财务预算方案、决算方案;

(2) 聘任或者解聘公司经理、副经理和财务负责人,并决定其报酬;

(3) 决定公司内部管理机构的设置;

(4) 制定公司的基本管理制度;

(5) 聘任和解聘负责公司审计的会计师事务所;

(6) 发行公司债券;

(7) 其他公司对外投资、资产处置、对外担保等。

当然,如果公司股东人数不多且均参与经营管理活动、公司未设置董事会,或者董事会不具备相应的决策能力,那么上述可以授权给董事会的职权都可以无须授权而由股东会自己行使。

董事会也分为年度董事会和临时董事会,一般可以约定由过半数董事出席且到会董事的过半数通过决议方为有效决议或者更高要求。董事会会议上,除特别约定外,各董事享有平等的表决权。代表1/10以上表决权的股东、1/3以上董事或者监事会,可以提议召开临时董事会会议。董事长应当自接到提议后10日内,召集和主持董事会会议。

3. 实践中的问题:对于章程没有明确区分的重大事项的审议权限,在股东会还是董事会

商务活动的多变和复杂性,使公司对股东会和董事会在重大事项的审批权限,只能通过原则性规定,或者一事一议的方式确认。如果没有明确约定,本着谨慎的原则,董事会作为股东会的授权机构,应当将议题提交股东会讨论。

4. 董事会的决策权以及股东会对董事会的授权:以华为为例

根据上述规定,如果董事会有决策能力,股东会可以将除法定权限之

外的其他经营事项全部或部分交与董事会。华为就是这样的例子,除股东法定权限外,其他事项均授权董事会行使,授权是非常充分的、明确的。①

5. 股东会中心主义抑或董事会中心主义?

关于我国《公司法》规定的股东会和董事会权限问题,很多学者指出当前我国股东处于公司权力最高层级,即股东会中心主义,而其他国家多是董事会中心主义,并认为我国日后也需要向董事会中心主义方向发展。我本人并不完全认可这个观点。

(1)董事会中心主义存在的前提是公司股权分散、公司所有权与经营权分离,多数公司设立了董事会,多数董事会成员拥有良好的职业素养和决策能力,能够忠实、勤勉地履行对公司的义务,以公司利益最大化而行动。当前情况下,我国多数公司尚不具备这些条件。

(2)当前,我国还处在市场经济初级阶段,处在需要鼓励股东投资的阶段,大量的股东主观上有意愿、客观上有能力参与公司经营活动,多数公司股东人数少、规模不大,也没有建立具有决策能力的董事会。实践中,董事越权侵犯股东权利的情形时有发生。所以,法律保留股东对公司重要事务的决定权,并授权股东根据公司和董事高管实际情况进行授权经营,是合适的安排。

参考市场经济已经高度发达的英国公司法,其同样规定了严格的需要获得股东批准的事项②:

①修改公司章程;

---

① 参见华为官网,https://www.huawei.com/cn/corporate-governance#board-of-directors。
② [英]保罗·戴维斯:《英国公司法精要》,樊云慧译,法律出版社2007年版,第133~134页。

②变更公司组织形式(例如从封闭公司变更为公开公司或相反);

③自愿解散公司;

④公司发行股份或者回购股份,改变法定资本,或者(封闭公司)对购买其股票提供财务帮助;

⑤任命公司的审计师,其义务是检验公司每年度向股东提交的财务报告;

⑥批准公司与其股东或债权人之间的"重组方案"(能够用于许多事情的程序,这些事情从两个公司之间的兼并到债权人破产权利的按比例减少);

⑦批准涉及重大利益冲突的某些交易。

(五)好好开会:股东会和董事会的规范运作

1. 开会的法律意义

(1)股东会和董事会是形成公司意志的程序,没有会议就没有相应的公司意志形成,对公司来说,开会具有法律上的程序意义。

(2)开会具有增进各方信任、听取不同意见从而促使公司在重大事项上作出正确决定的商务意义。

(3)由于董事会实行集体决议,一旦发生需追责的情形,在董事会会议上表达了反对的意见并记录在案的董事可以免责,开会对董事个人具有免责的法律意义。

(4)组织会议是大股东和董事会的法定义务,超过两年不开会是法律上判断公司形成僵局、持有10%以上股权的股东提起公司解散诉讼的一个条件,应当组织开会而不开会也是构成董事会没有勤勉尽责的证据,开会对大股东和董事会集体具有法律意义。

(5)对于小股东来说,参加股东会会议是权利,但如果长期忽视自己的权利行使,可能会错过一些重要的商业机会,最终导致股东权益归零而无力救济,参加股东会会议对小股东具有实现权益的法律意义。

看完这些,大家是不是就得赶紧去组织会议、参加会议了?

2. 实践中,不好好开会的情形

(1)长期不开会。

(2)决议无效、可撤销与不成立。

①决议无效的情形:

《公司法》第二十五条 公司股东会、董事会的决议内容违反法律、行政法规的无效。

②决议可撤销的情形:

《公司法》第二十六条 公司股东会、董事会的会议召集程序、表决方式违反法律、行政法规或者公司章程,或者决议内容违反公司章程的,股东自决议作出之日起六十日内,可以请求人民法院撤销。但是,股东会、董事会的会议召集程序或者表决方式仅有轻微瑕疵,对决议未产生实质影响的除外。

未被通知参加股东会会议的股东自知道或者应当知道股

会决议作出之日起六十日内,可以请求人民法院撤销;自决议作出之日起一年内没有行使撤销权的,撤销权消灭。

③决议不成立的情形:

《公司法》第二十七条　有下列情形之一的,公司股东会、董事会的决议不成立:

（一）未召开股东会、董事会会议作出决议;

（二）股东会、董事会会议未对决议事项进行表决;

（三）出席会议的人数或者所持表决权数未达到本法或者公司章程规定的人数或者所持表决权数;

（四）同意决议事项的人数或者所持表决权数未达到本法或者公司章程规定的人数或者所持表决权数。

(3)不按流程开会。

正确的会议流程如下:

➡事先确定会议事项和会议时间

➡按照章程约定的时间和通知方式提前发送会议通知。会议通知内容包括:具体会议审议议案、开会时间、地点。特别需要补充的是,那些有助于董事会成员和股东审议和决策的必要信息,如涉及公司收购议案要有标的公司行业/业务/技术/财务等基本情况介绍、法律/财务/行业的第三方尽调报告、交易架构及主要交易条款等;如涉及选举董事议案中要附随董事简历等信息

➡ 按照会议通知的时间、地点召开会议

➡ 主持人主持会议,介绍议案、背景等信息,协助董事会成员/股东作出决策、回答提问,必要时作出该等报告的第三方机构参加会议协助答疑

➡ 当场表决,收表决票、计票并宣读表决结果

➡ 当场形成会议决议和会议记录、与会董事签名

➡ 将会议决议内容知会全体股东和董事,尤其是未参会的股东和董事,并就涉及需要登记的事项办理工商登记

八、法人治理：保障公司正常运营的制度和架构

任何组织都需要按照规则，并形成制度来保障运转。现代企业制度便是应运而生的一门科学。对于脱胎于农业社会、商业化时间三四十年的我国来说，相对于其他国家上百年甚至可追溯至罗马时代几千年的商业实践，我们需要一个深度学习的过程。

(一)法人治理的法律概念

公司治理，也称法人治理，是个跨越管理学、经济学、法学、金融学、社会学等多学科的概念。从法律角度来看，笔者认同崔勤之教授的观点，崔教授认为："公司治理就是公司组织机构的现代化、法治化问题。从法学角度讲，公司治理结构是指为维护股东、债权人以及社会公共利益，保证公司正常有效性地经营，由法律和公司章程规定的有关公司组织机构之间权力

分配与制衡的制度体系。公司治理机构是一个法律制度体系,主要包括法律和公司章程规定的公司内部机构分权制衡机制以及法律规定的公司外部环境影响制衡两部分。公司的存在是离不开外部环境的。"①一句话,公司治理就是维护股东—公司—董监高—债权人之间法律关系平衡的制度体系。

(二)公司治理的三个层级

公司治理内部法律关系又可以进一步分为如下三个层级:股东与股东之间的关系是第一层级,约定公司股权结构、股东之间的关系、对股东表决权/收益权和处分权的限制或特殊安排、股东会权限和议事规则等。股东会对董事会的授权、激励和约束是第二层级,约定董事会权限、议事规则、股东会对董事的授权/激励和约束机制等。经理层和各部门职责是第三层级,约定各部门设置与职责、董事会对经理层的授权、激励与约束机制等。见图2-11。

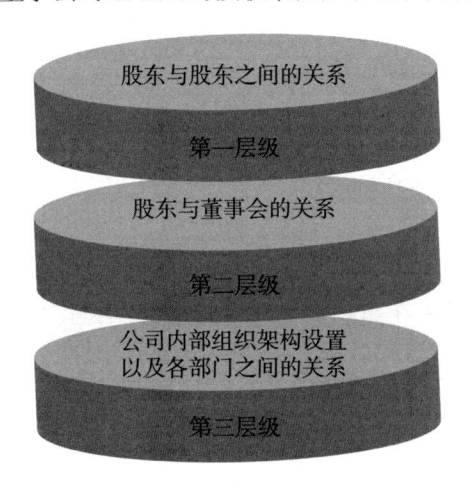

图2-11 公司治理的三个层级

---

① 崔勤之:《对我国公司治理结构的法理分析》,载《法制与社会发展》1999年第2期。

以制造业的公众公司为例,完整地表达公司权力层级和部门设置的组织结构图一般如图2-12所示。

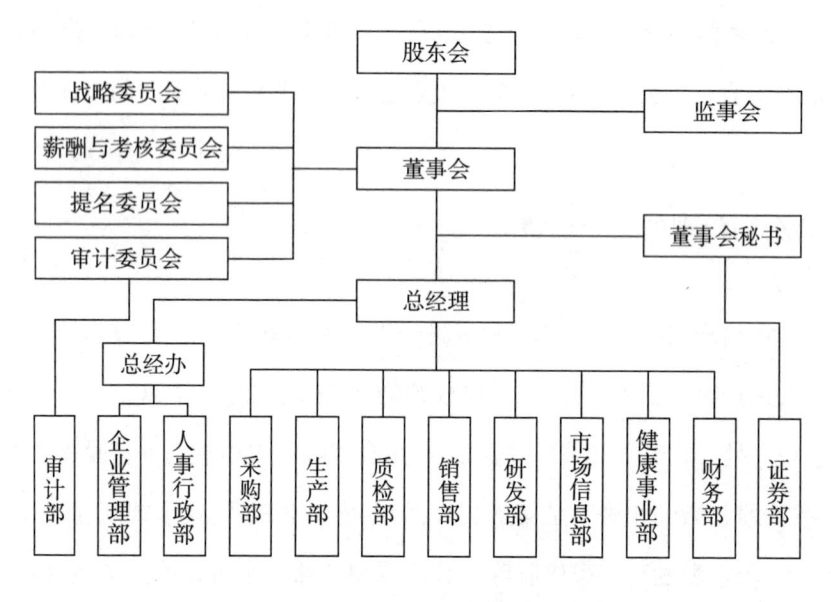

图2-12 公司部门设置和组织架构

(三)决策—执行—监督与纠错:公司治理的功能

公司治理要达到的目标就是建立科学的决策—执行—监督与纠错体系,确保公司股东会/董事会能够在关键时刻/重大事项上作出正确的决策➡正确的决策能够在董事会和管理层执行层面得到执行➡决策和执行中的错误能够随时得到发现和纠正(见图2-13)。

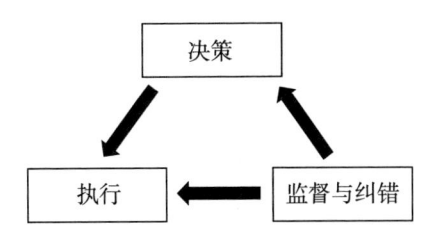

图 2-13 公司治理功能

1. 在决策和执行层面对董监高进行授权、激励和约束

科学的授权、激励与约束机制在法律上的表现就是董监高的权、责、利一致,因为按照代理理论,董监高作为公司的代理人,以公司的名义、为公司的利益执行的职务行为的法律后果均归公司所有。所以,如何激励代理人忠实与勤勉尽责,防止越权和滥用代理权,既需要科学的制度,还需要基于人性,激发善意。如前面介绍的华为董事会的强大职权体现了公司股东会对董事会专业能力和职业素养充分的认可和信任,有理由相信,华为以员工持股为主的股权架构和持续的股权激励计划是对董事会、管理层科学授权、激励的基础。

2. 对决策和执行层面的监督与纠错机制

从公司治理的角度来看,股东、董事(含独立董事)、经理层都可以对公司决策和执行过程进行监督,发现错误并纠错,监事/监事会是法律规定的监督机构,中介机构可以协助完成这一工作。但要确保监督和纠错机制能够建立并有效实施,也需要建立机制,保障责、权、利的一致。图 2-14 列示了公司监督和纠错机制可以发挥作用的情形。

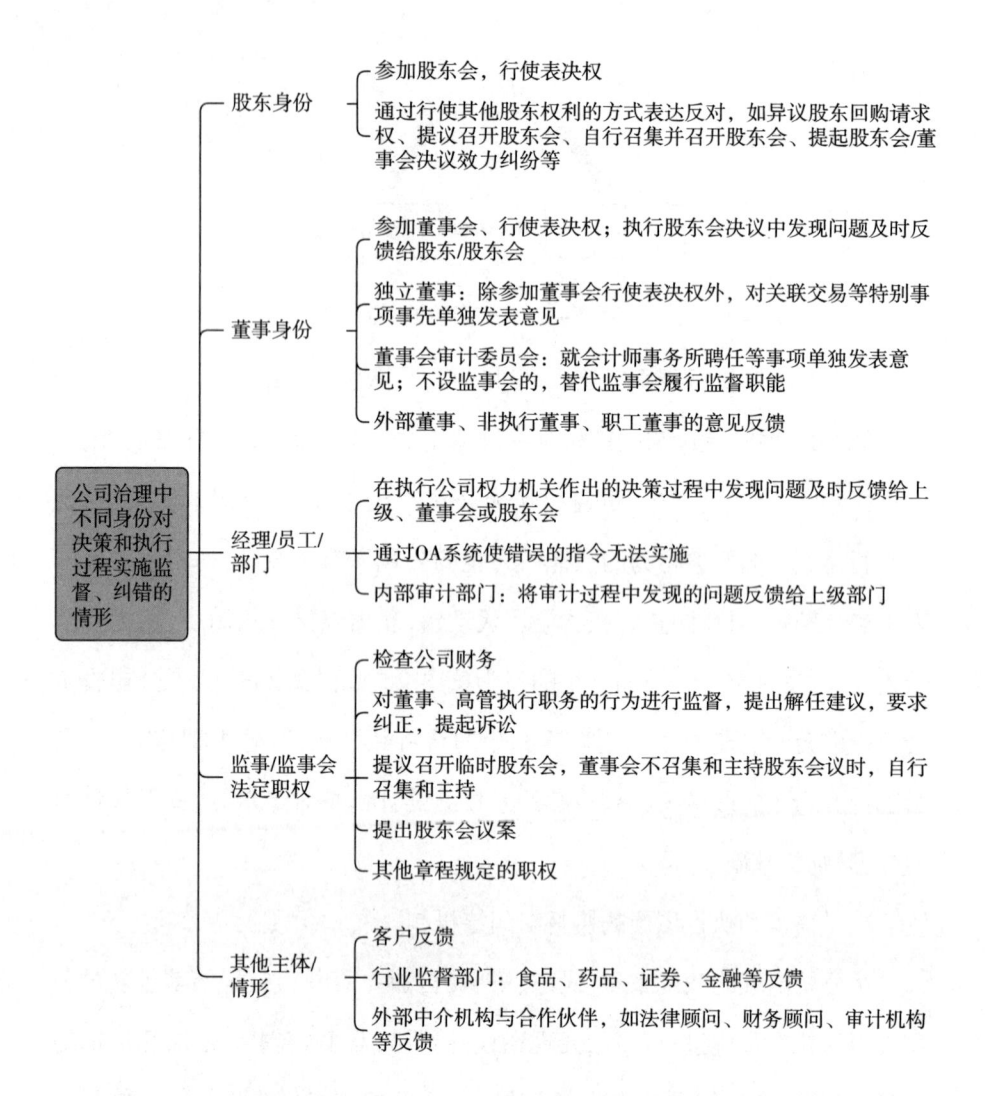

```
                              ┌ 参加股东会，行使表决权
                   ┌ 股东身份 ┤
                   │         └ 通过行使其他股东权利的方式表达反对，如异议股东回购请求
                   │           权、提议召开股东会、自行召集并召开股东会、提起股东会/董
                   │           事会决议效力纠纷等
                   │
                   │         ┌ 参加董事会、行使表决权；执行股东会决议中发现问题及时反
                   │         │ 馈给股东/股东会
                   │         │
                   │         │ 独立董事：除参加董事会行使表决权外，对关联交易等特别事
                   │ 董事身份┤ 项事先单独发表意见
                   │         │
                   │         │ 董事会审计委员会：就会计师事务所聘任等事项单独发表意
                   │         │ 见；不设监事会的，替代监事会履行监督职能
                   │         │
                   │         └ 外部董事、非执行董事、职工董事的意见反馈
公司治理中         │
不同身份对         │         ┌ 在执行公司权力机关作出的决策过程中发现问题及时反馈给上
决策和执行 ────────┤ 经理/员工│ 级、董事会或股东会
过程实施监         │ /部门   ┤
督、纠错的         │         │ 通过OA系统使错误的指令无法实施
情形               │         └ 内部审计部门：将审计过程中发现的问题反馈给上级部门
                   │
                   │         ┌ 检查公司财务
                   │         │
                   │         │ 对董事、高管执行职务的行为进行监督，提出解任建议，要求
                   │         │ 纠正，提起诉讼
                   │ 监事/监事会
                   │ 法定职权┤ 提议召开临时股东会，董事会不召集和主持股东会议时，自行
                   │         │ 召集和主持
                   │         │
                   │         │ 提出股东会议案
                   │         │
                   │         └ 其他章程规定的职权
                   │
                   │         ┌ 客户反馈
                   │         │
                   └ 其他主体/┤ 行业监督部门：食品、药品、证券、金融等反馈
                     情形    │
                             └ 外部中介机构与合作伙伴，如法律顾问、财务顾问、审计机构
                               等反馈
```

图2-14　公司治理中不同身份对决策和执行过程实施监督、纠错的情形

(四)2023年《公司法》修订在法人治理方面展示了未来法人治理的发展趋势

我们欣喜地发现,2023年《公司法》修订以公司分类上的重大突破为基础,构建了新型公司治理制度,回应了实践需求,也顺应了世界各国公司法人治理制度建设的趋势,体现了《公司法》鼓励投资的立法目的。

1.2023年《公司法》修订在法人治理制度上作出了一些务实的修改

(1)允许小规模股份有限公司可以只设执行董事而不设立董事会,只设一名监事而不设监事会。

(2)允许小规模有限责任公司经全体股东同意,可以不设监事会或监事。

(3)允许小规模公司在召开股东会上的便利以及简易注销、简易合并等便利。

(4)允许公司在董事会和监事会制度上单选,规定设立了董事会审计委员会的公司可以不设监事会,由审计委员会代行监事会对公司董事、高管和财务的监督职能。

(5)强制规定职工人数超过300人的公司没有职工监事的要设一名职工董事。从立法本意上讲,该条规定旨在照顾职工利益,防止公司、股东和董事会在重大事项上作出损害职工权益的行为。

(6)赋予(公司治理能力较强的)股份有限公司更多的自治权:可以发行类别股、无面额股、授权董事会3年内发行不超过已发行股份50%的股份。

2.公司治理发展的方向

综观世界各国公司治理结构法律制度的发展方向,较为清晰地反映了

如下特点①:

(1) 小型公司治理结构日趋宽松

小型公司是指以有限责任公司、封闭公司等为代表的股东人数较少、资产规模不大的公司,也称小规模公司或私公司。这类公司在世界各国公司数量中都占绝对多数。对这类公司治理结构上的宽松化,将有利于减少这类公司不必要的治理成本,并最大限度地满足股东自我治理公司的主观愿望。小型公司治理的宽松化,从各国普遍赋予这类公司股东可以自我经营公司而免设董事会、监事会等制度中即可得到印证。

(2) 大型公司治理结构日趋严格

大型公司是指以上市公司、股份有限公司为代表的股东人数众多、资产规模较大的开放性公司。由于这类公司的股东人数众多且较为分散,再加上公司规模大,公司所有权和经营权的确朝着分离的方向发展,所以,确有必要进一步加强对管理层的制约与监督,防止董监高损害公司利益和股东利益,防止大股东滥用控股权损害公司利益和小股东利益。众多小股东、公众股东利益保护日益成为大型公司治理关注的重点。这一点,成文法国家和判例法国家并无二致。

(3) 公司治理结构更具灵活性

这种灵活性表现在三个方面:一是公司治理结构更加多样化;二是公司治理的模式更具可选择性;三是公司治理更有可转

---

① 虞政平:《中国公司法案例精读》,商务印书馆2015年版,第46~47页。

换性。也就是说,以往特定公司形态所对应单一的、不可选择亦不可转换的公司治理模式,正逐渐被多样化的、可供选择亦可供转换的公司治理模式所替代,而多样化是公司治理结构灵活性的前提。

(4)利益相关者因素日益受到关注

以德国的职工参与制为代表的公司治理模式,大有推广发展之势,虽然在欧盟一体化过程中这一模式受到了挑战,但最终还是被写进了欧盟公司法指令中。

3.公司治理需要进一步完善的事项

当然,当前法人治理制度架构搭建中也存在一些问题,需要日后通过公司法司法解释、司法实践以及在公司法实务中逐步完善。

(1)法人治理制度建设中赋予公司董事会审计委员会和监事会/监事单选制是否能够减轻公司治理的负担?

(2)董事会审计委员会是否能够替代监事会发挥监督作用?

(3)在未区分董事不同身份对应的权利义务的前提下,外部董事、独立董事和职工董事的作用是否能够如期发挥?

(五)合规与效率:国有企业法人治理难题

1.国有企业法人治理的三个层级

与非国有企业法人治理的三个层级(见图2-11)不同,国有企业法人治理的三个层级如图2-15所示。

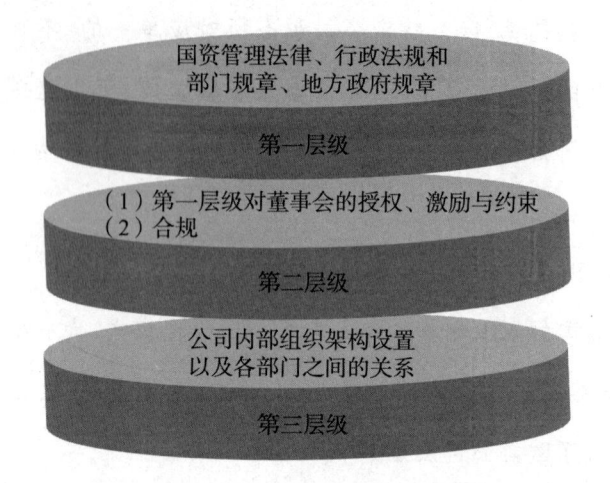

```
┌─────────────────────────────┐
│  国资管理法律、行政法规和      │
│  部门规章、地方政府规章        │
│         第一层级              │
└─────────────────────────────┘
┌─────────────────────────────┐
│ (1) 第一层级对董事会的授权、激励与约束 │
│ (2) 合规                      │
│         第二层级              │
└─────────────────────────────┘
┌─────────────────────────────┐
│   公司内部组织架构设置         │
│   以及各部门之间的关系         │
│         第三层级              │
└─────────────────────────────┘
```

图2-15　国有企业法人治理的三个层级

(1) 第一层级:国有独资公司不设股东会,《公司法》《证券法》《企业国有资产法》等法律、行政法规、国务院国资委、地方政府和国资委发布的各项规定,以及上级国有股东的要求。

(2) 第二层级:一部分是地方政府和国有股东对董事会的授权、激励与约束体系,包括上级国资股东对董事会的授权、监事会和经理层的职权、董事会/监事会/经理层议事规则等,确保董事会和经理层正确履职,在决策范围内作出正确决策,并全面执行国有股东、出资人作出的决定;另一部分是按照国务院国资委2018年11月颁布的《中央企业合规管理指引(试行)》(国资发法规〔2018〕106号)和2022年8月颁发的《中央企业合规管理办法》(国务院国资委令第42号)建立的合规体系。

(3) 第三层级:按照市场化要求,建立符合人性和管理科学的公司组织架构、各部门职责和各项制度,确保公司在董事会和经理层作出的正确决策能够得到全面的执行,决策和执行层面的错误能够得到及时的发现和纠正。

2. 建立合规体系,解决国有企业法人治理的痛点和难点

国有企业法人治理要同时满足合规与效率的目标,解决二者之间的冲突,确实是件不容易的事。

如何应对这个挑战?

实践中,笔者认为,合规体系的建设不仅仅是为了满足上级主管部门的检查。结合公司实际情况,实事求是地建立从决策—执行—监督到制约的全套工作体系能够有利于问题的解决。

因此,笔者通常建议国有企业,不仅是央企,地方国企也可以参照合规管理办法的要求,主动、实事求是地建立公司的合规体系,并在实践中参照执行不断完善,这对解决公司合规与效率的冲突、个人免责都可以发挥一些作用。

(六)上市公司治理的高要求

公司法、证券法以及中国证监会、交易所对公众公司法人治理的特别高要求,整理中国证监会《上市公司治理准则》(2025年修改)部分内容如下(见图2-16),供大家查阅。

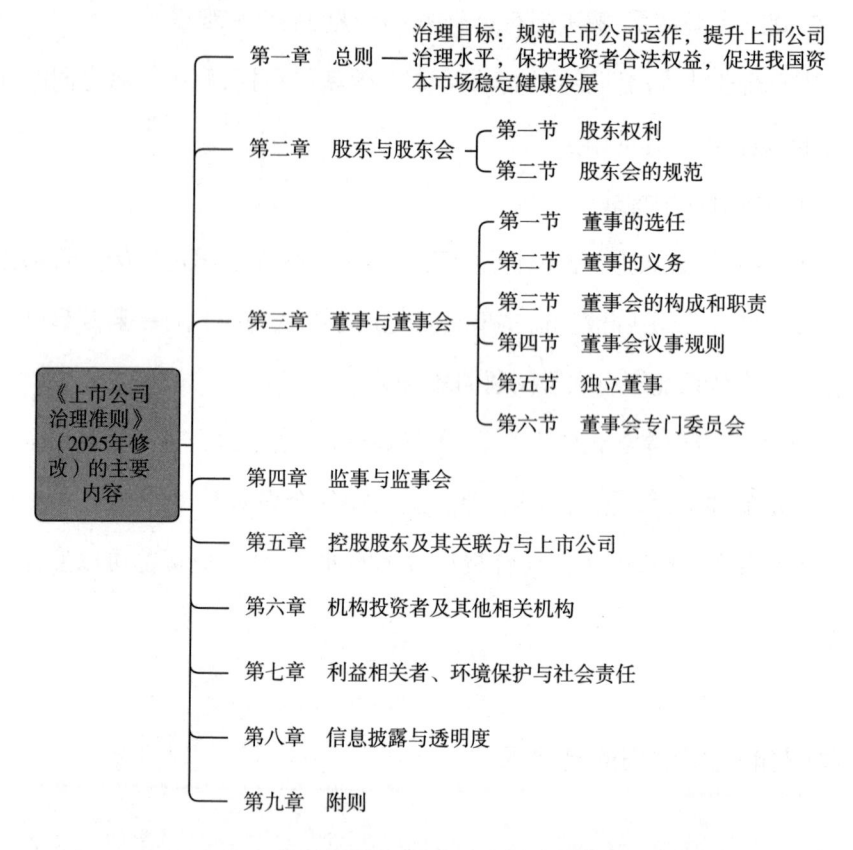

```
《上市公司治理准则》（2025年修改）的主要内容
├─ 第一章  总则 ── 治理目标：规范上市公司运作，提升上市公司治理水平，保护投资者合法权益，促进我国资本市场稳定健康发展
├─ 第二章  股东与股东会 ─┬─ 第一节  股东权利
│                          └─ 第二节  股东会的规范
├─ 第三章  董事与董事会 ─┬─ 第一节  董事的选任
│                          ├─ 第二节  董事的义务
│                          ├─ 第三节  董事会的构成和职责
│                          ├─ 第四节  董事会议事规则
│                          ├─ 第五节  独立董事
│                          └─ 第六节  董事会专门委员会
├─ 第四章  监事与监事会
├─ 第五章  控股股东及其关联方与上市公司
├─ 第六章  机构投资者及其他相关机构
├─ 第七章  利益相关者、环境保护与社会责任
├─ 第八章  信息披露与透明度
└─ 第九章  附则
```

图 2-16　《上市公司治理准则》（2025年修改）的主要内容

（七）"公章争夺战"几时休？

谈及国内公司法人治理话题，公章是不可回避的问题。与其他国家对外社会和经济交往中更多使用签字的习惯不同，中国人从政府的政务行为到商人的商事行为都普遍使用公章，在公司对内发布管理制度、人事任免以及对外签署合同中，公章都是可以单独代表公司的象征。公司名称变更后要重新刻公章，刻公章的机构要在公安部门备案，刻了新章后旧章要被机构收回并注销。何其烦琐，何其有用！

为此,从法人治理的角度和风险防范的角度采取一切必要措施加强公章管理,严控公章使用程序是公司的普遍做法。即便如此,司法实践中仍有不少私刻公章进行违法犯罪的行为(私刻公章行为可以构成犯罪);公司财务、销售等管理人员甚至是董事、法定代表人采取伪造公章、私盖公章的做法对外签署合同(如担保)引发合同纠纷的行为发生。除此之外,国内股权之争时屡屡伴有公章抢夺战。从商务角度讲,这些案例一方面反映了公章自身存在的不足,另一方面也反映了当前国内公司法人治理方面存在的缺陷。

必须承认的是,管理公章是个困难的事情,无论制定了多么科学、严密的管理制度,并在实践中严格实施,都很难避免发生公司管理风险和事件,因为并不是所有的问题都能通过管理手段来解决。所以,从法律角度来看,问题出在根源上,即公章不能一直这么有用。只有解决了这个问题,公章管理的问题才可能被解决。

如何"让公章不再那么有用"?如下几个思路看看能否启发思考:

1. 公司法作出倡导性规定,公章不能单独代表公司,允许公司使用董事签署、董事联签或者董事签署+公章的方式对外代表公司,同时在政府管理实践中改变公章代表公司的"独任制"。

在当前阶段,这种倡导性规定其实是非常必要的。这样商事活动中就可以很快达成共识,让更多的公司从使用公章可以单独对外代表公司的"独任制"和法定代表人可以单独对外代表公司的"独任制"中解放出来(法定代表人独任制在本书第三章"公司对董监高的授权、激励与约束""董监高对公司的忠实与勤勉义务"部分有专门的论述)。理解了公章的弊端,更多的商人会接受替代方案:董事签署或者两名董事联合签署或者董事签署+公章的方式可以对外代表公司。同时,公司需要在实践中将解决"公章独任制"问题与解决"法定代表人的独任制"问题结合起来同时进行。当然,政府的市场管理部门对公司设立、申报、变更、纳税等的管理行为也需要配套适用。只有商事行为和政府管理行为配套起来,才会有积极的效果。

2. 商人可以先行,只要大家在商务实践中达成共识,形成习惯,公章独任制以及法定代表人独任制的问题都可以逐步淡化,以降低管理成本和法人治理合规风险。对于商法来说,商人的习惯其实是商法的第一渊源。

3. 利用信息化时代的公示系统,补充公章制度管理上的不足。如公司某些重要岗位的人员变动和公司制度的调整都可以在公司官网上予以公示,以避免在风险发生时陷入被动局面。

(八)建立良好的法人治理架构是公司成功的必要条件

对照起来看,笔者发现现在许多冠以"公司"称谓的很多企业(包括企业集团)还没有真正建立法人治理架构,仍然处于个体户的状态——从公司治理的第二层面讲,没有建立科学的决策机制,老板自己作决定,董事会形同虚设,不能发出不同的声音;纠错机制也自然不存在。从公司治理的第三层面讲,内部机构的设置职能交叉、缺失或运行效率低下,不相容职务(可行性研究与决策审批、决策审批与执行、执行与监督,如会计与出纳)没有相互分离,高级管理人员和关键岗位没有实行定期轮岗制,公司采购没有按照请购、审批、购买、验收和付款进行流程管理,存在销售舞弊等内控严重缺陷的情形;处于有(生产、研发、销售、财务等)部门但没有建立组织体系的状态,无法实现组织应有的功能。

1. OECD 公司治理准则

讲到公司治理,还需要提及的是经济合作与发展组织(OECD)理事会正式通过的《公司治理原则》,它是第一个政府间为公司治理结构开发的国际标准,并得到国际社会的积极响应。主要内容包括:

(1)公司治理结构框架应当维护股东的权利。

(2)公司治理结构框架应当确保包括小股东和外国股东在内的全体股东受到平等的待遇;如果股东的权利受到损害,他们应有机会得到补偿。

(3)公司治理结构框架应当确认利益相关者的合法权利,并且鼓励公司和利益相关者为创造财富和工作机会以及为保持企业财务健全而积极地进行合作。

(4)公司治理结构框架应当保证及时准确地披露与公司有关的任何重大问题,包括财务状况、经营状况、所有权状况和公司治理状况的信息。

(5)公司治理结构框架应确保董事会对公司的战略性指导和对管理人员的有效监督,并确保董事会对公司和股东负责。

日益发达的信息化为公司第三层面的公司治理提供了现代化的手段,公司可以有效运用信息化工具,通过人、财、事三个角度对公司进行流程化管理,从而大大提高管理效率和科学管理水平。

2. 如何评价公司治理水平

中国公司从起步到成长、发展并具备了一定的规模,但在公司治理方面要走的路还很远。

公司治理不是一成不变的,需要适合公司的实际情况。所谓适合公司是指适合公司所处的行业、公司规模和发展阶段,不以形式上各机构的设立和完备为判断标准,而以公司能够抓住市场机会,作出符合市场经济条件、行业和公司基本情况的正确的决定,正确的决定能够在公司得到有效的实施,公司能够按照计划完成自己的生存和发展阶段目标为判断标准。

在公司设立后的初始阶段,股东人数不多,基本也没有什么职业经理人的加入,不需要设董事会和监事会,只设一个执行董事兼任经理、一名监事即可,内部机构和部门设置也可以简单高效,除必要的产、供、销外,其他后勤管理部门合署办公,不再单设,这是适合公司的。

公司解决了生存问题,度过了生存阶段,就应该自觉地进行公司治理方面的建设。因为到了这个阶段,公司经营规模扩大后经营和决策的风险也加大了,随着战略投资者和财务投资者的引入,股东会里会出现不同的声音,职业经理人也能够引入了。这时候就需要选举有更好行业和专业背景的董事参与到公司董事会中,董事长也不需要兼任总经理了。公司可以根据自己的实际情况逐步夯实和完备自己的法人治理架构,建立健全董事会、经理层,重新调整和设置内部机构和部门,增加法务、审计、投资、信息化等必要的管理部门,建立管理架构上的合理分权、衔接与监督,使公司能够获得更好的组织架构,完成发展的目标。

3. 何为良好的公司治理

参照OECD《公司治理原则》,笔者认为好的公司治理的内在判断标准,从公司法律关系角度看,是公司—股东—董监高—债权人各方权利义务关系始终处于平衡状态,各方利益均得到了满足。

好的公司治理的外在判断标准,从短期看,是公司规模和财务盈利是否有适度增长,公司在同行业中是否有核心竞争力;对于公众公司而言,则是有竞争力的股票价格。从长期看,是公司是否获得了长足的发展,是否能够走得更远,从而能够担当更多的社会责任。

当前全球经济下滑的外部环境对公司治理提出了更高要求。原有的简单、粗放的管理模式显然无法应对这种严苛的外部环境。许多大企业集团轰然倒塌,而一些平日名不见经传的公司却逆风飞扬,究其实质都是法人治理的原因。因为好的法人治理架构相当于城市的立交桥,能够保障公司运营的安全和效率。

作为多年从事公司法和资本市场法律服务的律师,身边无数公司的成功和失败案例使笔者始终坚信:好的法人治理是公司成功的必要条件。如何做好法人治理,本书将在第三章通过详解公司法律关系协助大家理解。

九、何为独立法人？

经过了前面大量的分析，回到本章主题：人类经过上千年艰难的探索，最终发明了公司这个组织，并赋予它独立法人的法律特征。这确实是人类社会科学史上最伟大的发明之一。如果说最终促使人类进步的只有制度和技术这两样东西，那么公司制度的发明以及由公司制度的发明带来的技术的创新和繁荣确实为人类进步和文明作出了积极的贡献。

公司作为拟制的人，是独立的民事主体。所谓独立的民事主体是指公司具有独立的民事权利能力和民事行为能力，不仅独立拥有自己的名称、住所、资产、人员、机构，形成自己独立的意志，从而行使民事权利，对外签署合同，接受捐赠，还能独立承担民事义务和责任、行政责任，甚至可以独立承担刑事责任，成为单位犯罪的主体。

所谓独立就是独立于股东，独立性是公司全部法律意义的基础，即公司有限责任与股东有限责任的基础。偏离了这一原则,公司独立性就失去了基础。

公司作为独立的法人,使得区分公司财产和个人财产更为容易。它也允许属于股东的股份从一个人转移给公司另外一个人,同时公司的财产、合同权利和义务,即公司的营业财产和责任都不受影响。因而,独立法人是一个效率的规则。若失去公司独立人格的制度保障,整个社会的交易成本将会高很多。

独立人格作为公司的核心特征,是各国现代法律制度达成的共识。尽管不同的法律制度在某种程度上有所区别,但是没有一个现代法律制度不将独立的法人人格作为企业的核心特征。由于这个原因,当代公司法中的争论主要集中在因公司具有独立的法人人格而产生的问题,而不是原则上公司是否应当具有独立法人人格以及这是否可行的问题。[1]

(一)《公司法》中体现公司独立性的条款

1. 法律层面规定的公司、公司债权人和股东三方利益序列是在保证公司独立性的前提下,债权人利益优先,股东劣后。如禁止股东滥用股东权利损害公司利益、禁止大股东滥用控股权损害公司利益和其他股东利益。公司利益最容易受到股东的侵犯,如果损害了公司利益导致公司偿债能力降低,就是间接损害公司债权人利益的行为。

---

[1] [英]保罗·戴维斯:《英国公司法精要》,樊云慧译,法律出版社2007年版,第38~39页。

2. 公司在实施减资、分立、合并等可能影响公司清偿能力的重大行为时，需要通知和公告债权人，允许债权人提出提前清偿或提供担保的要求，在主要债权人不同意的情况下不能实施上述行为。

3. 在公司清算和破产清算程序中，剩余财产的分配顺序是在支付职工费用和欠税后，优先向债权人清偿，如有剩余再向股东分配。

4. 公司财务处理和利润分配的基本原则也体现了这一原则：销售收入扣除制造成本、管理费用、财务费用、销售费用、营业税后为主营业务利润，再扣除所得税后才是可分配利润，可以在股东之间分配。

5. 公司诉讼中的处理原则是尊重公司自治以及穷尽内部救济，司法不轻易介入公司内部事务。

6. 一人有限责任公司中，如果股东不能证明公司财产独立于股东自己的财产的，则应当就公司债务承担无限连带责任。

(二) IPO 招股说明书中需披露和充分展示的关于公司独立性的内容

图 2-17 展示了 IPO 招股说明书中需披露和充分展示的关于公司独立性的内容。

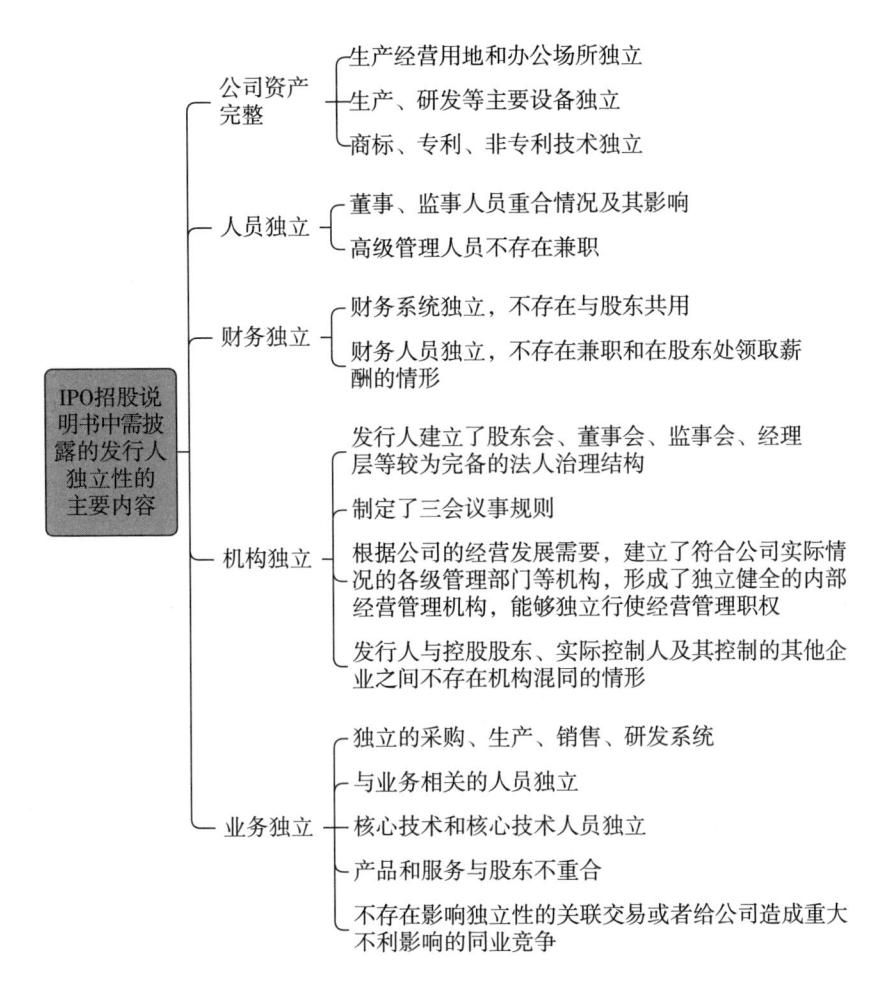

第二章 如何理解公司的法律意义——独立法人？

```
                    ┌─ 公司资产   ┌─ 生产经营用地和办公场所独立
                    │   完整     ├─ 生产、研发等主要设备独立
                    │            └─ 商标、专利、非专利技术独立
                    │
                    ├─ 人员独立   ┌─ 董事、监事人员重合情况及其影响
                    │            └─ 高级管理人员不存在兼职
                    │
                    ├─ 财务独立   ┌─ 财务系统独立，不存在与股东共用
IPO招股说            │            └─ 财务人员独立，不存在兼职和在股东处领取薪
明书中需披           │               酬的情形
露的发行人    ──────┤
独立性的             │            ┌─ 发行人建立了股东会、董事会、监事会、经理
主要内容             │            │   层等较为完备的法人治理结构
                    │            ├─ 制定了三会议事规则
                    ├─ 机构独立   │
                    │            ├─ 根据公司的经营发展需要，建立了符合公司实际情
                    │            │   况的各级管理部门等机构，形成了独立健全的内部
                    │            │   经营管理机构，能够独立行使经营管理职权
                    │            │
                    │            └─ 发行人与控股股东、实际控制人及其控制的其他企
                    │                业之间不存在机构混同的情形
                    │
                    │            ┌─ 独立的采购、生产、销售、研发系统
                    │            ├─ 与业务相关的人员独立
                    └─ 业务独立   ├─ 核心技术和核心技术人员独立
                                 ├─ 产品和服务与股东不重合
                                 └─ 不存在影响独立性的关联交易或者给公司造成重大
                                     不利影响的同业竞争
```

图 2-17　IPO 招股说明书中需披露的发行人独立性的主要内容

(三)"揭开公司面纱"：违背公司独立性的最严厉处罚

《公司法》之所以能够起到鼓励投资的目的，其根本制度创新是股东有限责任和公司独立法人地位。但是股东获得有限责任是有条件的，这个条件就是要遵守公司法的强制性规定，依法行使股东权利。如果滥用股东有限责任和公司独立法人地位、滥用股东权利损害公司和债权人利益，则需承担侵

权/违法行为的法律后果。揭开公司"独立法人的面纱",让股东对公司债务承担连带赔偿责任便是最严厉的处罚,也是股东有限责任的例外。

1. 关于"揭开公司面纱"否定公司法人人格的《公司法》法律规定。

2023 年修订前的《公司法》规定的是"纵向揭开公司面纱"制度,即当股东滥用公司法人独立地位和股东有限责任,逃避债务,严重损害公司债权人利益时,应当对所设立的公司债务承担连带责任。

2023 年《公司法》第 23 条增加了"横向揭开公司面纱"制度,即当股东利用其控制的两个以上公司实施第 23 条第 1 款规定行为的,各公司应当对任一公司(包括无投资关系)的债务承担连带责任。

2. 关于"关联企业实质合并破产"的《企业破产法》法律规定。

关于不局限于投资关系的"横向法人人格否认",实践中早有应用,如 2022 年海航集团破产重整案中就有 321 家企业实质合并重整。最高人民法院印发《全国法院破产审判工作会议纪要》(法〔2018〕53 号)第 6 条"关联企业破产"中也表达了这一立法原则,摘录部分内容如下:

六、关联企业破产

会议认为,人民法院审理关联企业破产案件时,要立足于破产关联企业之间的具体关系模式,采取不同方式予以处理。既要通过实质合并审理方式处理法人人格高度混同的关联关系,确保全体债权人公平清偿,也要避免不当采用实质合并审理方式损害相关利益主体的合法权益。

32. 关联企业实质合并破产的审慎适用。

人民法院在审理企业破产案件时,应当尊重企业法人人格的独立性,以对关联企业成员的破产原因进行单独判断并适用单个破产程序为基本原则。当关联企业成员之间存在法人人格高度混同、区分各关联企业成员财产的成本过高、严重损害债权人公平清偿利益时,可例外适用关联企业实质合并破产方式进行审理。

33. 实质合并申请的审查。

人民法院收到实质合并申请后,应当及时通知相关利害关系人并组织听证,听证时间不计入审查时间。人民法院在审查实质合并申请过程中,可以综合考虑关联企业之间资产的混同程序及其持续时间、各企业之间的利益关系、债权人整体清偿利益、增加企业重整的可能性等因素,在收到申请之日起三十日内作出是否实质合并审理的裁定。

34. 裁定实质合并时利害关系人的权利救济。

相关利害关系人对受理法院作出的实质合并审理裁定不服的,可以自裁定书送达之日起十五日内向受理法院的上一级人民法院申请复议。

35. 实质合并审理的管辖原则与冲突解决。

采用实质合并方式审理关联企业破产案件的,应由关联企业中的核心控制企业住所地人民法院管辖。核心控制企业不明确的,由关联企业主要财产所在地人民法院管辖。多个法院之间对管辖权发生争议的,应当报请共同的上级人民法院指定管辖。

36. 实质合并审理的法律后果。

人民法院裁定采用实质合并方式审理破产案件的,各关联企业成员之间的债权债务归于消灭,各成员的财产作为合并后统一的破产财产,由各成员的债权人在同一程序中按照法定顺序公平受偿。采用实质合并方式进行重整的,重整计划草案中应当制定统一的债权分类、债权调整和债权受偿方案。

37. 实质合并审理后的企业成员存续。

适用实质合并规则进行破产清算的,破产程序终结后各关联企业成员均应予以注销。适用实质合并规则进行和解或重整的,各关联企业原则上应当合并为一个企业。根据和解协议或重整计划,确有需要保持个别企业独立的,应当依照企业分立的有关规则单独处理。

38. 关联企业破产案件的协调审理与管辖原则。

多个关联企业成员均存在破产原因但不符合实质合并条件的,人民法院可根据相关主体的申请对多个破产程序进行协调审理,并可根据程序协调的需要,综合考虑破产案件审理的效率、破产申请的先后顺序、成员负债规模大小、核心控制企业住所地等因素,由共同的上级法院确定一家法院集中管辖。

39. 协调审理的法律后果。

协调审理不消灭关联企业成员之间的债权债务关系,不对关联企业成员的财产进行合并,各关联企业成员的债权人仍以该企业成员财产为限依法获得清偿。但关联企业成员之间不当利用关联关系形成的债权,应当劣后于其他普通债权顺序清偿,且该劣后债权人不得就其他关联企业成员提供的特定财产优先受偿。

3.摘录最高人民法院于2019年11月8日印发的《九民纪要》中关于认定否定公司人格的三种主要情形:人格混同、过度支配与控制、资本显著不足。供大家对照检查。

【人格混同】认定公司人格与股东人格是否存在混同,最根本的判断标准是公司是否具有独立意思和独立财产,最主要的表现是公司的财产与股东的财产是否混同且无法区分。在认定是否构成人格混同时,应当综合考虑以下因素:

(1)股东无偿使用公司资金或者财产,不作财务记载的;

(2)股东用公司的资金偿还股东的债务,或者将公司的资金供关联公司无偿使用,不作财务记载的;

(3)公司账簿与股东账簿不分,致使公司财产与股东财产无法区分的;

(4)股东自身收益与公司盈利不加区分,致使双方利益不清的;

(5)公司的财产记载于股东名下,由股东占有、使用的;

(6)人格混同的其他情形。

在出现人格混同的情况下,往往同时出现以下混同:公司业务和股东业务混同;公司员工与股东员工混同,特别是财务人员混同;公司住所与股东住所混同。人民法院在审理案件时,关键要审查是否构成人格混同,而不要求同时具备其他方面的混同,其他方面的混同往往只是人格混同的补强。

【过度支配与控制】公司控制股东对公司过度支配与控制,操纵公司的决策过程,使公司完全丧失独立性,沦为控制股东的工具或躯壳,严重损害公司债权人利益,应当否认公司人格,由滥用控制权的股东对公司债务承担连带责任。实践中常见的情形包括:

(1) 母子公司之间或者子公司之间进行利益输送的;

(2) 母子公司或者子公司之间进行交易,收益归一方,损失却由另一方承担的;

(3) 先从原公司抽走资金,然后再成立经营目的相同或者类似的公司,逃避原公司债务的;

(4) 先解散公司,再以原公司场所、设备、人员及相同或者相似的经营目的另设公司,逃避原公司债务的;

(5) 过度支配与控制的其他情形。

控制股东或实际控制人控制多个子公司或者关联公司,滥用控制权使多个子公司或者关联公司财产边界不清、财务混同,利益相互输送,丧失人格独立性,沦为控制股东逃避债务、非法经营,甚至违法犯罪工具的,可以综合案件事实,否认子公司或者关联公司法人人格,判令承担连带责任。

【资本显著不足】资本显著不足指的是,公司设立后在经营过程中,股东实际投入公司的资本数额与公司经营所隐含的风险相比明显不匹配。股东利用较少资本从事力所不及的经营,表明其没有从事公司经营的诚意,实质是恶意利用公司独立人格和股东有限责任把投资风险转嫁给债权人。由于资本显著不足的判断标准有很大的模糊性,特别是要与公司采取"以小博大"的正常经营方式相区分,因此在适用时要十分谨慎,应当与其他因素结合起来综合判断。

4. 实践中否定法人人格,判令股东对公司债务承担连带责任的案例:昆明闽某纸业有限责任公司等污染环境刑事附带民事公益诉讼案,云南省昆明市西山区人民法院(2021)云0112刑初752号(最高人民法院指导性案例215号)。

摘录判决书部分内容如下:

本院认为:

由于闽某公司自成立伊始即与股东黄某海、黄某芬、黄某龙之间存在大量、频繁的资金往来,且三人均有对公司财产的无偿占有,与闽某公司已构成人格高度混同,可以认定属《中华人民共和国公司法》第二十条第三款规定的股东滥用公司法人独立地位和股东有限责任的行为。现闽某公司所应负担的环境侵权债务合计10,944,521元,远高于闽某公司注册资本1,000,000元,且闽某公司自案发后已全面停产,对公账户可用余额仅为18,261.05元。上述事实表明黄某海、黄某芬、黄某龙与闽某公司的高度人格混同已使闽某公司失去清偿其环境侵权债务的能力,闽某公司难以履行其应当承担的生态环境损害赔偿义务,符合《公司法》第二十条第三款规定的股东承担连带责任之要件,黄某海、黄某芬、黄某龙应对闽某公司的环境侵权债务承担连带责任。

(四)股东为公司提供担保的无奈之举

在本节讨论公司独立法人制度的同时,我们不能忽视当前市场上存在的一些与维护公司独立法人制度相左的现象。例如,公司为完成贷款,应银行的要求,由控股股东和董事提供保证担保;公司为高价引进外部投资人的资金,应外部投资人的要求,签署业绩承诺和对赌,由控股股东和实际控制人承担对赌失败、股份回购的个人责任或者担保责任。当公司出现不能偿还银行借款或触发对赌/回购条款的情况时,控股股东/董事的个人连带责任无法免除,即使在公司重整或者破产的情况下,股东/董事的个人责任依然无法免除。目前国内持续增加的失信、限高人群中有很多是上述原因所致的。

上述情景是不利于维护公司独立法人地位的相反操作,当然也是当前资金处于优势状态下股东的无奈之举。尽管如此,笔者还是要提醒股东和董事们,慎重对待为公司担保这件事,摒弃侥幸心理,回归到事务本质,全力维护公司独立法人地位。这样做既有利于公司的持续发展,究其实质,对股东本身也是一种保护。

(五)思考:公司作为独立法人,谁承担了公司的风险?

结合前面的分析,我们是不是可以得出这样的结论:在公司的设立和经营过程中,广义的公司法律关系参加者——公司、股东、董监高、债权人以及公司员工、社团等组织和机构都以不同身份、不同程度、动态地参与了公司的设立和经营过程,并承担了公司运营的法律风险。

从公司运营过程风险看,基于股东有限责任和公司有限责任的公司独立法人制度框架,债权人确实承担了更多的过程风险。例如,当公司资不抵债进入破产程序时,普通债权的清偿率是非常低的,甚至可能归零。

从公司最终运营结果风险看,确实是股东最终承担了公司设立和运营失败的结果风险。

无论是从积极的各方受益的角度,还是从消极的风险和责任承担的角度来看,我们都需要承认这样的事实——"公司并不单独属于股东,而是属于公司法律关系的全部利益相关者,并作为一个整体,属于我们这个时代"。所以,从积极角度讲,各方全力维护公司的发展,将有利于每个人,即使你并不是公司的高管或职工,而是政府公务员,或者还是幼儿园和学校的学生,都可以因为公司的发展、盈利和纳税而获得利益;反之亦然。

十、公司/个人破产与重整：将公司有限责任和股东有限责任落到实处

从我国的市场经济实践历程看，在国内轰轰烈烈的改革开放历程中，14亿中国人对"公司"这个新生事物的降生欢呼雀跃。但是，对它的消亡却少有思想准备并在一定程度上回避甚至忌讳这个问题，更是对以下一系列问题进入深入思考：公司会生病吗？生病之后怎么治疗？哪些情况会导致公司消亡？怎么处理公司的消亡过程？从商务角度对公司消亡的充分思想准备可能会让公司的生存和经营、管理活动更从容，更能接近公司设立的目标。

这一点，与从自然人角度看，豁达地对待死亡的态度会让我们生得更加洒脱、更加回归生命的本质，是一个道理。相对于自然人的死亡，公司消亡的另外一个重要的意义是：有效的社会资源（产业资源、货币、人力资源等）需要流转到更有效率、更能为社会创造价值的公司。

(一)解散、清算、破产、注销:公司生命终结、公司法律关系终止

1. 法律规定的公司解散条件和清算、注销程序

作为拟制的人,公司也有自己的生命历程,要么存续,要么终止生命,注销登记,退出市场经济。诚如股东赋予了公司生命一样,当最后生命终结的时候,股东仍可以主观愿望或者客观原因作出决议终止公司存续。同公司设立新建公司法律关系需要履行登记程序一样,公司的生命终止也需要通过法定的登记和/或公告程序来终结法律关系。

2. 清算的法律意义

清算是公司触发解散的任一情形后的下一个法律程序。根据解散的不同情形,清算分为公司主动清算和法院强制清算两种方式。清算的法律意义是对公司的财产和债权债务关系进行清理、处分,了结债权债务关系,将剩余财产在股东之间进行分配,终结与公司有关的所有法律关系,并最终终结公司法人人格。因此,清算是具有法律意义的程序。

由于公司合并的法律后果是合并后的公司承继合并前公司所有的业务、资产和债权债务,公司分立后的法律后果是分立后的公司对分立前公司的债务承担连带责任。所以,在这两种情况下,公司虽然履行解散,但债权债务关系均已作出安排,不需要清理和终结,也就不需要清算程序。

除合并、分立这两种情形外,其他四种情形(公司经营期限届满或者章程约定的解散事由出现、股东会决议解散、因公司僵局司法解散或者公司被行政处罚需要解散)均须经过清算程序。

具体情形见图2-18公司终止程序。

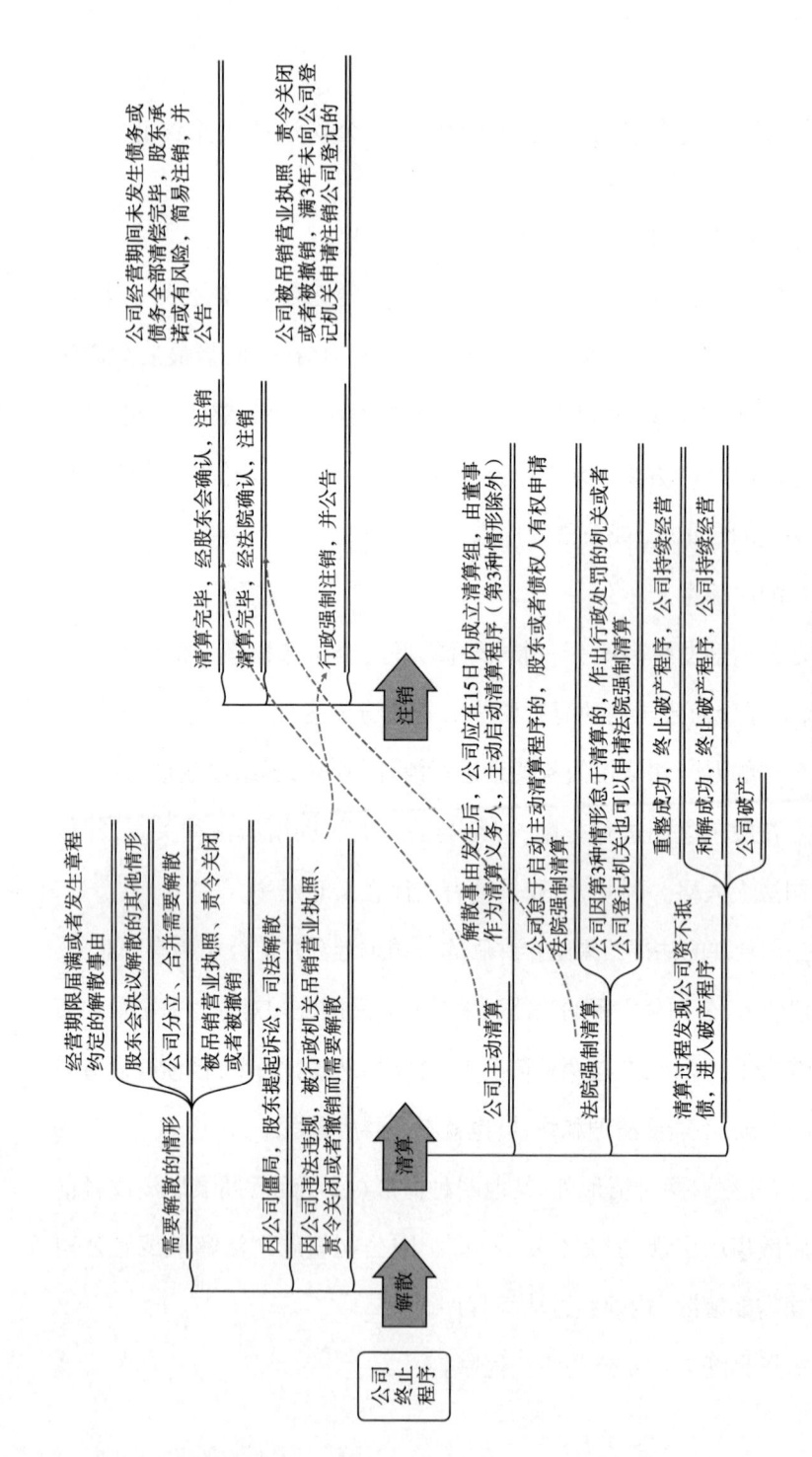

图 2-18 公司终止程序

《公司法》第234条明确规定了清算组的职责：

清算组在清算期间行使下列职权：

（一）清理公司财产，分别编制资产负债表和财产清单；

（二）通知、公告债权人；

（三）处理与清算有关的公司未了结的业务；

（四）清缴所欠税款以及清算过程中产生的税款；

（五）清理债权、债务；

（六）分配公司清偿债务后的剩余财产；

（七）代表公司参与民事诉讼活动。

3. 非破产清算的法律程序

➡ 发生需要解散的事由后15日内成立由董事组成的清算组

➡ 10日内通知已知债权人，60日内公告公司全体债权人

➡ 债权人申报债权

➡ 清算组清理公司资产、编制资产负债表和财产清单财产

➡ 清算组编制清算方案报股东会或法院审批，清算方案包括财产变价方案、债务追偿方案、需要股东缴纳出资的方案、财产分配方案等内容

➡ 清算组实施清算方案、执行财产分配方案

➡ 财产分配方案执行完毕后，清算组作出清算报告交股东会或法院确认

➡ 办理公司注销登记

4. 董事的忠实与勤勉义务

2023年《公司法》修订,新增董事作为公司清算义务人(此前公司法规定的清算义务人是股东和董事)。董事作为清算义务人对公司和债权人的忠实与勤勉尽责义务,具体如下:

(1)按清算法律程序成立清算组,启动清算程序;

(2)平等对待债权人,债权申报期间不得对债权人进行清偿;

(3)清算程序启动后公司停止业务和经营活动,处理与清算有关的公司未了结业务,代表公司参与诉讼;

(4)全面清理公司资产、追偿公司债权、处分公司资产、要求未完成出资义务的股东缴纳出资;

(5)发现公司资不抵债时及时移送法院,进入破产程序;

(6)忠实、勤勉尽责地制作清算方案交股东会或法院确认;

(7)严格执行股东会或法院批准的清算方案清偿债权人债务、实施财产方案,并将剩余财产在股东之间进行分配;

(8)忠实、勤勉尽责地制作清算报告并交股东会或法院确认,并完成公司注销登记手续。

5. 正确理解并接纳公司破产

承接上述,公司有限责任意味着公司资产如果不能清偿公司债务,可以寻求破产保护,通过宣告破产免除未清偿部分的债务。

股东在如期出资的情况下,即使公司破产,其也不会为公司债务承担责任,最多是股东投资收益归零。但是,如果在股东没有完成出资的情况下公司破产,管理人应当要求股东缴纳出资,并不受此前公司章程约定的实缴出资的期限限制,在出资不足范围内承担连带责任。这仍然是股东有限责任的要求,并未额外增加股东的义务和负担。但是如果到最后一个自然人股东确实无力完成出资,怎么办？要免除股东不能承担的义务,只有依靠个人破产法。这也是其他国家先有个人破产法后有公司破产法的原因。

企业破产清算的法律程序：

➡公司确认资不抵债的情况下,自己向法院申请,或者债权人申请进入破产程序

➡法院裁定宣告公司进入破产程序

➡通知、公告公司债权人

➡债权人申报债权

➡管理人制定破产财产变价方案提交债权人会议讨论

➡债权人会议或法院裁定通过破产变价方案

➡以拍卖方式变价出售破产财产

➡管理人制定破产财产分配方案交债权人会议讨论并报法院裁定认可

➡管理人执行财产分配方案

➡财产分配完毕或无可供执行的财产,未得到清偿的债务公司不再继续清偿,法院宣告终结破产程序,企业办理注销登记

在破产案件审理过程中,如果公司仍然有价值,可以通过与债权人达成一揽子债务重组,通过调整出资人权益、引入新投资人或者与债权人达成和解等方式终止破产程序,公司继续经营。

从国内来看,对待企业破产制度,我国也是采取了"摸着石头过河"的

路线:为解决当时大量国有企业退出历史舞台的问题,1986年12月2日即通过《企业破产法(试行)》并于1988年11月1日起施行。其间处理的多数案件仍然是大型国有企业的破产案件,对民营企业很少适用。我自己也是参加了1999年青岛国棉九厂的破产过程。

近年来,各地法院审理的企业破产案件呈明显增长态势,多数地区中级人民法院成立了独立的破产法庭,专门处理破产案件。根据最高人民法院官网统计的信息,2023年,全国法院审结破产案件2.9万件,同比增长68.8%,涉及债权2.3万亿元,审结破产重整、和解案件1485件,762家陷入困境企业成功重整。这些年来,法院使用"纵向/横向揭穿公司面纱"审查制度,处理了大量巨型企业集团的破产重整案件:海航321家企业实质合并破产重整、东北民营商业企业兴隆集团92家企业实质合并重整,债权申报数量多达11.7万笔;恒大万亿元债务危机爆雷后恒大汽车先行公告进入破产重整程序;中植集团目前248家企业纳入实质合并破产审查范围。

根据新浪财经统计的数据,不同于非上市公司,上市公司因为特有的公众公司壳价值而具有重整价值,因此呈现极高的重整成功率。截至2023年年末,中国已完成重整的上市公司共118家,其中尚无在法院裁定受理之后因重整失败破产清算的案例,显示出远高于一般企业的重整成功率。[①]

[①] 《上市公司正式重整成功率100%,金科率先在行业迈出一大步》,载新浪财经网,https://finance.sina.com.cn/jjxw/2024-04-23/doc-inasvrzr1925122.shtml。

(二)不破不立:全面理解企业破产法律制度

破产制度是市场经济的主要制度,在最近几年的市场经济的低迷状态下,去库存,依法处理僵尸企业,将使更多的市场经济主体面临破产和重整这样的课题。作为企业经营者,对破产和重整制度要有所知悉,有所敬畏,才能更好地担当。

作为市场经济的重要制度,企业破产制度的立法工作甚至早于《公司法》。2006年8月《企业破产法》正式通过后,最高人民法院发布了三个司法解释,作为当前破产案件审理和执行的主要法律依据。

《企业破产法》的立法宗旨,在《企业破产法》条款中明确为"规范企业破产程序,公平清理债权债务,保护债权人和债务人的合法权益,维护社会主义市场经济秩序"。这一立法宗旨体现了两项公平原则:

一是公平清理债权债务,表现为债务人有序清偿以及同一序列的债权人平等原则。

二是公平对待债权人和债务人,不能因为债务人不能清偿债务到了破产阶段就过分保护债权人利益而忽略了债务人,若此,对于债务人的其他利害关系人——职工、国家、出资人也是不公平的。

公司债权人或债务人自己都可以申请企业破产、重整或和解,申请的条件是"企业法人不能清偿到期债务,并且资产不足以清偿全部债务或者明显缺乏清偿能力",《破产法司法解释(一)》中明确列示了构成上述条件的情形:

第一条　债务人不能清偿到期债务并且具有下列情形之一的，人民法院应当认定其具备破产原因：

（一）资产不足以清偿全部债务；

（二）明显缺乏清偿能力。

相关当事人以对债务人的债务负有连带责任的人未丧失清偿能力为由，主张债务人不具备破产原因的，人民法院应不予支持。

第二条　下列情形同时存在的，人民法院应当认定债务人不能清偿到期债务：

（一）债权债务关系依法成立；

（二）债务履行期限已经届满；

（三）债务人未完全清偿债务。

第三条　债务人的资产负债表，或者审计报告、资产评估报告等显示其全部资产不足以偿付全部负债的，人民法院应当认定债务人资产不足以清偿全部债务，但有相反证据足以证明债务人资产能够偿付全部负债的除外。

第四条　债务人账面资产虽大于负债，但存在下列情形之一的，人民法院应当认定其明显缺乏清偿能力：

（一）因资金严重不足或者财产不能变现等原因，无法清偿债务；

（二）法定代表人下落不明且无其他人员负责管理财产，无法清偿债务；

（三）经人民法院强制执行，无法清偿债务；

(四)长期亏损且经营扭亏困难,无法清偿债务;

(五)导致债务人丧失清偿能力的其他情形。

《企业破产法》的两项重要制度建设:

一是重整与和解制度,规定债务人具备破产申请条件的同时,申请人既可以申请债务人破产,也可以申请重整或和解,使即使处于经营困难、破产边界的企业也有机会通过重整(引进新投资人重组债务人资产和业务)或和解(债务人与债权人之间达成偿还债务的和解方案)获得起死回生的机会。毕竟企业与其股东、债权人权益具有共益性,如果企业、出资人与主要债权人能够达成一致,豁免企业部分债务并给予企业更多的支持,使企业能够继续生产和经营,则是对股东、员工、债务人、债权人、当地政府等诸多利益团体的最大利益保护。

二是破产管理人制度,明确规定了破产管理人由律师事务所、会计师事务所、破产清算事务所等专业机构担任,由法院指定和更换,非经法院同意不得辞职。明确了管理人向法院报告工作,并接受债权人的监督,勤勉尽责,忠实地执行职务的法定职责。破产管理人制度的推出,将大大增强破产过程中的专业性和公信力,更好地实现《企业破产法》的立法宗旨。

《企业破产法》主要内容如图 2-19、图 2-20 所示。

《企业破产法》主要内容（1）

第一章 总则
- 破产法立法目标：为规范企业破产程序，公平清理债权债务，保护债权人和债务人的合法权益，维护社会主义市场经济秩序
- 企业破产适用的条件：企业法人不能清偿到期债务，并且资产不足以清偿全部债务或者明显缺乏清偿能力的，或者有明显丧失清偿能力可能的

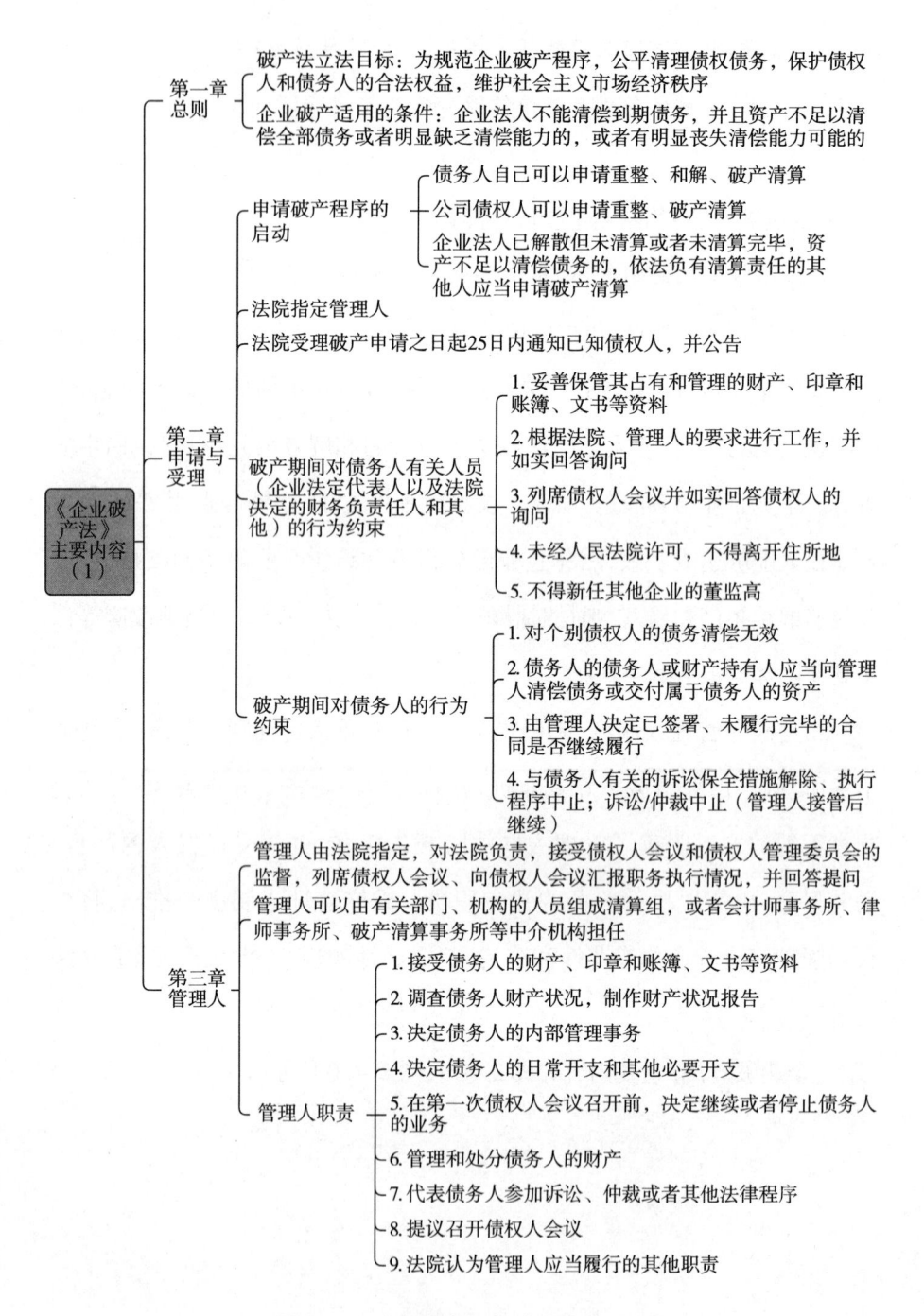

第二章 申请与受理

申请破产程序的启动
- 债务人自己可以申请重整、和解、破产清算
- 公司债权人可以申请重整、破产清算
- 企业法人已解散但未清算或者未清算完毕，资产不足以清偿债务的，依法负有清算责任的其他人应当申请破产清算

法院指定管理人

法院受理破产申请之日起25日内通知已知债权人，并公告

破产期间对债务人有关人员（企业法定代表人以及法院决定的财务负责人和其他）的行为约束
1. 妥善保管其占有和管理的财产、印章和账簿、文书等资料
2. 根据法院、管理人的要求进行工作，并如实回答询问
3. 列席债权人会议并如实回答债权人的询问
4. 未经人民法院许可，不得离开住所地
5. 不得新任其他企业的董监高

破产期间对债务人的行为约束
1. 对个别债权人的债务清偿无效
2. 债务人的债务人或财产持有人应当向管理人清偿债务或交付属于债务人的资产
3. 由管理人决定已签署、未履行完毕的合同是否继续履行
4. 与债务人有关的诉讼保全措施解除、执行程序中止；诉讼/仲裁中止（管理人接管后继续）

第三章 管理人

- 管理人由法院指定，对法院负责，接受债权人会议和债权人管理委员会的监督，列席债权人会议、向债权人会议汇报职务执行情况，并回答提问
- 管理人可以由有关部门、机构的人员组成清算组，或者会计师事务所、律师事务所、破产清算事务所等中介机构担任

管理人职责
1. 接受债务人的财产、印章和账簿、文书等资料
2. 调查债务人财产状况，制作财产状况报告
3. 决定债务人的内部管理事务
4. 决定债务人的日常开支和其他必要开支
5. 在第一次债权人会议召开前，决定继续或者停止债务人的业务
6. 管理和处分债务人的财产
7. 代表债务人参加诉讼、仲裁或者其他法律程序
8. 提议召开债权人会议
9. 法院认为管理人应当履行的其他职责

图2-19 《企业破产法》主要内容(1)

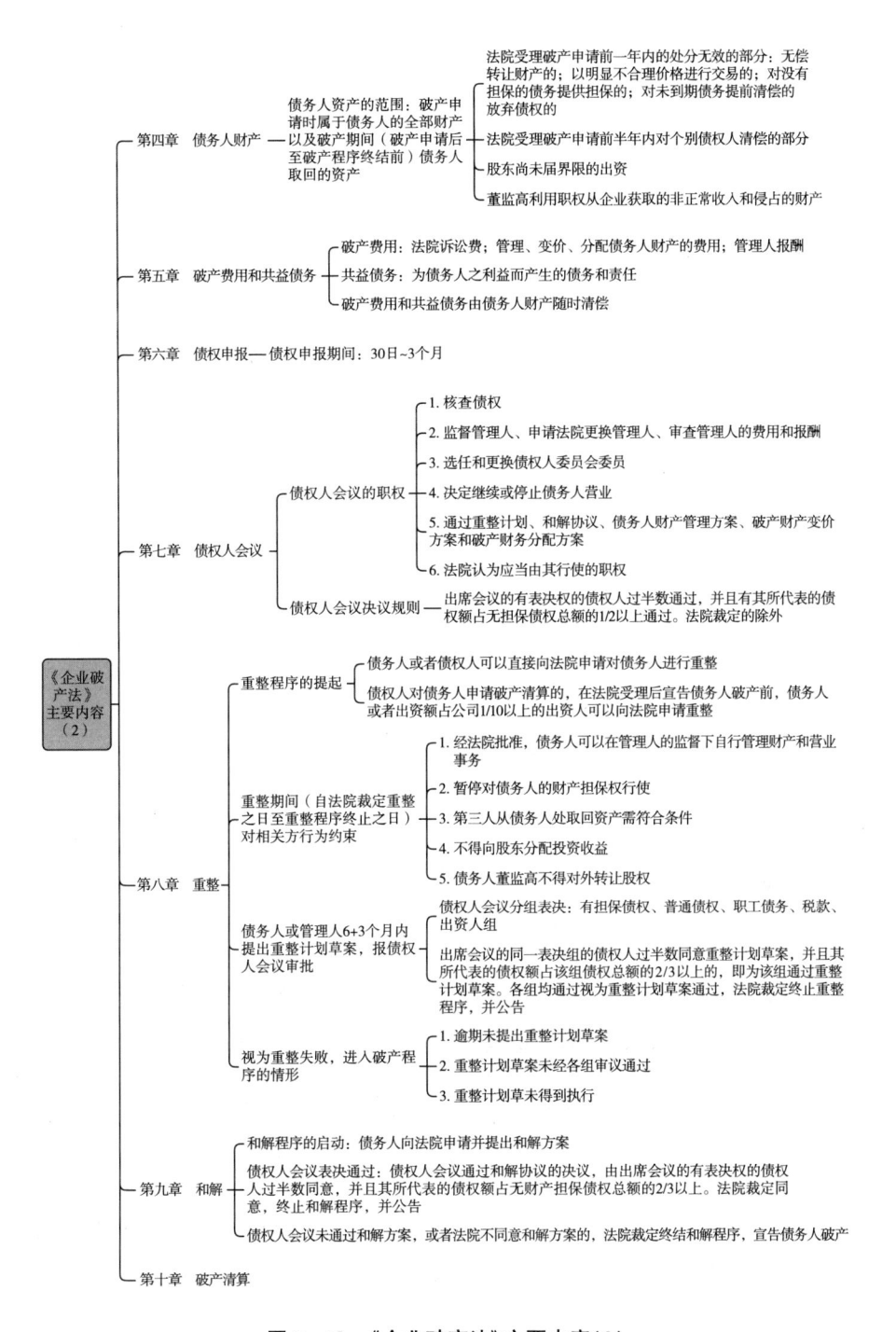

第二章 如何理解公司的法律意义——独立法人？ 143

```
《企业破产法》主要内容(2)
├─ 第四章 债务人财产
│   └─ 债务人资产的范围：破产申请时属于债务人的全部财产以及破产期间（破产申请后至破产程序终结前）债务人取回的资产
│       ├─ 法院受理破产申请前一年内的处分无效的部分：无偿转让财产的；以明显不合理价格进行交易的；对没有担保的债务提供担保的；对未到期债务提前清偿的；放弃债权的
│       ├─ 法院受理破产申请前半年内对个别债权人清偿的部分
│       ├─ 股东尚未届界限的出资
│       └─ 董监高利用职权从企业获取的非正常收入和侵占的财产
├─ 第五章 破产费用和共益债务
│   ├─ 破产费用：法院诉讼费；管理、变价、分配债务人财产的费用；管理人报酬
│   ├─ 共益债务：为债务人之利益而产生的债务和责任
│   └─ 破产费用和共益债务由债务人财产随时清偿
├─ 第六章 债权申报——债权申报期间：30日~3个月
├─ 第七章 债权人会议
│   ├─ 债权人会议的职权
│   │   ├─ 1. 核查债权
│   │   ├─ 2. 监督管理人、申请法院更换管理人、审查管理人的费用和报酬
│   │   ├─ 3. 选任和更换债权人委员会委员
│   │   ├─ 4. 决定继续或停止债务人营业
│   │   ├─ 5. 通过重整计划、和解协议、债务人财产管理方案、破产财产变价方案和破产财产分配方案
│   │   └─ 6. 法院认为应当由其行使的职权
│   └─ 债权人会议决议规则：出席会议的有表决权的债权人过半数通过，并且有其所代表的债权额占无担保债权总额的1/2以上通过。法院裁定的除外
├─ 第八章 重整
│   ├─ 重整程序的提起
│   │   ├─ 债务人或者债权人可以直接向法院申请对债务人进行重整
│   │   └─ 债权人对债务人申请破产清算的，在法院受理后宣告债务人破产前，债务人或者出资额占公司1/10以上的出资人可以向法院申请重整
│   ├─ 重整期间（自法院裁定重整之日至重整程序终止之日）对相关行为约束
│   │   ├─ 1. 经法院批准，债务人可以在管理人的监督下自行管理财产和营业事务
│   │   ├─ 2. 暂停对债务人的财产担保权行使
│   │   ├─ 3. 第三人从债务人处取回资产需符合条件
│   │   ├─ 4. 不得向股东分配投资收益
│   │   └─ 5. 债务人董监高不得对外转让股权
│   ├─ 债务人或管理人6+3个月内提出重整计划草案，报债权人会议审批
│   │   ├─ 债权人会议分组表决：有担保债权、普通债权、职工债务、税款、出资人组
│   │   └─ 出席会议的同一表决组的债权人过半数同意重整计划草案，并且其所代表的债权额占该组债权总额的2/3以上的，即为该组通过重整计划草案。各组均通过视为重整计划草案通过，法院裁定终止重整程序，并公告
│   └─ 视为重整失败，进入破产程序的情形
│       ├─ 1. 逾期未提出重整计划草案
│       ├─ 2. 重整计划草案未经各组审议通过
│       └─ 3. 重整计划草案未得到执行
├─ 第九章 和解
│   ├─ 和解程序的启动：债务人向法院申请并提出和解方案
│   ├─ 债权人会议表决通过：债权人会议通过和解协议的决议，由出席会议的有表决权的债权人过半数同意，并且其所代表的债权额占无担保债权总额的2/3以上。法院裁定同意，终止和解程序，并公告
│   └─ 债权人会议未通过和解方案，或者法院不同意和解方案的，法院裁定终结和解程序，宣告债务人破产
└─ 第十章 破产清算
```

图2-20 《企业破产法》主要内容(2)

(三)公司陷入困境资不抵债的情况下,如何处理各方利益冲突?

1. 相对于公司业务正常的情况,当公司陷入困境资不抵债时,各方利益冲突到了很难调和的程度。

(1)董事高管可能损害股东、公司和债权人利益的情形。

董事高管最了解公司业务和财务情况,时有发生损害公司利益的情形:董事高管没有预判风险并提前采取必要措施,如停止规模扩张、降低负债规模或者重组不盈利的业务/资产和团队等;在危机发生时为了保住自己的职位和薪酬而迟迟不实施自救,不积极寻找外部力量的帮助摆脱困境,致使公司错过时机而滑向深渊;更有甚者变卖公司优质资产以维持管理人团队高额的薪酬等。

董事高管损害股东利益的情形:提供虚假信息,或者隐瞒公司真实情况让原股东增资,或者在明知资产即将面临困境之前让个别股东先行退出,或者提供虚假信息引进新的投资人等。

董事高管损害债权人利益的情形:违反债权平等原则,在明知公司资不抵债且没有机会成功重整的情况下提前给个别债权人、关联方偿还债务,损害其他债权人利益等。虽然法律规定公司破产申请前6个月内对外偿还债务、以非正常价格处分资产、放弃到期债权的行为无效,但实践中发生的该等行为通常非常隐蔽,需要一些细致入微的调查才可以发现。

清算过程中董事高管未全面履行《公司法》第234条规定的忠实和勤勉义务,损害公司、股东和债权人利益的情形。

(2)有时候,股东会成为董事高管损害公司、股东和债权人利益的共同侵权人,有些行为没有股东的帮助,非股东董事高管其实是很难完成的。

随着大量困境企业破产,司法实践中会有追究上述董事高管、股东侵权行为的案件发生。

2. 如何解决问题,先从导致困境的原因入手,如图2-21所示,图中所列第1、2、4、5种情形都是公司治理的问题,如果公司在业务正常的情况下加大法人治理建设,法人治理三个层级的架构可持续建立并能够有效发挥功能,则一般可以提前应对,防止困境出现。

导致公司困境的原因：

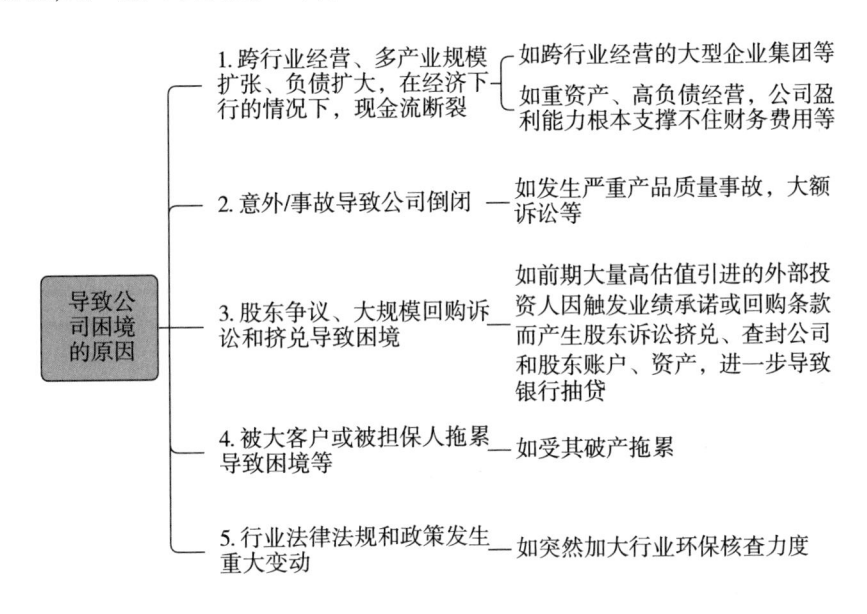

1. 跨行业经营、多产业规模扩张、负债扩大,在经济下行的情况下,现金流断裂
   - 如跨行业经营的大型企业集团等
   - 如重资产、高负债经营,公司盈利能力根本支撑不住财务费用等

2. 意外/事故导致公司倒闭
   - 如发生严重产品质量事故,大额诉讼等

3. 股东争议、大规模回购诉讼和挤兑导致困境
   - 如前期大量高估值引进的外部投资人因触发业绩承诺或回购条款而产生股东诉讼挤兑、查封公司和股东账户、资产,进一步导致银行抽贷

4. 被大客户或被担保人拖累导致困境等
   - 如受其破产拖累

5. 行业法律法规和政策发生重大变动
   - 如突然加大行业环保核查力度

图2-21 导致公司困境的原因

3. 如何应对第3种情形即股东争议、大规模回购诉讼和挤兑导致困境?

如果公司还在持续经营,有正常的订单和现金流,公司能够采取正确的方案,并提前应对,还是可以避免最坏结果的。

4. 如果公司陷入困境且重整不成功,则只能走破产的流程。在公司破产的情况下,各方的利益冲突将加剧:

（1）股东与债权人利益冲突加剧。股东权益归零,甚至此前未出资的部分也需要在公司破产时缴纳出资;但股东为公司提供担保的情况下,如果债权人不免除担保责任,股东担保责任继续存在。这种情况下,股东权益不是仅仅归零,而是负资产。

（2）债权人中有担保债权人和无担保债权人之间的利益冲突加剧。如果有担保债权人将公司资产拍卖后优先得到部分清偿,无担保债权人的债权基本也归零了。

（3）普通股东与有回购权的股东之间的利益冲突加剧。普通股东补缴出资,投资归零;有回购权的股东可以通过向公司控股股东追偿自己的投资损失;承担回购义务的控股股东可能会因此被失信、限高,需要以个人财产和家庭财产承担责任。

(四)成功重整:重建公司法律关系与各方权利义务的平衡

1. 重整过程中各方需要清晰面临的利益调整

首先,我们需要清晰地认识到,实践中大量的困境企业没有重整价值,只能走破产的道路。所谓重整价值大概体现在如下几个方面:公司拥有的核心知识产权和研发团队、公司拥有的营销网络、品牌价值、特有的资质,或者作为上市公司拥有资本市场价值(重整投资人退出渠道畅通)等。对于那些有重整价值的公司来说,把握机会实现重整成功需要重新建立公司法律关系各方的平衡关系。

其次,重整情况下,各方需要新建权利义务的平衡关系。

（1）如果重整不成功,则公司破产是唯一结果。在公司破产的情况下,股东、董事高管和普通债权人利益基本归零,当地政府的税收、就业利益也不可避免受到影响。唯一可能有所回报的是有担保的债权人。所以,各方都得清楚这个最坏的结果。

(2)如果公司有重整价值,那么一方面,公司股东、董事高管和有担保债权人都需要向新投资人让利,让利的方式包括新投资人以较低的价格获得股权、原债权人能够减少对公司债权的主张等;另一方面,如果新投资人取得公司控股权后,无意愿或能力经营管理公司,而需要依赖原公司团队,公司原股东、董事高管要充分展示忠实和勤勉尽责的能力,如积极探讨公司资产和业务、人员重组方案、主动出资和新投资人共同应对未来风险等。

(3)新投资人需要给重整公司一个相对合理的价格。所谓的相对合理是能够激发原股东、管理团队和债权人表决通过重整方案,使大家相信如果重整成功,各方都能获得高于破产清算的预期利益。否则,权益受影响的债权人和股东不会表决通过重整方案。

需要说明的是,参与重整的新投资人通常是战略投资者,或者是由财务投资人与战略投资者组成的投资组合。拯救一个具有一定规模的危困企业,是需要一些资源/市场/管理等方面的战略资源和战略协同的,单纯的财务投资人很难独立完成这项重整投资工作。

另外,对于重整中的新财务投资人来说,也有两个坎要迈过去:一是时间坎,鉴于重整的特点,财务投资人不可能像以前那样通过快进快出实现收益,要实现获利退出至少也得 3~5 年的时间,是个长期投资,不是短期投资;二是人员坎,此前 IPO 投资中财务投资人一般是"搭便车"的小股东,持股比例一般不超过 20%,但是重整投资多数是控股投资,与控股投资相对应,财务投资人需要有一支能够参与到重整项目中的经理人队伍,用于替换重整项目中不适当的财务、生产、销售、研发负责人。

(4)在重整过程中具有优势地位的主体——拥有对赌回购权的股东和有担保权的债权人,需要制定合理的方案并利用司法公权力的力量,在法律规定的表决程序中按照多数决原则解决问题。这是司法重整效率高于庭外重组的两个重要原因之一。一方面,在法院的法定程序中,重整方案的通过不需要获得每个股东或每个债权人的同意,只需要获得出资人组 2/3 以上表决,债权人组过半数参加的情况下的 2/3 以上的表决通过即可;另一方面,通过司法重整中的债权申报程序,公司债务额是确定的,不会出现或有负债的风险。

2. 实现重整成功需要各方的合力

(1)公司法律关系各方主体:原股东(有对赌回购权的股东和普通股东)、新投资人、各债权人(有担保和无担保债权人)、董事高管,需要正确认识公司各方利益所面临的必须调整的情形。

(2)重整中介机构:律师、会计师、评估师、管理咨询顾问等用扎实、高超的专业知识和技能为重整各方提供一个科学的、可行的、能够平衡各方利益并为各方所接受的重整方案。这个重整方案的推出,着实考验中介机构的专业技能和处理疑难复杂工作的能力。

(3)当地政府:由于具有重整价值的公司在当地政府具有一定的影响力,对当地政府不管是在税收还是解决劳动用工上都有贡献,当地政府积极促成重整不仅仅是一项形象工程,也符合当地政府的利益诉求。

实践中,当地政府的这个角色把握起来不是那么容易,要有所为有所不为。确实,很多项目的成功离不开当地政府的努力,如为新投资人提供利益空间、协助债务人解决困难、协调银行债权人和个别股东接受重整方案等。当然,也存在政府采取"牵线"方式不适当阻却重整的案例。处于破产过程中的公司和项目是否具有价值？具有多大的价值？如何利用才能达到价值最大化？这些问题的回答,最终只能由市场来决定。

(4) 职业经理人队伍:按照美国成熟的重整经验,新投资人要用3~5年的时间完成重整项目涅槃重生的目标,使重整项目从当前的巨额亏损和低估值到3~5年后的盈利和价值翻番。这需要不同于正常状态下生产经营和管理的思路,因此也需要不同的职业经理人来执行这一新思路。所以,成熟的且能够随时委派到重整项目中帮助企业实现重生的"带着厨具的厨子"是非常重要的。

(5) 法院:在重整过程中协助公司完成重生,法院的力量是不可忽视的。除娴熟运用法律程序解决问题外,法院和法官对复杂的破产重整商务的理解、解决复杂问题的能力确实非常重要。

(6) 合适的时机:处理公司法律关系,永远都需要一个合适时机,有时候这个时机的重要性甚至是第一位的,因为一旦错过就很难再调整出来。实践中发生了大量令人痛心的案例,公司、原股东和董事高管在公司面临困境的时候不知所措,基于恐惧迟迟不敢启动重整程序,使公司因为"冰棍理论"而失去重整价值,最终只能破产。

(五) 以"ST 金一"重整案为例,展示公司在重整过程中如何平衡各方利益

"ST 金一"(002721)公司重整方案摘要(见图2-22),可以协助大家理解重整,更多信息大家可以查阅公司公告。

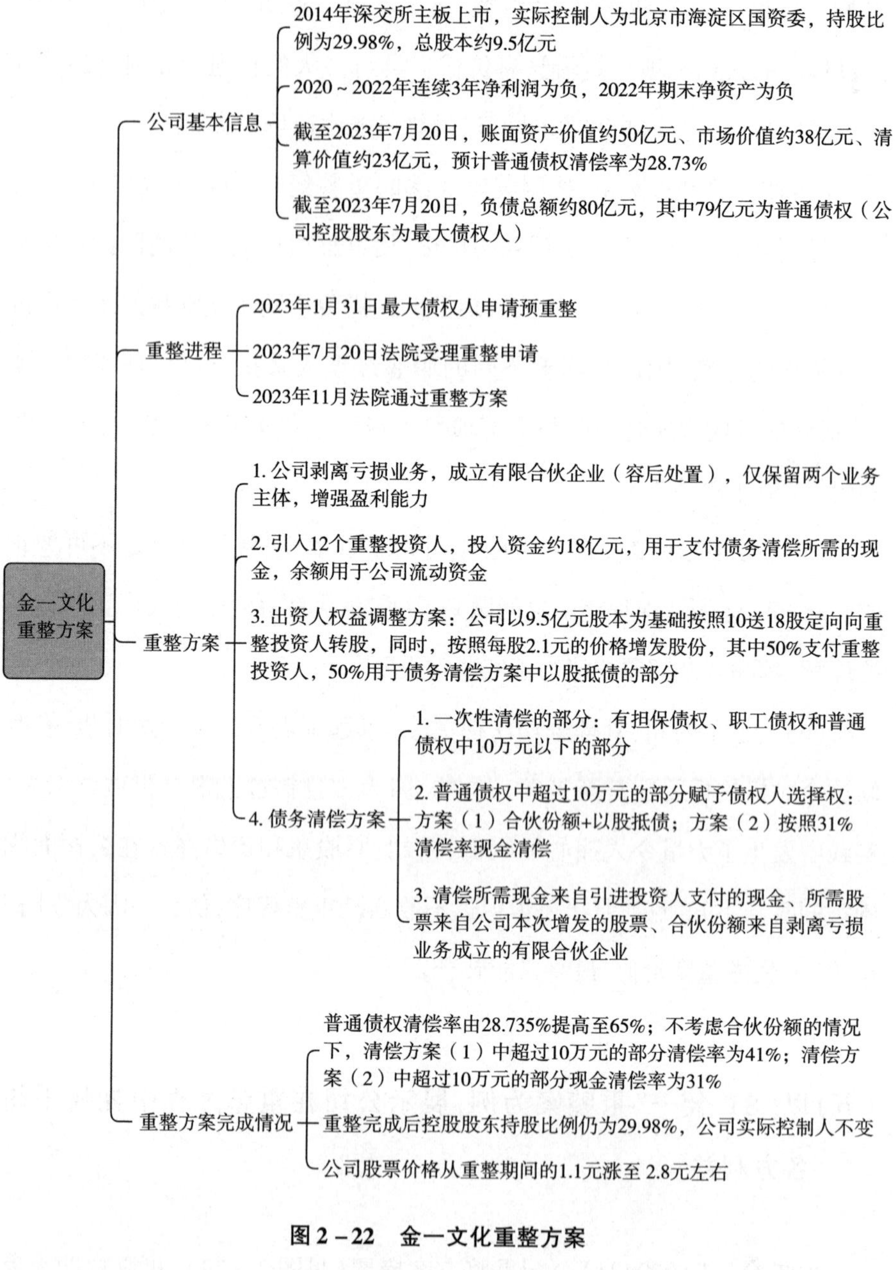

金一文化重整方案

公司基本信息
- 2014年深交所主板上市，实际控制人为北京市海淀区国资委，持股比例为29.98%，总股本约9.5亿元
- 2020~2022年连续3年净利润为负，2022年期末净资产为负
- 截至2023年7月20日，账面资产价值约50亿元、市场价值约38亿元、清算价值约23亿元，预计普通债权清偿率为28.73%
- 截至2023年7月20日，负债总额约80亿元，其中79亿元为普通债权（公司控股股东为最大债权人）

重整进程
- 2023年1月31日最大债权人申请预重整
- 2023年7月20日法院受理重整申请
- 2023年11月法院通过重整方案

重整方案

1. 公司剥离亏损业务，成立有限合伙企业（容后处置），仅保留两个业务主体，增强盈利能力

2. 引入12个重整投资人，投入资金约18亿元，用于支付债务清偿所需的现金，余额用于公司流动资金

3. 出资人权益调整方案：公司以9.5亿元股本为基础按照10送18股定向向重整投资人转股，同时，按照每股2.1元的价格增发股份，其中50%支付重整投资人，50%用于债务清偿方案中以股抵债的部分

4. 债务清偿方案：
   - 1. 一次性清偿的部分：有担保债权、职工债权和普通债权中10万元以下的部分
   - 2. 普通债权中超过10万元的部分赋予债权人选择权：方案（1）合伙份额+以股抵债；方案（2）按照31%清偿率现金清偿
   - 3. 清偿所需现金来自引进投资人支付的现金、所需股票来自公司本次增发的股票、合伙份额来自剥离亏损业务成立的有限合伙企业

重整方案完成情况
- 普通债权清偿率由28.735%提高至65%；不考虑合伙份额的情况下，清偿方案（1）中超过10万元的部分清偿率为41%；清偿方案（2）中超过10万元的部分现金清偿率为31%
- 重整完成后控股股东持股比例仍为29.98%，公司实际控制人不变
- 公司股票价格从重整期间的1.1元涨至2.8元左右

图 2–22　金一文化重整方案

(六)他山之石,可以攻玉:域外公司破产与重整

我们可以通过《拯救危困企业》①一书,了解美国企业破产与重整的相关信息。

《美国破产法》第7章清算和第11章重组是企业申请破产的主要依据。在清算和重组的情况下,收益的分配是不同的。在清算时,高等级的债权人得到足额偿付,低等级的债权人和股东可能一无所获;而在重组中,每一类债权人都可能得到部分支付,股东则得到重组后企业的部分股份。从经济效益来看,如果资产单独出售的价值大于持续经营业务的商业价值,那么选择第7章的清算程序是合算的。否则,选择第11章的重组程序更为合理。当然,大多数公司重组不成功,最终可以在第11章内进行清算或者按照第7章破产程序清算。

比较而言,小企业更倾向于依据第7章申请破产。

第7章:清算。企业一旦根据第7章规定申请破产,将会任命一个受托人(破产财产管理人,trustee),代替管理团队处理破产事务,组织债权申报、清理和出售企业的财产,将出售所得收益分配给债权人,最后解散公司。

第11章:重组。重组的根本目的是拯救企业,使企业摆脱无力偿债的困境,重新恢复生机和活力。按照第11章的要求,企业将凭借未来收益支付部分或全部债务,而不是通过出售财产来支付。按照第11章申请破产,需要进行一个"最大利益测试",这一测试保障任何组别的债权人都会收回不低于在清算方案下可以收回的金额。

---

① [美]爱德华·阿尔特曼、[美]伊迪丝·霍奇基斯、[加]王炜:《拯救危困企业》(第4版),王勇、段炼、李琳译,中国人民大学出版社2021年版。

（七）个人破产法的推出，将为落实股东有限责任提供法律支撑

1. 英国近 500 年的个人破产法立法历程[①]

我们清楚地看到，除国有企业外，公司的终极所有者将是自然人股东。从公司法角度讲，如果没有个人破产法，就意味着股东有限责任不能落到实处。从公司法的发展历程看，其也是先有个人破产法，后有公司破产法。图 2-23、图 2-24、图 2-25 展示了英国个人破产法历经 478 年的立法历程，才达到了今天的状态。

英国个人破产法立法历程（1）

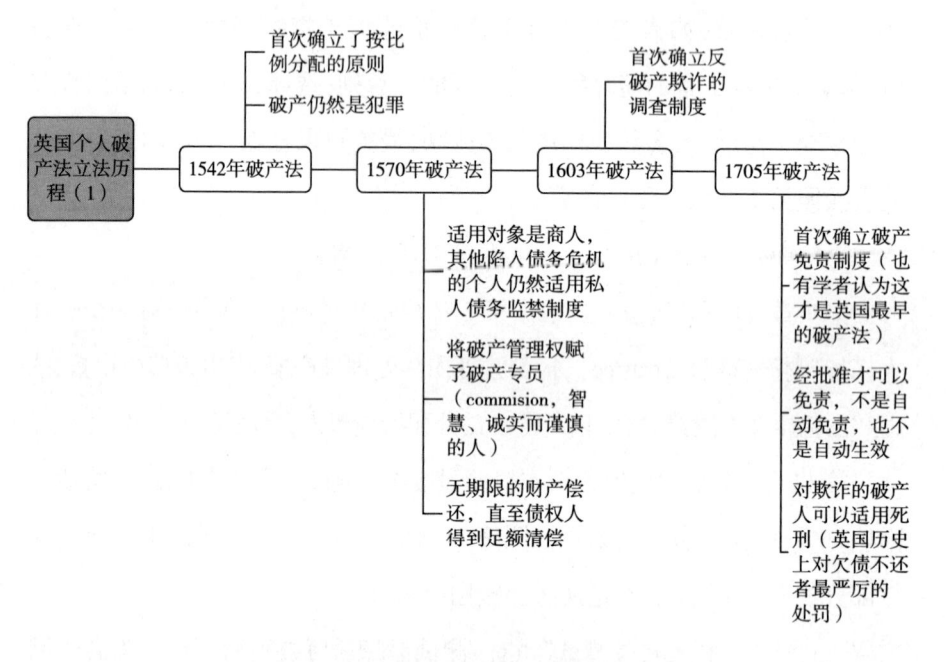

- 1542年破产法
  - 首次确立了按比例分配的原则
  - 破产仍然是犯罪
- 1570年破产法
  - 适用对象是商人，其他陷入债务危机的个人仍然适用私人债务监禁制度
  - 将破产管理权赋予破产专员（commision，智慧、诚实而谨慎的人）
  - 无期限的财产偿还，直至债权人得到足额清偿
- 1603年破产法
  - 首次确立反破产欺诈的调查制度
- 1705年破产法
  - 首次确立破产免责制度（也有学者认为这才是英国最早的破产法）
  - 经批准才可以免责，不是自动免责，也不是自动生效
  - 对欺诈的破产人可以适用死刑（英国历史上对欠债不还者最严厉的处罚）

图 2-23 英国个人破产法立法历程（1）

[①] 该部分内容摘录于徐阳光：《英国个人破产与债务清理制度》，法律出版社 2020 年版。

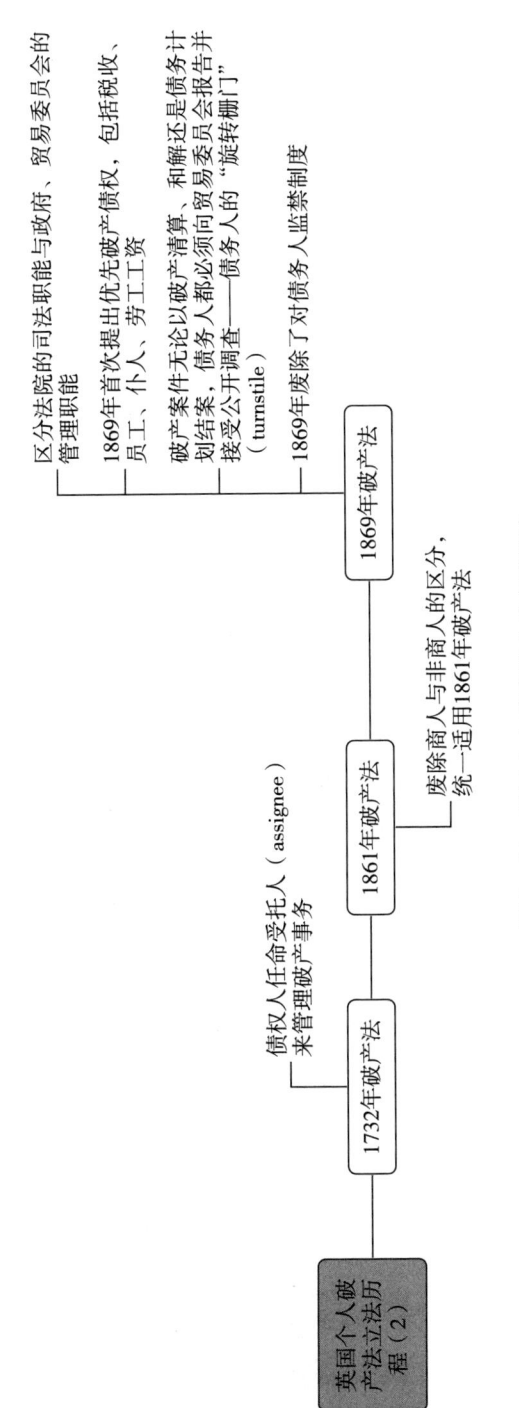

图 2-24 英国个人破产法立法历程（2）

- **英国个人破产法立法历程（2）**
  - **1732年破产法**
    - 债权人任命受托人（assignee）来管理破产事务
  - **1861年破产法**
    - 废除商人与非商人的区分，统一适用1861年破产法
  - **1869年破产法**
    - 区分法院的司法职能与政府、贸易委员会的管理职能
    - 1869年首次提出优先破产债权，包括税收、员工、仆人、劳工工资
    - 破产案件无论以破产清算、和解还是债务计划结案，债务人都必须向贸易委员会报告并接受公开调查——债务人的"旋转栅门"（turnstile）
    - 1869年废除了对债务人监禁制度

英国个人破产法立法历程(3)

1914年破产法

- 300年破产立法实践之集大成者：适用范围、程序的启动、对债务人的公开调查、和解、债务安排计划、破产宣告、对债务人的人身和财产控制、破产财产的管理变现/分配、破产管理人制度、破产免责制度等
- 仅适用于自然人破产（《1948年公司法》规定《1914年破产法》中的很多条款可以直接适用于公司破产）

1976年破产法

- 首创自动免责制度（破产宣告之日起5年期满后自动免责）
- 开启了"债务人友好型"的立法改革新时代

1986年破产法

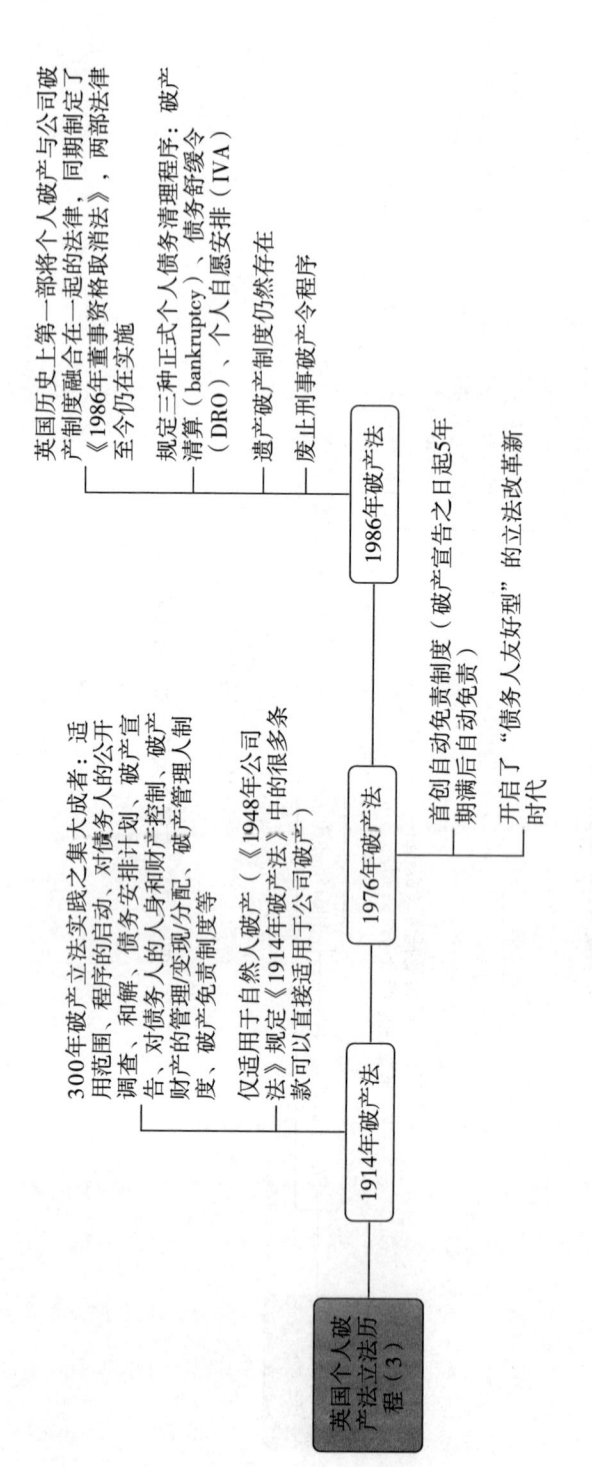

- 英国历史上第一部将个人破产与公司破产制度融合在一起制定的法律，同期制定了《1986年董事资格取消法》，两部法律至今仍在实施
- 规定三种正式个人债务清理程序：破产清算（bankruptcy）、债务舒缓令（DRO）、个人自愿安排（IVA）
- 遗产破产制度仍然存在
- 废止刑事破产全程序

图 2-25 英国个人破产法立法历程(3)

2.《科克报告》——推动英国《1986年破产法》制定的重要文件

从1977年到1980年,英国政府设立了一个由法律界和会计领域的代表以及破产管理当局共同组成的委员会,对英国当时的破产法及相关法律制度进行全面的审查评估,并形成了《科克报告》,1982年对外公布。《科克报告》成为《1986年破产法》的基础。

英国官方和学术界对《科克报告》给予了极高的评价。实践中法院在解释破产立法时,也经常引用科克报告的内容。

摘录科克报告部分内容如下:

科克报告指出,制定一部良好的破产法主要有以下目标:

①认识到我们生活的世界和财富的创造,依赖于一个建立在信用基础上的制度体系,相应的这样一个制度体系,需要由破产程序来应对它的损失。

②在早期而非晚期诊断和处理即将到来的破产情形。

③在必要的时候减轻无力偿债者,尤其是自然人的负担,保障他们免受债权人的骚扰和无理要求,兼顾无力偿债者及其家人应合法享有的权利,同时要考虑债权人的权利,因为他们自身的地位也会因破产程序而受到影响。

④防止个别债权人之间发生冲突。

⑤以最短的延误和最小的成本来变现破产财产,用于清偿债务。

⑥以公平和公正的方式在债权人之间分配变现所得,将剩余财产交还债务人。

⑦确保以可靠和称职的方式管理财产变现和分配的过程。

⑧查明债务人失败的原因。在债务人的行为或公司职员及其代理人的行为应受到批评或惩罚的时候,决定对他们实施什么样的惩罚措施。

⑨认识到破产并不只是影响债务人和债权人的利益,也影响其他社会利益或社会中其他组织的利益,应当确保这些公共利益受到认可和保障。

⑩提供制度途径,保存能够对国家经济生活作出有益贡献的有活力的商业企业。

⑪设计一套掌管破产事项的法律框架,并让该法律框架得到普遍的遵守和尊重,但又具备足够的灵活性,以适应现代世界瞬息万变的情况。特别要建立一套简单容易理解,不出现异常和矛盾,能够为解决金融和商业问题提供切实可行的解决方案且高效经济的可执行的法律制度。

⑫确保英国破产程序在国外得到应有的承认和尊重。

《科克报告》特别指出:如果这些目标被视为对现代破产法原则的一种公平描述,那么就必须从根本上修订和合并现行法律的各种法定程序,以实现这些立法的目标。在我们看来,零打碎敲或拼凑修补的时代早已过去。

3. 我国在个人破产立法上的探索

我国自 2021 年 3 月 1 日起在深圳市经济特区试点个人破产制度,目前还没有出台个人破产法。大量股东、董事长和董事因为设立公司、为公司提供担保,以及无法清偿公司债务和个人债务被失信、限高,无法恢复个人信用。从公司法角度来看,个人破产法的推出,对于最终落实股东有限责任,建立个人信用恢复机制具有积极意义,也能解决我国只有"半部破产法"的问题(一些学者在我国当前只有企业破产法而没有个人破产法的情况下,称《企业破产法》为"半部破产法")。

根据最高人民法院公布的数据,自《深圳经济特区个人破产条例》施行后,共受理个人破产申请227件,2023年首例法院裁定适用个人破产重整程序,与债权人协商免除利息和滞纳金、3年内偿还本金,提前15个月完成履约。

整理《深圳经济特区个人破产条例》(2021年3月1日起施行)部分内容供大家参考(见图2-26、图2-27、图2-28)。

《深圳经济特区个人破产条例》主要内容(1)

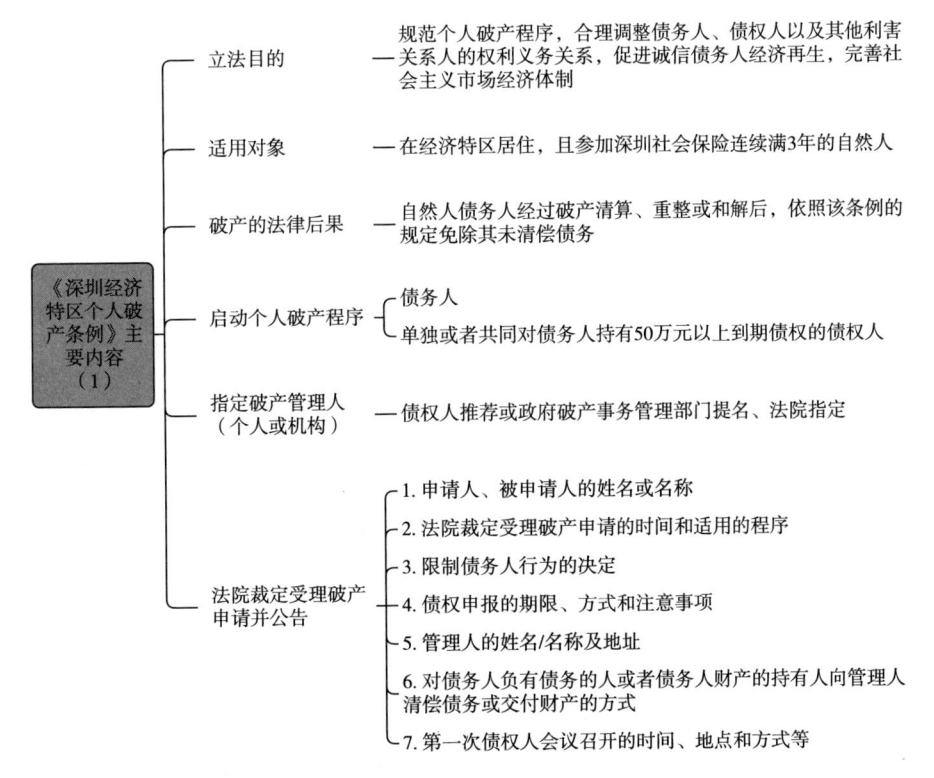

- 立法目的——规范个人破产程序,合理调整债务人、债权人以及其他利害关系人的权利义务关系,促进诚信债务人经济再生,完善社会主义市场经济体制
- 适用对象——在经济特区居住,且参加深圳社会保险连续满3年的自然人
- 破产的法律后果——自然人债务人经过破产清算、重整或和解后,依照该条例的规定免除其未清偿债务
- 启动个人破产程序——债务人;单独或者共同对债务人持有50万元以上到期债权的债权人
- 指定破产管理人(个人或机构)——债权人推荐或政府破产事务管理部门提名、法院指定
- 法院裁定受理破产申请并公告——
  1. 申请人、被申请人的姓名或名称
  2. 法院裁定受理破产申请的时间和适用的程序
  3. 限制债务人行为的决定
  4. 债权申报的期限、方式和注意事项
  5. 管理人的姓名/名称及地址
  6. 对债务人负有债务的人或者债务人财产的持有人向管理人清偿债务或交付财产的方式
  7. 第一次债权人会议召开的时间、地点和方式等

图2-26 《深圳经济特区个人破产条例》主要内容(1)

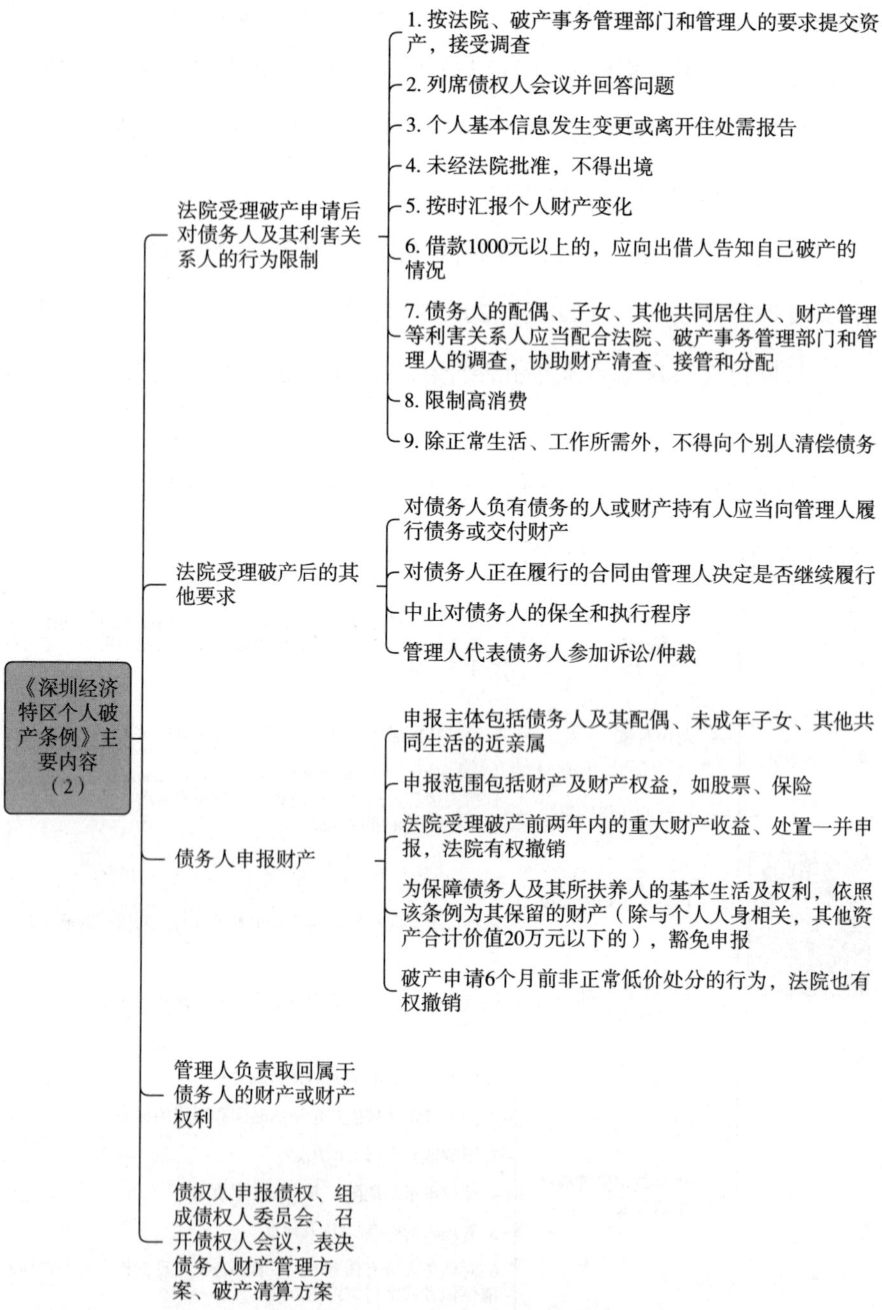

《深圳经济特区个人破产条例》主要内容（2）

法院受理破产申请后对债务人及其利害关系人的行为限制
1. 按法院、破产事务管理部门和管理人的要求提交资产，接受调查
2. 列席债权人会议并回答问题
3. 个人基本信息发生变更或离开住处需报告
4. 未经法院批准，不得出境
5. 按时汇报个人财产变化
6. 借款1000元以上的，应向出借人告知自己破产的情况
7. 债务人的配偶、子女、其他共同居住人、财产管理等利害关系人应当配合法院、破产事务管理部门和管理人的调查，协助财产清查、接管和分配
8. 限制高消费
9. 除正常生活、工作所需外，不得向个别人清偿债务

法院受理破产后的其他要求
- 对债务人负有债务的人或财产持有人应当向管理人履行债务或交付财产
- 对债务人正在履行的合同由管理人决定是否继续履行
- 中止对债务人的保全和执行程序
- 管理人代表债务人参加诉讼/仲裁

债务人申报财产
- 申报主体包括债务人及其配偶、未成年子女、其他共同生活的近亲属
- 申报范围包括财产及财产权益，如股票、保险
- 法院受理破产前两年内的重大财产收益、处置一并申报，法院有权撤销
- 为保障债务人及其所扶养人的基本生活及权利，依照该条例为其保留的财产（除与个人人身相关，其他资产合计价值20万元以下的），豁免申报
- 破产申请6个月前非正常低价处分的行为，法院也有权撤销

管理人负责取回属于债务人的财产或财产权利

债权人申报债权、组成债权人委员会、召开债权人会议，表决债务人财产管理方案、破产清算方案

图 2-27 《深圳经济特区个人破产条例》主要内容(2)

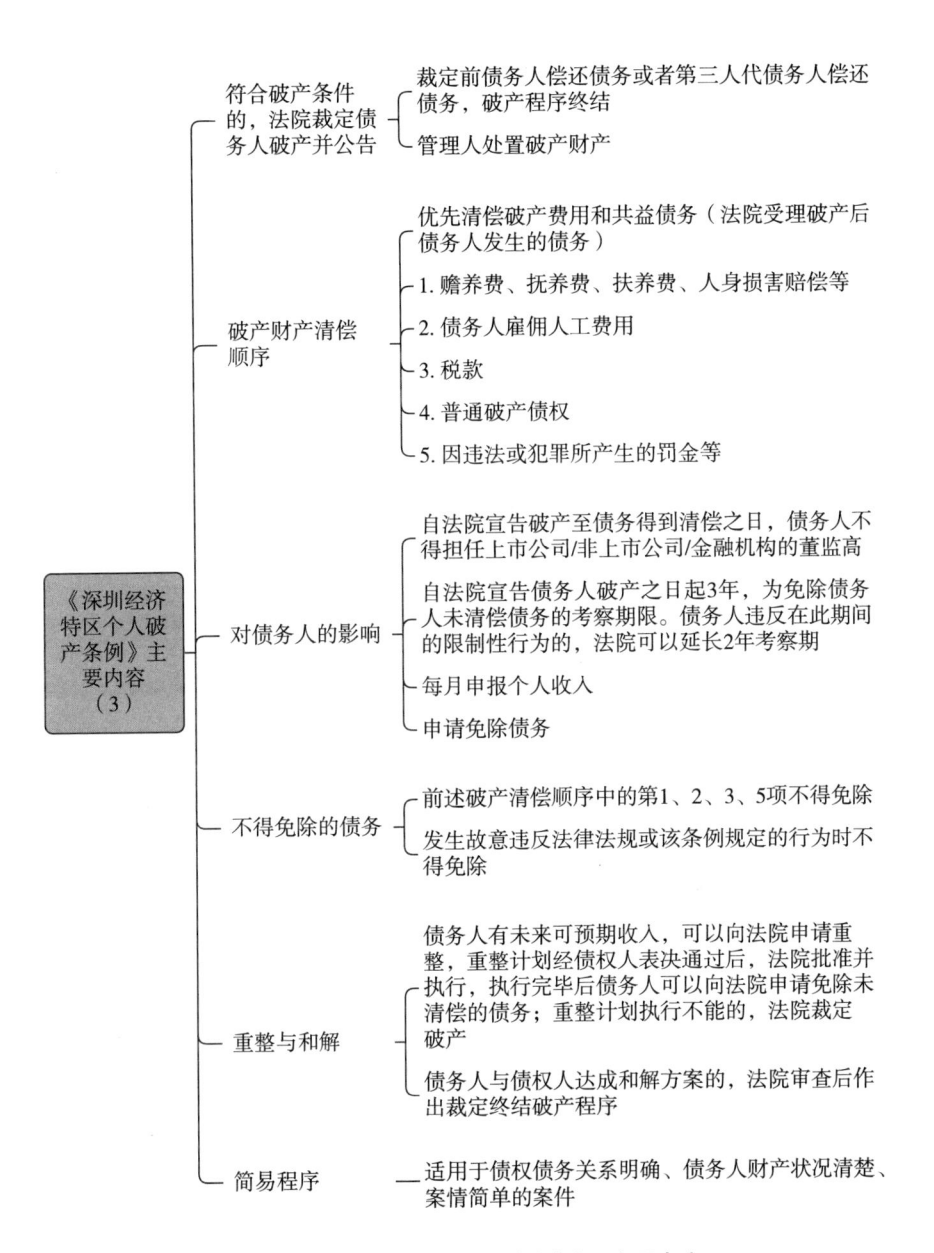

第二章　如何理解公司的法律意义——独立法人？　159

```
《深圳经济特区个人破产条例》主要内容(3)
├─ 符合破产条件的，法院裁定债务人破产并公告
│   ├─ 裁定前债务人偿还债务或者第三人代债务人偿还债务，破产程序终结
│   └─ 管理人处置破产财产
├─ 破产财产清偿顺序
│   ├─ 优先清偿破产费用和共益债务（法院受理破产后债务人发生的债务）
│   ├─ 1. 赡养费、抚养费、扶养费、人身损害赔偿等
│   ├─ 2. 债务人雇佣人工费用
│   ├─ 3. 税款
│   ├─ 4. 普通破产债权
│   └─ 5. 因违法或犯罪所产生的罚金等
├─ 对债务人的影响
│   ├─ 自法院宣告破产至债务得到清偿之日，债务人不得担任上市公司/非上市公司/金融机构的董监高
│   ├─ 自法院宣告债务人破产之日起3年，为免除债务人未清偿债务的考察期限。债务人违反在此期间的限制性行为的，法院可以延长2年考察期
│   ├─ 每月申报个人收入
│   └─ 申请免除债务
├─ 不得免除的债务
│   ├─ 前述破产清偿顺序中的第1、2、3、5项不得免除
│   └─ 发生故意违反法律法规或该条例规定的行为时不得免除
├─ 重整与和解
│   ├─ 债务人有未来可预期收入，可以向法院申请重整，重整计划经债权人表决通过后，法院批准并执行，执行完毕后债务人可以向法院申请免除未清偿的债务；重整计划执行不能的，法院裁定破产
│   └─ 债务人与债权人达成和解方案的，法院审查后作出裁定终结破产程序
└─ 简易程序 ── 适用于债权债务关系明确、债务人财产状况清楚、案情简单的案件
```

图2-28　《深圳经济特区个人破产条例》主要内容(3)

第三章

如何深入理解公司法律关系？

CHAPTER 3

一、股东之间的"爱恨情仇"

(一)股东资格

1.一般规定

设立公司的出资人为股东,《民法典》规定,自然人和法人(营利法人和非营利法人、特殊法人)都可以对外出资成立公司。既然股东的出资义务是其唯一的积极义务,那么从理论上讲,只要股东有能力完成出资,就可以成为股东。而股东用于出资的资产,只要是自己依法取得的、拥有完全所有权且所有权可以转移的资产,就可以对外出资,包括货币资产和土地、房产、知识产权、股权、债权等非货币资产。通过劳务、继承和借贷等法律行为获得的资产也可以用于出资。股东资格可以通过新设公司、受让、增资、分立、合并等法律行为初始取得,也可以通过继承、司法拍卖等方式继受取得。股东资格通过公司股东名册、出资证明以及商事登记文件记载。

自然人中的无民事行为能力人和限制民事行为能力人,如未成年人能否成为公司设立时的初始股东？法律没有禁止性规定，但本着实事求是的原则，该等自然人担任公司大股东或实际控制人显然是不适当的，因为其没有相应的能力和条件为公司重大事项作出决策。当然，其在公司成立后基于继承或法律裁判成为公司股东，并且设置了可行的代理制度，委托代理人代为行使股东权利，能够担当起法律规定的大股东义务和责任也未尝不可。

2. 法律、行政法规对股东资格的限制性规定及股权代持

虽然《公司法》对股东资格无限制性规定，但并不意味着对股东资格没有限制，因为其他相关法律、行政法规作了规定，如《公务员法》第59条第16项规定公务员不能违反有关规定对外投资，从事经营活动。法律、法规授权的具有公共事务管理职能的事业单位中除工勤人员以外的工作人员参照《公务员法》上述规定进行管理，也不能成为公司股东。军队、大专院校和国有公司等特殊单位人员对外投资也有一定的法律限制。

那有人会问，《公司法司法解释（三）》不是规定了隐名股东制度吗？有限责任公司的实际出资人可以不以自己的名义对外投资，不在公司登记资料中显名，也不实际参加公司股东会行使表决权，而由名义股东代为履行股东义务，享有出资权利，参加股东会、行使表决权，通过委托关系，最终的股权收益归实际出资人（隐名股东）。

需要注意股权代持行为属于商事行为，对于委托方来说，存在法律风险。实践中发生了大量由于股权代持引发的股东身份争议案件。

首先，根据意思自治的原则，法律通常确认该等情形在隐名股东和显名股东之间有效，但不能对抗善意第三人。

其次，委托持股协议有效的前提是不违背法律、行政法规的禁止性规定，否则无效。例如，上述法律、行政法规对外投资主体有限制规定，公务

员以其夫/妻、兄弟、姐妹、父母、子女等近亲属的名义进行投资,按照实质重于形式的基本原则,也是违反了上述规定。如果负有竞业禁止义务的董事高管通过委托他人持股的方式设立公司,违反自己的竞业禁止义务,则一般不会认定协议无效,因为这种行为并没有违反法律、行政法规的禁止性义务,而是违反了商事主体之间的合同义务。

再次,《公司法》规定,公司成立后应当向股东签发出资证明,将股东身份记载于股东名册,并以股东名册作为主张股东权利的依据。这一规定统一了此前在没有出资证明和股东名册情况下证明股东身份的做法,如支付增资款或股权转让款、参加股东会、签署公司章程、收到公司分红等。根据现行规定,如果未来隐名股东要恢复在公司的股东身份,需要经过股东会过半数股东同意,并取得公司的出资证明和股东名册登记,这增加了难度。①

最后,禁止上市公司股份代持行为,即上市公司股份代持行为一般无效。

3. 关于股权代持的案例:新疆维吾尔自治区阜康市人民法院股东资格确认纠纷[(2021)新2302民初1569号]

案件基本情况:原告与被告未签订书面的股权代持协议,亦无证据证实其与被告之间存在口头代持协议,其主张与被告之间存在股权代持合意,要求确认其为被告某矿业公司持股100%的股东。

根据庭审调查及当事人举证情况,通过以下事实可以认定原告与被告之间存在股权代持关系:

---

① 《公司法司法解释(三)》第24条第3款规定,实际出资人未经公司其他股东半数以上同意,请求公司变更股东、签发出资证明书、记载于股东名册、记载于公司章程并办公司登记机关登记的,人民法院不予支持。

一是原告与被告钟某某签订的《法定代表人聘用合同》，该合同载明公司股份实属原告所有，在被告钟某某被聘用为法定代表人期间，原告享有公司股东的一切权利和义务，原告只授权被告钟某某对公司生产经营管理。

二是被告某矿业公司作为矿业投资公司，办理探矿权证系公司的重要重大事项，根据原告、被告举证情况，探矿权证系原告具体参与办理的，办理探矿权证及矿产勘查须缴纳支付的招拍挂押金、办证税费、勘查费用均由原告及其妻子于某某支付，被告钟某某辩称系其委托原告办理，但并未提供相应的证据证实委托事实的存在及资金的性质。涉及如此重大的公司事项，没有相关证据印证有违常理。

三是原告提交的两份某矿业公司工作会议记录中明确列明了原告与被告钟某某的身份，即原告为某矿业公司的董事长，被告钟某某为总经理，于某某为财务总监，王某为办公室主任，会议亦是由原告主持召开，会议的内容涉及被告某矿业公司的具体经营管理。此外，被告钟某某亦称原告对外以被告某矿业公司董事长的身份办理业务。对于原告的以上行为，被告钟某某不仅没有提出异议，反而通过会议记录的形式予以了肯定。实际股东提供的参加公司相关会议的证据，可以作为证明其实际参与了公司的经营管理的直接证据。原告提交的会议记录可以说明原告不仅是被告某矿业公司经营管理的参与者，且对公司的各项事务具有较大程度上的控制权和决策权。

四是原告及其妻子于某某对被告某矿业公司进行了直接与间

接的出资,且资金均用于支付公司的税费、租金、技术费用等日常开支及经营。被告钟某某辩称资金往来系双方之间基于借款等其他民事债权、债务关系而产生。法院认为,资金往来的性质确实存在多种可能性,例如借款、还款、投资、赠予等。对于原告支付款项的性质,被告钟某某负有举证义务,否则应当承担举证不能的法律后果。现被告钟某某未提供任何证据证实原告及其妻子于某某支付的款项系基于其他法律关系而产生,原告及其妻子于某某向被告某矿业公司支付的款项可以认定为出资。

五是被告钟某某认可被告某矿业公司成立至今一直未分红,原告未享受过股东权益,被告钟某某亦未享受过股东权益。对于是否享有股东权利,不仅包括参与公司的分红收益,还应当包括是否实际进行公司管理经营、投资决策等。被告钟某某以原告未行使过股东权利为由否认原告实际股东身份不具有合理性。此外,对于原告及王某向被告钟某某发送的手机短信内容,被告钟某某既不予正面回应,亦不予以否认。虽然短信的内容不能作为认定原告是否系实际股东的直接证据,但可以作为原告与被告钟某某之间法律关系的间接证据。

根据法律规定,实际出资人要求显名,请求公司变更股东、签发出资证明书、记载于股东名册、记载于公司章程并办理公司登记的,需要经公司其他股东半数以上同意。但被告某矿业公司系自然人独资的有限责任公司,股东仅有一名,不存在需要经公司其他股东半数以上同意的问题。

有限责任公司实际权利人与名义权利人的关系,应当通过经营管理上的控制力及财产的实质归属来进行判定,而不能单纯地取决于公示外观。在可能存在股权代持合意的情况下,股权代持关系是否存在,应重点审查代持人是否实际出资以及是否享有股东权利。在缺乏股权代持直接证据的情况下,如实际股东提交的证据能够形成完整的证据链,证明隐名股东系实际出资人,且实际参与了公司的经营管理或对名义股东有较大的公司经营管理上的控制力,应当综合案件事实,对股权代持关系作出认定。

4. 外国投资者

为统一外国投资者(包括外国的自然人、企业或者其他组织)依据中国法律在国内投资的行为制定的《外商投资法》自2020年1月1日起施行。《中外合资经营企业法》《外资企业法》《中外合作经营企业法》同时废止。此前依照《中外合资经营企业法》《外资企业法》《中外合作经营企业法》设立的外商投资企业,在《外商投资法》施行后5年内可以继续保留原企业组织形式等,即至2025年1月1日,需统一与现行公司法接轨。

客观地说,改革开放初期设立的大量外商投资企业存在股东资格不符合法律规定的情形,即股东穿透后,部分登记中显示的外国自然人、企业或其他组织并不是真正的外国投资者。这个情况需要在2025年1月1日两法并轨前作出安排,否则公司分红等具体操作存在障碍。

5. 股东资格的取得时间

《公司法》第56条的规定是不是可以理解为股东自记载于股东名册之日起取得股东资格?

第五十六条　有限责任公司应当置备股东名册,记载下列事项:(一)股东的姓名或者名称及住所;(二)股东认缴和实缴的出资额、出资方式和出资日期;(三)出资证明书编号;(四)取得和丧失股东资格的日期。记载于股东名册的股东,可以依股东名册主张行使股东权利。

根据本书关于《公司法》强制性规定还是倡导性规定的分析,笔者认为,上述规定是倡导性规定。因此,股东资格的取得时间可以赋予公司和股东自治,自行在股权转让协议、增资协议、章程、股东会决议等文件中约定取得股东资格的时间:支付股权转让款/增资款之日,办理完毕变更登记之日,取得股东名册之日,或者股权转让协议/增资协议生效之日等。但在公司没有约定的情况下,即适用该条款来确认股东资格。

(二)股东权利及其占有、使用、收益、处分四项权能

股东权利即股权,属于民事权利中的财产所有权。财产所有权是指所有人依法对自己的财产享有占有、使用、收益和处分的权利。股权是一项特殊的财产所有权,因为它同时又具有人身属性,即股东权利的行使与股东的身份紧密相关,没有股东身份不能要求公司分配利润或剩余财产。从民法基本理论讲,股东对其股权也享有占有、使用、收益和处分四项权能,股权的这四项权能同时也能够完整表达股东权利的全部内容。

1. 股东四项权能的内容和具体表达方式

股东四项权能的内容和具体表达方式见图 3-1。

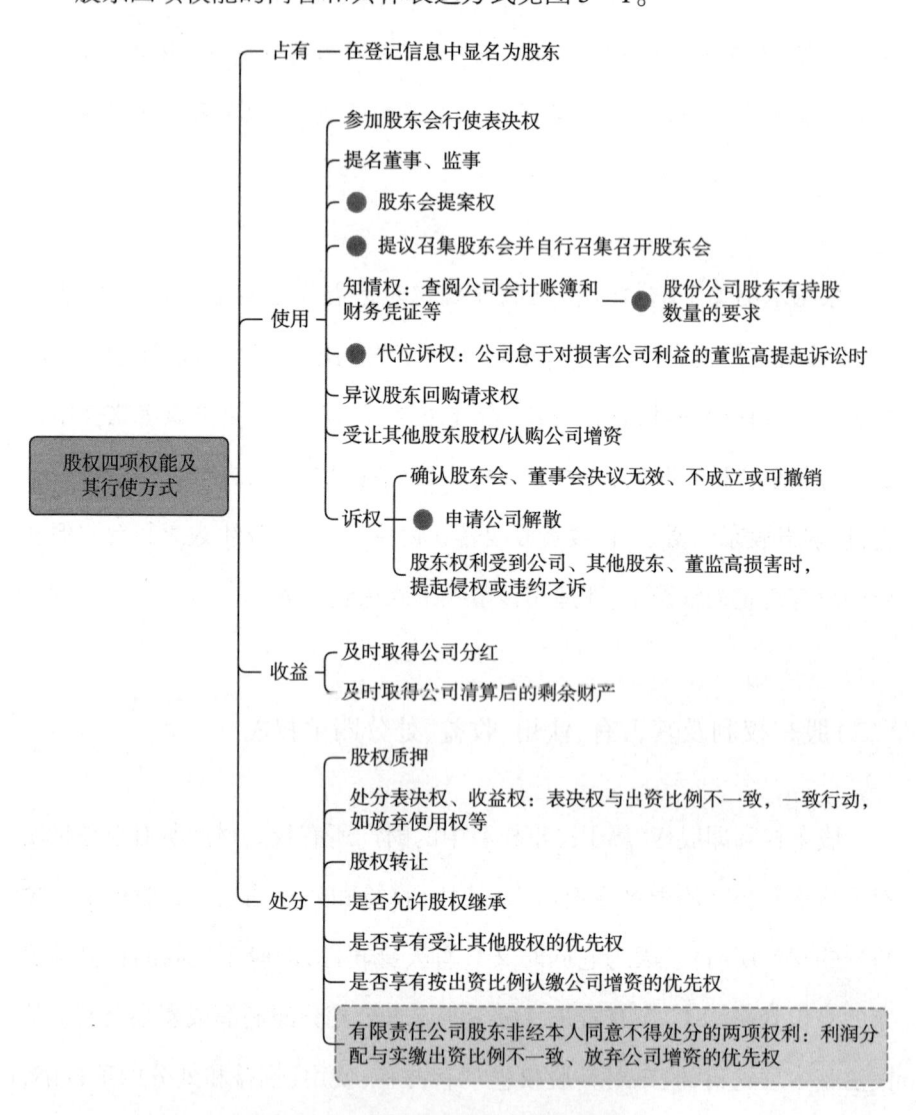

```
股权四项权能及其行使方式
├─ 占有 ── 在登记信息中显名为股东
├─ 使用
│    ├─ 参加股东会行使表决权
│    ├─ 提名董事、监事
│    ├─ ● 股东会提案权
│    ├─ ● 提议召集股东会并自行召集召开股东会
│    ├─ 知情权：查阅公司会计账簿和财务凭证等 ── 股份公司股东有持股数量的要求
│    ├─ ● 代位诉权：公司怠于对损害公司利益的董监高提起诉讼时
│    ├─ 异议股东回购请求权
│    ├─ 受让其他股东股权/认购公司增资
│    └─ 诉权
│         ├─ 确认股东会、董事会决议无效、不成立或可撤销
│         ├─ ● 申请公司解散
│         └─ 股东权利受到公司、其他股东、董监高损害时，提起侵权或违约之诉
├─ 收益
│    ├─ 及时取得公司分红
│    └─ 及时取得公司清算后的剩余财产
└─ 处分
     ├─ 股权质押
     ├─ 处分表决权、收益权：表决权与出资比例不一致，一致行动，如放弃使用权等
     ├─ 股权转让
     ├─ 是否允许股权继承
     ├─ 是否享有受让其他股权的优先权
     ├─ 是否享有按出资比例认缴公司增资的优先权
     └─ 有限责任公司股东非经本人同意不得处分的两项权利：利润分配与实缴出资比例不一致、放弃公司增资的优先权
```

图 3-1　股权四项权能及其行使方式

注：1. ● 表示：对持股比例/期间有要求。
　　2. 仅指普通股，不含类别股。
　　3. 股权占有、使用、收益权的行使对应的是公司和董事高管的义务，其实现与否取决于公司、董事高管是否能够全面履行其法定义务。
　　4. 股权处分权是股东的意思自治。

2. 与股东权利行使相关的几个问题

(1)民事权利义务对等的原则在股东权利中的体现。

基于民事权利义务对等的原则,股东权利中的占有、使用、收益权是股东的法定权利,对应的义务人是公司和董事高管。也就是说,只有公司和董事高管依法履行其法定义务,股东的上述权利才可以实现。

(2)民事权利—义务—责任对等体系在股东权利中的体现。

根据民法的权利—义务—责任体系原则,公司及董事高管怠于履行法定义务、未全面履行义务或侵犯股东的法定权利则构成责任的承担。

举例说明,如果股东欲行使知情权,要求查阅公司的章程、股东名册、股东会/董事会和监事会会议记录、财务报告、会计账簿和财务凭证,并对公司的经营提出建议或者质询,公司则有义务将上述信息和资料准备好制备于公司,供股东查询。一旦股东提出要求,公司就应当给予配合;怠于配合的,股东知情权受到侵犯的股东有权提起诉讼,要求公司履行法定义务;有损害的,还可以要求公司、有过错的董事高管给予赔偿。

(3)对有限责任公司股东来说,非经股东本人同意不得限制的两项权利——不按实缴出资比例分配利润和不按出资比例优先认缴增资。

股权既然是股东权利,就意味着既可以行使,也可以放弃;既可以自己行使,也可以委托他人行使;但其权利行使的边界是不能违反法律规定和章程约定,不能侵犯其他股东的权利、不能损害公司的利益,也不能违反自己事先与其他股东达成的合同义务。

《公司法》规定,有限责任公司股东有两项权利非经股东本人同意不得限制:一是《公司法》第210条规定的不按实缴的出资比例分配利润;二是《公司法》第227条规定的不按实缴出资比例优先认购公司增资。如果公司以股份多数决的股东会决议或章程修改的方式限制有限责任公司股东的上述两项权利,则无效。

(4)除有限责任公司股东上述两项非经本人同意不得剥夺/限制的权利外,私公司股东权利安排、处分权均可以通过章程按照股份多数决进行限定。例如,对股权转让设置限制或者无限制,表决权进行限制,等等。

(5)私公司股东取得股权在先,章程约定限制在后,对于在先的股东是否有效?

毋庸置疑,如果公司章程约定限制在前,此后无论是以股权转让还是增资方式取得的股权都需要遵守章程的约定。但是,如果此前章程没有限制约定,而在股东取得股权后,在未经全体股东同意的情况下,公司通过股东会决议和章程修改的方式增加对股权的限制,如竞业禁止,是否有效?通常认为,这种情况下的安排无效,因为在未经股东同意的情况下,作出了对其权利行使不利的安排,不符合信赖利益原则。

(6)公众公司的股东权利行使限制原则:法定限制与约定限制。

鉴于公众公司股东股票在公开的股票交易所转让,从立法角度讲,对公众公司股东股权行使的立法价值取向有二:一方面,要便利交易、鼓励交易、维护交易秩序,稳定交易成果,从这个角度讲就是要将限制限定在必要的范围内,且限制是明确的、为公众所知悉的;另一方面,要防止个别股东尤其是大股东、参与公司生产经营管理活动的股东、了解公司信息的股东利用信息不对称损害其他公众股东的合法权益,所以,要做必要的限制。符合这一条件的限制包括法定限制和约定限制。

法定限制如对上市公司董监高股份处置权的限制,任期内每年处分不超过25%,辞职后半年内不得处分。为防止董监高利用辞职规避禁售期,

2023年《公司法》修订将禁售期明确为初次限定的任期。换句话说,即使董监高辞职,其股份禁售期仍受初次约定的任职期间的限制。这种立法安排的本意是董监高作为公司内幕信息的知情人,如果不对他们的股份处置权进行一定的限制,将不利于维护处于信息不对称地位的公众股东的利益。如果预知即将发生影响股票价格下跌的重大不利信息,董监高先跑了,公众股东怎么办?

类别股与普通股相比,是指股份有限公司发行的股份表决权有差异或者收益权有差异。表决权差异是指,每一股所持有的表决权低于或高于普通股的表决权,如每股拥有0.5个表决权或10个表决权;收益权差异包括优先/劣后取得公司收益或者公司剩余财产。如当前上市公司发行的优先股就是以放弃表决权为代价而优先、固定取得公司收益权的一种类别股。类别股的发行通常用于特殊的目的,如维护公司控股权、引进战略投资者等。

除上述外,还有约定的限制,如控股股东和实际控制人在公司IPO中公开承诺3年内不转让股权,定增文件中公开承诺因此取得的股份3年内不转让,其他财务投资人承诺1年内不转让,都是股东自己同意的股权转让限制。

公众股东股权行使的限制同时构成公众股东的义务,具体见下述"上市公司控股股东、实际控制人的特别义务"部分。

3. 一致行动:资本市场常见的股权表决权意思自治安排

(1)"一致行动"一词最早见于中国证监会1997年发布的《上市公司章程指引》(证监〔1997〕16号)。

该文第41条规定:

本章程所称"控股股东"是指具备下列条件之一的股东：……（三）此人单独或者与他人一致行动时，持有公司百分之三十以上的股份；（四）此人单独或者与他人一致行动时，可以以其他方式在事实上控制公司。本条所称"一致行动"是指两个或者两个以上的人以协议的方式（不论口头或书面）达成一致，通过其中任何一人取得对公司的投票权，以达到或者巩固控制公司的目的的行为。

（2）实践中两个或两个以上的股东为谋求对公司的控制权，签署协议，表达在公司股东权利行使方面保持一致行动，即一致行动协议。一致行动协议主要内容如下：

各方需要一致行动的事项范围及于根据法律、法规和公司章程规定的需要以股东（含董事，因为部分股东同时是公司董事）身份行使的各项权利，参与公司重大事项的决策，包括：①知情权；②股东会提案权；③对董事、高管等重要人事的提名权；④提议召开股东会、董事会，并在法律规定的条件下自行召开会议；⑤参加股东会、董事会行使表决权；⑥质询权、意见和建议权；⑦监督权，异议股东回购请求权与诉讼救济、代位诉讼权；⑧股权处分权等（合称"重大事项"）。

具体一致行动的方式主要包括如下情形：①就上述重大事项行使权利时必须保持完全一致，并在董事会和股东会上行使表决权时保持完全一致；②协议中任何一方拟就上述重大事项行使权利或提起动议时需事先征求其他一致行动人的意见，并达成一致意见后，共同行使权利或提起动议；③确定协议各方达成一致意见的标准，如全体同意，或 2/3 以上同意，同时明确若不能达成一致意见的解决方案,如以其中某位股东的意见为准,或者降低达成一致的标准为 2/3 以上或 1/2 以上等。

(3)一般情况下,一致行动协议是有期限的,各股东不可能永远一致行动。所以,实践中就会出现到期解除一致行动或续签协议,未到期各方达成一致解除,或者有股东违反一致行动协议约定的情形。一方或双方违约,以及各方不能就一致行动协议的变更或解除达成一致的,只能诉请司法处理。

摘录广东省佛山市中级人民法院(2018)粤 06 民终 67 号判决,供大家理解。

该案基本事实:原告通过 DH 公司与被告三方同为广东 D 公司的股东,2011 年三方签署《一致行动协议》,约定为共同控制公司之目的在股东权利行使上一致行动;2014 年公司 IPO 终止,在新三板挂牌;2016 年公司解除了原告副董事长和总经理职务。为此,原告诉请解除一致行动协议。

判决结果:一审判决支持原告诉讼请求,允许《一致行动协议》解除;二审维持原判。

摘录二审判决书说理如下:

本案二审的争议焦点为:1.案涉《一致行动协议》应否予以解除;2.管某在《一致行动协议》履行过程中是否存在违约行为,是否应当向广东 D 公司支付 50 万元违约金。

关于案涉《一致行动协议》应否解除的问题。案涉《一致行动协议》由管某某、陈某某及某某签订,其内容无违反法律法规的效力性强制性规定,意思表示真实,本院对该合同的法律效力予以确认。

原告在本案中主张解除《一致行动协议》,被告则认为该协议应继续履行。《最高人民法院关于适用〈中华人民共和国合同法〉若干问题的解释(二)》第二十六条规定:"合同成立以后客观情况发生了当事人在订立合同时无法预见、非不可抗力造成的不属于商业风险的重大变化,继续履行合同对于一方当事人明显不公平或者不能实现合同目的,当事人请求人民法院变更或者解除合同的,人民法院应当根据公平原则,并结合案件的实际情况确定是否变更或者解除。"

首先,关于合同目的。原被告在本案中均确认案涉《一致行动协议》签订的主要目的是基于筹备广东D公司"A股"上市的需要而对公司内较为分散的股权进行约束。结合《一致行动协议》的各项条款分析,该协议对作为广东D公司实际控制人的原被告各项决策权和表决权进行了高度限制;对广东D公司的股份上市后协议各方的职务、股权的处分等情形也作出了后续安排。故此,本院对案涉《一致行动协议》的上述合同目的予以确认。

其次,关于客观情况的变化。案涉《一致行动协议》签订后,广东D公司主动请求撤回上市申请并获中国证监会批准终止上市程序,其后转为在新三板挂牌。虽然本案各方当事人未就广东

D公司撤回上市申请的原因作明确说明,但各方均确认现该司的营收处于亏损状态。在此情况下,该司显然并不符合上市条件。广东D公司虽认为其仍可重新启动上市,但并未提供证据证明其已有相应计划并予以实施。另外,原告已与广东D公司解除劳动关系,其公司董事职务亦已被解除,其已不再参与公司的经营管理和决策。

从上述情况可见,在案涉《一致行动协议》签订后,客观情况已发生重大变化,而《一致行动协议》的各项条款中未有涉及公司在上市不能的情况下对各方权利义务的处理,故本院确认上述客观情况的出现已超出了各方当事人的合理预见。

最后,关于继续履行合同是否导致对合同一方的明显不公或者合同目的不能实现。经查,自2011年8月签订该协议之日起距今已近7年,其间公司未能在主板上市,且该司目前已陷入亏损,未来于何时能达到上市条件难以确定。此外,如公司一直维持现有状态,即该司长期无法上市或拒绝上市,基于该协议的效力将使原告的股东权利一直受到限制。现原告已不再担任DH公司的法定代表人,DH公司亦明确表示不同意其代表该司行使广东D公司的股东权利。在此情况下,继续履行该协议显然与DH公司的利益相违背,而协议一方的原告作为DH公司控股股东的利益显然亦无法得到保障,对原告及DH公司均明显不公。

故此,原告在本案中主张解除案涉《一致行动协议》的请求,本院予以支持。一审判决认定事实及适用法律准确,本院予以维持。

4. 股权继承

(1) 如何理解《公司法》第90条和第167条规定的股东资格可以继承

①股权作为一项民事权利,首先具有财产属性和价值,包括按照持股比例获得股权分配、处置股权获得收益以及在公司清算时获得剩余财产所有权。所以,对于自然人股东来说,股权必然是可以继承的财产权利。但是,不同于其他财产权利,股权同时具有人身属性,必须具有股东身份才可以享有的财产权利。所以,我们可以理解《公司法》第90条和第167条规定的有限责任公司以及股份转让受限的股份有限公司可以继承的股东资格既包括财产权利也包括股东身份:自然人股东死亡后,其合法继承人可以继承股东资格;但是,(有限责任公司和股份转让受限的股份有限公司)章程另有规定的除外。

②对那些公司章程约定不允许继承的私公司来说,其不允许继承的也只能是股东身份,即自然人股东的继承人不能通过继承取得股东身份,而股权对应的财产权利部分当然是可以继承的。这样就带来了两个问题:一是公司最后的一个自然人股东的股东身份如果不允许继承,公司就只能解散、清算;如果解散、注销不符合公司的意志,那么到最后一个自然人股东的时候只能是允许继承(《合法企业法》第75条规定有限合伙企业只剩有限合伙人的,企业应当解散是同理)。二是在不允许股权继承的情况下,若触发继承情形,需通过股权转让或者公司回购的方式将该股权的财产权益

支付给继承人,同时终止其股东身份。

③对于章程约定股权可以继承的私公司的自然人股东来说,继承人可以通过继承直接取得公司的股东资格,包括通过修改公司章程、办理工商登记、变更股东名册等方式取得被继承人的股东身份(行使股权占有权),并按照公司章程的约定享有使用、收益和处分股东权利的权利。

④上市公司股东触发继承情形的,处理就非常简单,继承人持继承手续到登记结算公司办理股票过户手续,即可完成股权继承。

(2)私公司股权继承实践中的问题——允许继承的情况下

由于股权的特殊性,在允许继承的情况下,除公众公司股权继承外,其他私公司的股权继承比《民法典》继承篇规制的不涉及人身属性的单独财产继承来说要复杂得多。

①继承人之间就股权继承达成一致后要经过其他股东的同意、修改章程、公司出具出资证明才可以成为股东,享有股东权利。是否存在其他股东不同意的情形?继承人之间达成一致的方案需要以何种方式提交公司?是否必须经过公证?

②如果多个继承人长期不能就继承方案达成一致怎么办?

③继承人不能与其他股东建立信任关系、达成一致怎么办?

④是否需要对被继承人进行一定条件的限制,如年龄、行为能力的要求等?

⑤被继承的股权有权利行使限制的,如一致行动,是否一并承继?

⑥股权被多个继承人分割后,如何与原股东建立新的股东关系和法人治理架构?

(3)股权继承中的实践问题——不允许继承的情况下

①被继承人股权退出的方式是其他股东受让还是公司回购？如果是股东受让，公司有多个股东的情况下，是大股东享有优先权还是全体股东同比例享有权利？

②如何定价？

③自继承发生后，多长时间完成股权退出？

④如果继承人之间发生争议，导致继承股权迟迟无法完成，影响公司正常经营和其他股东利益的解决方案是什么？

⑤继承人与公司、其他股东发生争议的解决方案是什么？

⑥如果均不允许继承，最后一个层级的自然人股东是选择公司解散还是允许继承？这个意思表示应该由最后的股东作出决定还是自然人股东事先达成一致？

(4)股权继承中的实践问题——家族企业公司传承中的股权继承问题

对于家族企业来说，如果存在多个继承人，股权继承方案需要根据公司的继承方案，综合考虑股权的占有、使用、收益和处分权的行使，尽最大努力实现公司持续经营和家庭成员团结的目标：

①从继承角度进行初始分配的股权应相对公平，否则会引发下一代之间的矛盾，不利于家庭成员团结，最终也自然不利于企业的持续经营。如果在股权继承安排前下一代已在公司参与经营活动，可以适当多分其股权，以体现公平。股权继承初始分配后，对于承接公司经营和管理活动的子女，可以通过股权激励的方式增持股权，维护股东之间的动态平衡关系，既有利于公司，也有利于家庭成员团结。

②可以根据继承人的实际情况，将股权的占有、使用、收益和处分权分

离开来处理。例如,部分子女主观不愿意或者客观不方便实名登记股权,则可以不实名登记;表决权可以根据需要对外一致行动,但对内单独行使或者委托其他继承人行使;处分权可以进行必要的限制,如不得转让给除家庭成员之外的其他人、不能对外提供担保,如欲转让只能转让给家庭成员的其他股东并约定价格;收益权则必须获得保障以及保障的措施;鼓励继承人之间就股权的行使按照自己的意愿协商作出安排。

③约定公司重大事项股东会权限、议事规则,以及表决意见不能达成一致的解决方案。

④约定公司僵局的解决方案。

⑤约定家族成员担任公司董事高管的资格及限制。

⑥在公司发生持续亏损、会计师出具非标审计意见,以及其他超越公司经营红线情形下的解决方案,如对承接公司经营管理活动的继承人行为进行必要限制等。

⑦约定继承人获得的股权与公司法人治理架构衔接的方案。

⑧约定继承人获得的股权是否可以继承的问题,是否属于夫妻共同财产的问题。

⑨其他基于公司文化需要强调的事项等。

(三)股东的一般义务、控股股东的诚信义务

1.股东对公司、其他股东和债权人的一般义务

从公司法律关系角度来看,股东的义务可以分为对公司、对其他股东和对债权人三个层面,具体如图3-2所示。

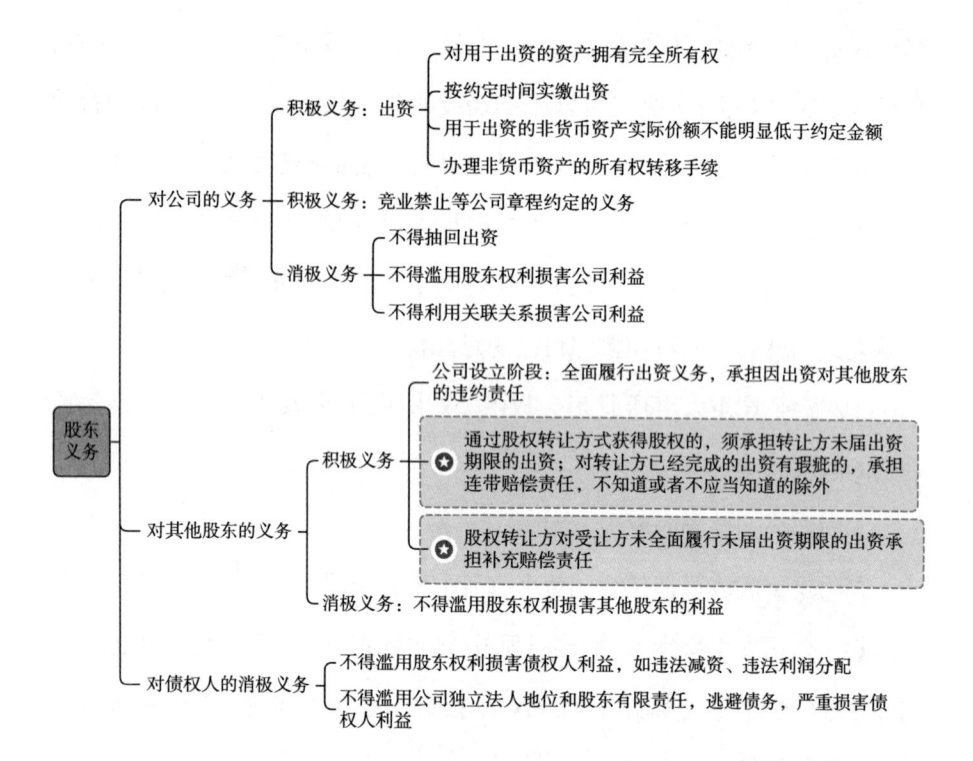

```
                    ┌─积极义务:出资─┬─对用于出资的资产拥有完全所有权
                    │                ├─按约定时间实缴出资
                    │                ├─用于出资的非货币资产实际价额不能明显低于约定金额
         ┌─对公司的义务─┤                └─办理非货币资产的所有权转移手续
         │          ├─积极义务:竞业禁止等公司章程约定的义务
         │          └─消极义务─┬─不得抽回出资
         │                    ├─不得滥用股东权利损害公司利益
         │                    └─不得利用关联关系损害公司利益
         │
股东义务─┤          ┌─积极义务─┬─公司设立阶段:全面履行出资义务,承担因出资对其他股东的违约责任
         │          │          ├─★通过股权转让方式获得股权的,须承担转让方未届出资期限的出资;对转让方已经完成的出资有瑕疵的,承担连带赔偿责任,不知道或者不应当知道的除外
         ├─对其他股东的义务─┤  └─★股权转让方对受让方未全面履行未届出资期限的出资承担补充赔偿责任
         │          └─消极义务:不得滥用股东权利损害其他股东的利益
         │
         └─对债权人的消极义务─┬─不得滥用股东权利损害债权人利益,如违法减资、违法利润分配
                              └─不得滥用公司独立法人地位和股东有限责任,逃避债务,严重损害债权人利益
```

图3-2 股东对公司、其他股东和债权人的义务

注:★表示2023年《公司法》修订新增股权转让双方义务,股权转让双方不得协议排除。

2. 控股股东的诚信义务

法律在赋予大股东控股权的同时,也设定了其不得滥用控股权的法律限制,除平等履行出资义务、依法行使股东权利等适用于全体股东的原则性规定外,公司法规定的股东义务更多是针对控股股东的(事实上,小股东、不参与公司经营和管理的股东很难从事滥用股东权利损害公司和其他股东利益的行为),具体如下:

(1)不得滥用股东权利损害公司或者其他股东的利益。

(2)不得利用关联关系损害公司或其他股东利益,如公司对股东担保应当召开股东会,关联股东需回避表决。

（3）不得滥用公司法人独立地位和股东有限责任损害公司债权人的利益，严重损害公司或关联公司债权人利益的，应当对公司的债务或关联公司的债务承担连带责任（"纵向揭开公司面纱"和"横向揭开公司面纱"）。

（4）2023年《公司法》第89条"异议股东回购请求权"新增情形，即有限责任公司的控股股东在滥用股东权利严重损害公司或股东利益的情况下，受侵权损害的股东除可以要求控股股东承担侵权责任外，还可以要求公司回购其股权。

（5）2023年《公司法》第180条新增"事实董事"的规定（"公司董事习惯于根据其指导或指令而从事的人"①可以理解为一名事实上担当董事职责的人，或者相当于现董事的影子），即公司的控股股东、实际控制人不担任董事但实际执行公司事务的，需同时遵守公司法关于董监高忠实和勤勉尽责的法定义务，并承担违反义务的法律责任。

（6）2023年《公司法》第192条新增控股股东、实际控制人指示董事高管从事损害公司或者股东利益的行为的，与该董事高管承担连带赔偿责任的规定（"影子董事"）。这事实上是民法规定的共同侵权责任。

（7）控股股东和实际控制人作为公司执行董事或者控制董事会多数席位的一方，承担搭建公司法人治理架构、建设现代企业制度以及维护其他股东权益实现的主要义务：依照法律和公司章程约定及时召集、召开董事会和股东会，并形成公司决议，建立股东会对董事会和经理层的授权/激励和约束机制并有效运行；及时向其他股东通报公司业务和经营基本情况，维护其他股东的知情权，采取一切必要措施提高公司核心竞争力和盈利能

---

① 《英国2006年公司法》（2012年修订译本），葛伟军译，法律出版社2012年版，第152～153页。

力,确保股东投资收益权的实现,以及在公司符合解散的情况下及时组成清算组进行清算等义务。

3. 竞业禁止是不是股东的法定义务

基于董监高对公司的忠实义务,董监高不得从事与公司相竞争的业务,即竞业禁止是董监高的法定义务,那么竞业禁止是不是股东的法定义务?

在IPO、上市公司收购、重大资产重组等资本市场业务实践中,通常需要审查股东是否存在和公司相竞争的业务,这是基于法律为维护公众股东利益、对上市公司法人治理的更高要求所致。对于非上市公司来说,法律不需要也不应该做强制性要求,而应当赋予公司和股东自治。究其原因,"股东比任何人都知道如何维护自己的权利"。

但是,基于控股股东的诚信义务,可以推断出控股股东和实际控制人负有不得从事和公司相竞争业务的法定义务,否则便可能构成其滥用股东权利损害公司利益和股东利益的情形。换句话说,除控股本公司外,如果控股股东还有和公司相竞争的业务,至少应当如实告知其他股东,让其他股东在获得这个信息后作出判断:是允许这种情形在一定区域、一定产品范围内继续存在还是不允许?若不允许继续存在,则可以要求控股股东限期处理,或者其他股东退出。具体如何安排需要遵从其他股东的意愿以及全体股东达成的共识。

4. 股东的约定义务

股东之间的特别约定的事项(包括约定的义务)属于股东自治和公司自治的范畴,对于公司来说,具有重要的商务意义和法律意义。一方面,有利于股东之间合作完成公司的设立和经营管理工作,防止未来发生争议;

另一方面,一旦未来发生争议,法院在很大程度上会尊重各方事先约定的规则来解决争议,"(在约定有效的情况下)有约定从约定,没有约定从法律规定"是民商事法律纠纷的基本司法原则。

实践中,适用于公司全体股东的约定义务可以列举如下:

(1)竞业禁止的义务,全体股东在持有公司股权期间不得从事与公司相竞争的业务,并明确定义竞业禁止的产品、领域、地域等。

(2)股权限售义务,如遵守其他法律、行政法规、中国证监会、交易所规则关于股权限售的规定,如禁止将股权转让与竞争对手等。

(3)商业秘密保密义务,对于持有公司股权期间获得的公司商业信息负有保密的义务,非经法律规定和公司书面同意不得对外提供等。

特别适用于控股股东和实际控制人的约定义务可以列举如下:

(1)规范关联交易的义务,列示关联公司名称,明确限定关联交易的内容、价格和股东会审议流程(控股股东回避表决的情况下),以及不得新增关联方和关联交易的约定。

(2)清理关联企业的义务,明确需清理的关联企业名称、清理的方式和时间。

(3)规范与公司之间的资金往来的义务,包括历史上形成的资金往来的清理时间、清理方式。

(4)规范董监高兼职的义务,如控股股东和实际控制人需解除在关联公司兼任的董监高职位及时间。

(5)公司高溢价引VC/PE等外部投资人时与控股股东签署的业绩承诺和回购、对赌义务等。

从实践角度讲,股东约定义务的日益清晰、明确和完善代表了商事主体的理性和成熟。

关于股东之间约定义务的体现方式,实践中有下列需要注意的事项:

(1)股东约定义务的体现方式:有时候在股东协议中体现,有时候会在股东会决议、股东会/董事会会议记录中体现。其约定的不同形式在很大程度上也会影响其效力,如股东协议是双务行为,仅对签署协议的双方或多方当事人发生法律效力,对其他人不发生法律约束力;股东会决议/董事会决议和会议记录可能会因为不能在市场监管局备案而不具有对抗(善意)第三人的效力;章程应当公示,具有对世效力。

(2)如何选择上述体现方式,股东和公司还需要根据实际情况考虑适当性问题,如有的约定确实不适合在章程中体现。但是,如何平衡这个问题的法律意义和商务意义,还需要听取法律专业人士的意见,综合确定。

(3)如果不同文件中表述不一致,有冲突怎么办?这是实践中需要关注的细节,即要保持各种约定的统一性。司法实践中存在大量案例,股东之间关于某个义务的约定在不同时期、不同法律文件中出现了差异,导致争议发生后法院很难确认当事人真实的意思表示,给争议解决带来了困惑。

5. 关于股东不得利用关联关系损害公司利益、股东利益和债权人利益:以上市公司规范关联交易为例

除公司不得直接或间接为董监高提供财务资助外,法律并不禁止关联交易,也不干涉私公司的关联交易行为,这个大家要知道。其中的原因大概有如下几个方面:

一是股东作为投资人,比任何人都知道如何保护自己的权益,这是公司法理论中的重要原则,所以,法律没有必要过分干涉。

二是公司设立和生存发展的前期,公司独立生存能力不足,就会很大程度上依赖股东的力量,关联交易不可避免,也不可能因此损害公司的利益。但是,客观上讲,股东如果通过关联交易能够让自己获得更大的利益,那么就会有操作关联交易的冲动,这符合人性。

为防止这种通过关联交易损害其他股东利益和公司利益的行为发生,法律需要给予规制。当然,实践中小股东很难通过关联交易损害公司利益和其他股东利益,所以,关联交易主要规制的对象还是大股东和实际控股人。

如《公司法》对关联关系和关联交易规制作了概括性的、原则性的规定,"关联关系,是指公司控股股东、实际控制人、董事、监事、高级管理人员与其直接或者间接控制的企业之间的关系,以及可能导致公司利益转移的其他关系。但是,国家控股的企业之间不仅因为同受国家控股而具有关联关系"。除此之外,就公司对股东提供担保的关联交易作了严格的、程序性的规定,"公司为公司股东或者实际控制人提供担保的,应当经股东会决议。且关联股东回避表决"。这些原则性规定可以为非上市公司的关联交易制度设计提供基础,即从实体上讲,公司可以从关联交易的商务合理性、必要性、对公司和其他股东利益的影响等多个角度考察;从程序上讲,需按照重要性程度经过董事会、股东会审议,关联方需回避表决。

就非上市公司而言,如果公司章程未约定关联交易的股东回避表决制度,司法实践中如何确认?以北京第三中院(2023)京03民终2062号案为例,摘录判决书中说理部分如下:

虽然现行《公司法》对股东回避表决制度仅作了有限的规定,但如果股东滥用资本多数决原则,利用关联交易损害公司或中小股东利益,对于所有类型的公司,司法实践中均可适用回避表决制度,这是关联股东对公司及其他股东的诚信义务的体现。于本案而言,郭某应回避涉案两次会议的表决程序。

上市公司因为经营和管理活动成果将对不特定的多数利益主体(股东、债券持有人、客户、供应商)产生重要影响,且通过关联交易本身也能获得巨大的利益诱惑。因此,法律特别关注对上市公司关联交易的规制,尤其是将隐瞒关联方、将关联交易非关联化的违规操作。即便如此,关联交易仍是实践中上市公司违法违规行为的重灾区:发行人在IPO过程中财务造假、股东/公司/董监高信息披露违法以及中介机构因此受到行政处罚、承担民事责任多与关联交易有关。所以,本书重点介绍证券法、中国证监会和交易所对上市公司规范关联交易的高要求。

对于非上市公司来说,如何规范股东行为和关联交易、增加控股股东义务,根据自己公司的实际情况,可以参考上市公司要求进行约定。

(1)上市公司规制的关联交易形式与分类

关联交易就是公司及公司控股子公司与关联方之间的交易,交易的形式可以非常广泛,任何权利义务的安排都是交易,不管是否有偿,具体包括:①购买或者出售资产;②对外投资(含委托理财、委托贷款等);③提供财务资助;④提供担保;⑤租入或者租出资产;⑥委托或者受托管理资产和业务;⑦赠与或者受赠资产;⑧债权、债务重组;⑨签订许可使用协议;⑩转让或者受让研究与开发项目;⑪购买原材料、燃料、动力;⑫销售产品、商品;⑬提供或者接受劳务;⑭委托或者受托销售;⑮在关联人财务公司存贷款;⑯与关联人共同投资;⑰其他通过约定可能引致资源或者义务转移的事项。

(2) 关联交易对上市公司的影响的两个层级

第一个层级是影响公司独立性。例如,公司在核心业务上使用了股东的技术或者依赖股东的销售渠道,与股东之间的采购、销售或委托生产方面的关联交易占公司全部该类交易的比例较高(如超过30%,有的情况下低于30%中介机构也会判断为较高),或者比例虽然不高,但该等交易具有不可替代性,一旦交易对方终止该等交易或者调整交易对价,都将对公司业务产生重要影响。再者,如果对交易对方存在依赖性,那么交易价格的公允性也难以得到合理支撑。因此,影响公司独立性的关联交易是不允许存在的,需要通过上市前重组处理掉。

第二个层级是不影响公司独立性。例如,拟上市公司租赁公司股东的办公楼、部分厂房,接受股东提供的水、电、食堂等公共服务,以及其他不影响独立性的采购、生产和销售业务。判断关联交易不影响公司独立性需具备两个基本条件:一是该等交易不是公司核心业务,二是该等交易是可以替代的,即如果关联方自身发生经营状况或者调整其交易对价,公司都可以随时寻找第三方,且不因此影响公司生产经营。

本书讨论的关联交易是在第二个层面上进行的,即不影响公司独立性的关联交易。

(3) 上市公司监管规则对关联交易的关注点

为防止关联股东通过关联交易损害公司和其他公众股东利益,中国证监会和交易所对关联交易作了特别关注,主要关注四个方面:

其一,关联交易的商务合理性与必要性。

其二,关联交易是否经过了内部适当的决策程序,包括董事会和股东会,在关联董事和股东回避表决的情况下,该等交易获得了非关联董事和非关联股东的批准。若由于关联董事回避表决导致有权表决董事人数低于 3 人，则需将该事项升格至股东会表决。

董事会会议中需回避表决的董事包括下列董事，或者具有下列情形之一的董事：

①为交易对方；

②为交易对方的直接或者间接控制人；

③在交易对方任职，或者在能直接或间接控制该交易对方的法人或其他组织、该交易对方直接或者间接控制的法人或其他组织任职；

④为交易对方或者其直接或者间接控制人的关系密切的家庭成员；

⑤为交易对方或者其直接或者间接控制人的董事、监事或高级管理人员的关系密切的家庭成员；

⑥中国证监会、深圳证券交易所、上海证券交易所或者上市公司基于实质重于形式原则认定的其独立商业判断可能受到影响的董事。

上市公司股东会审议关联交易事项时，需回避表决的关联股东包括下列股东或者具有下列情形之一的股东：

①为交易对方；

②为交易对方的直接或者间接控制人；

③被交易对方直接或者间接控制；

④与交易对方受同一法人、其他组织或者自然人直接或间接控制；

⑤因与交易对方或者其关联人存在尚未履行完毕的股权转让协议或者其他协议而使其表决权受到限制和影响的股东；

⑥中国证监会或者深圳、上海证券交易所认定的可能造成上市公司利益对其倾斜的股东。

其三,关联交易定价是否公允,是否符合市场定价的原则且没有因此损害上市公司利益,或者影响公司的独立性。如果价格高于市场价格则可能损害上市公司利益;反之则可能是股东及关联方向上市公司输送利益,这种情况下其实是上市公司对股东的依赖,欠缺独立性,也是不符合上市条件的。为证实价格的公允性,委托中介机构提供专业支持也是当前的通常做法。

但在上海金融法院发布的 2022 年度典型案例之四:证券虚假陈述责任纠纷案[上海市高级人民法院(2021)沪民终870号民事案件]中,法院认为"虽本案所涉重组交易中除了有独立财务顾问、审计机构、评估机构等中介服务机构外,还有某证券公司提供专业咨询意见。同时,被告中安科公司就置入资产评估项目曾召开两次专家评审会议。但被告黄某、邱某、朱某作为内部董事,过分依赖专业中介服务机构,没有尽到合理调查义务",并据此认定内部董事具有一定的过错,判令其在 2% 范围内承担赔偿责任。

其四,公司是否及时履行了信息披露的义务。

(4)关联人范畴

根据交易所上市规则,上市公司的关联人包括关联法人和关联自然人。

具有以下情形之一的法人或其他组织,为上市公司的关联法人:

①直接或者间接控制上市公司的法人或其他组织;

②由上述第①项直接或者间接控制的除上市公司及其控股子公司以外的法人或其他组织;

③由上市公司的关联自然人直接或者间接控制的,或者由关联自然人担任董事高管的除上市公司及其控股子公司以外的法人或其他组织;

④持有上市公司5%以上股份的法人或其他组织;

⑤中国证监会、交易所或者上市公司根据实质重于形式原则认定的其他与

上市公司有特殊关系,可能导致上市公司利益对其倾斜的法人或其他组织。

受同一国有资产管理机构控制的,不因此而形成关联关系(这是国内财务准则与国际财务准则在关联方认定上的一个差异),但该法人的法定代表人、总经理或者半数以上的董事兼任上市公司董事、监事或者高级管理人员的除外。

具有以下情形之一的自然人,为上市公司的关联自然人:

①直接或间接持有上市公司5%以上股份的自然人;

②上市公司董事、监事和高级管理人员;

③直接或间接控制上市公司的法人或其他组织的董事、监事和高级管理人员;

④与上述第①项和第②项所述人士关系密切的家庭成员,包括配偶、年满18周岁的子女及其配偶、父母及配偶的父母、兄弟姐妹及其配偶、配偶的兄弟姐妹、子女配偶的父母;

⑤中国证监会、交易所或者上市公司根据实质重于形式原则,认定的其他与上市公司有特殊关系可能导致上市公司利益对其倾斜的自然人。

具有以下情形之一的法人或其他组织或者自然人,视同上市公司的关联人:

①根据与上市公司或者其关联人签署的协议或者作出的安排,在协议或者安排生效后,或在未来12个月内,将具备成为上市公司关联法人或者上市公司关联自然人条件规定的情形之一;

②过去12个月内,曾经是上市公司关联法人或者关联自然人规定的情形之一。

关联方不是一成不变的,也是变动的。上市规则同时要求上市公司董事、监事、高级管理人员、持股5%以上的股东及其一致行动人、实际控制人,应当将其与上市公司存在的关联关系及时告知公司,并由公司报交易所备案。

6. 关于股东不得利用关联关系损害公司利益、股东利益和债权人利益:不得仅以程序合法为由进行抗辩

控股股东、实际控制人单独或者联合董监高利用关联交易损害公司、股东和债权人利益是实践中高发案件。《公司法司法解释(五)》第1条明确规定:

> 关联交易损害公司利益,原告公司依据公司法第二十一条规定请求控股股东、实际控制人、董事、监事、高级管理人员赔偿所造成的损失,被告仅以该交易已经履行了信息披露、经股东会或者股东大会同意等法律、行政法规或者公司章程规定的程序为由抗辩的,人民法院不予支持。

最高人民法院民二庭相关负责人就《公司法司法解释(五)》答记者问,第一次提出了规制关联交易的"公平原则":

> 规范关联交易是《规定》中的一项重要内容……但实践中发现,一些公司大股东、实际控制人和管理层,利用与公司的关联关系和控制地位,迫使公司与自己或者其他关联方从事不利益的交易,以达到挪用公司资金、转移利润的目的,严重损害公司、少数股东和债权人利益……实践中,人民法院审理公司关联交易损害责任纠纷案件时,相关行为人往往会以其行为已经履行了合法程序而进行抗辩,最主要的是经过了公司股东会或董事会决议批准,且行为人按照规定回避表决等。但是,关联交易的核心是公

平,本条司法解释强调的是尽管交易已经履行了相应的程序,但如果违反公平原则,损害公司利益,公司依然可以主张行为人承担损害赔偿责任。

我们相信,上述司法解释以及2023年修订后的《公司法》,会对解决目前司法实践中对股东侵权案件相对保守的做法起到积极的作用。这一点,域外公司法立法也值得借鉴,如《2006年英国公司法》第994条至第998条所构筑的不公平损害规则体系。①

(四)上市公司控股股东、实际控制人的特别义务

特别需要说明的是,如果上市公司无控股股东、实际控制人,公司第一大股东及其最终控制人应当比照控股股东、实际控制人,遵守交易所规则中关于控股股东和实际控制人义务的规定。

1. 基本义务

(1)信息披露义务。首先,上市公司控股股东、实际控制人在发生法律和规则规定的情形下需履行信息披露义务,且需保证披露信息的真实、准确、完整、及时、公平,不得有虚假记载、误导性陈述或者重大遗漏。《上海证券交易所股票上市规则》(2024年4月修订)4.5.3规定,出现下列情形之一的,应当及时通知上市公司,并配合公司履行信息披露义务:

(一)持有股份或者控制公司的情况发生较大变化,公司的实

---

① 刘斌:《中国公司法语境下的不公平损害救济》,载《法律适用》2023年第1期。

际控制人及其控制的其他企业从事与公司相同或者相似业务的情况发生较大变化;

(二)法院裁决禁止转让其所持股份,所持公司5%以上股份被质押、冻结、司法标记、司法拍卖、托管、设定信托或者被依法限制表决权等,或者出现被强制过户风险;

(三)拟对公司进行重大资产重组、债务重组或者业务重组;

(四)因经营状况恶化进入破产或者解散程序;

(五)出现与控股股东、实际控制人有关的传闻,对公司股票及其衍生品种交易价格可能产生较大影响;

(六)受到刑事处罚,涉嫌违法违规被中国证监会立案调查或者受到中国证监会行政处罚,或者受到其他有权机关重大行政处罚;

(七)涉嫌严重违纪违法或者职务犯罪被纪检监察机关采取留置措施且影响其履行职责;

(八)涉嫌犯罪被采取强制措施;

(九)其他可能对公司股票及其衍生品种交易价格产生较大影响的情形。

前款规定的事项出现重大进展或者变化的,控股股东、实际控制人应当将其知悉的有关情况书面告知公司,并配合公司履行信息披露义务。

(2)禁止内幕交易。禁止证券交易内幕信息的知情人和非法获取内幕信息的人利用内幕信息从事证券交易活动。内幕信息是"指证券交易活动中,涉及发行人的经营、财务或者对该发行人证券的市场价格有重大影响的尚未公开的信息"。

《证券法》规定的证券交易内幕信息的知情人包括：

（一）发行人及其董事、监事、高级管理人员；

（二）持有公司百分之五以上股份的股东及其董事、监事、高级管理人员，公司的实际控制人及其董事、监事、高级管理人员；

（三）发行人控股或者实际控制的公司及其董事、监事、高级管理人员；

（四）由于所任公司职务或者因与公司业务往来可以获取公司有关内幕信息的人员；

（五）上市公司收购人或者重大资产交易方及其控股股东、实际控制人、董事、监事和高级管理人员；

（六）因职务、工作可以获取内幕信息的证券交易场所、证券公司、证券登记结算机构、证券服务机构的有关人员；

（七）因职责、工作可以获取内幕信息的证券监督管理机构工作人员；

（八）因法定职责对证券的发行、交易或者对上市公司及其收购、重大资产交易进行管理可以获取内幕信息的有关主管部门、监管机构的工作人员；

（九）国务院证券监督管理机构规定的可以获取内幕信息的其他人员。

（3）禁止短线交易。证券法规定，上市公司、股票在国务院批准的其他全国性证券交易场所交易的公司持有5%以上股份的股东、董监高，将其持有的该公司的股票或者其他具有股权性质的证券在买入后6个月内卖出，或者在卖出后6个月内又买入，由此所得收益归该公司所有，公司董事会应当收回其所得收益。

（4）上市公司董监高所持股份的特别限售义务。持有的股份每年处分不得超过25%，离职后半年内不得处分。

（5）与上市公司进行关联交易需履行的股东会特别审议流程，包括独立董事、监事会的事先审核和独立意见并回避表决。

（6）履行在IPO、上市公司定增、发行股份购买财产等行为中作出的限售股份、规范关联交易、解决同业竞争的承诺。

（7）维护公司控股权稳定。

（8）保证公司独立性。

（9）收购上市公司需履行特别的程序和严格的义务等。

2. 上市公司收购与反收购

上市公司收购：为平等保护投资者（公众股东）利益，防止大股东滥用股东权利损害其他股东利益和上市公司利益，中国证监会制定了严格的《上市公司收购管理办法》（证监会令第227号，2025年修正），明确了禁止收购上市公司的情形，强化了股东在持股权益发生重大变动时的信息披露义务，同时，在持股数量超过30%的情况下强制要求收购人向上市公司全体或部分股东发出全面收购要约，提高了收购成本，防止中小股东在信息不对称的情况下利益受损。2024年6月，海信网能成功要约收购科林电气（603050），有兴趣可以自行查阅相关信息。

笔者整理了《上市公司收购管理办法》中规定的收购上市公司需履行的特别程序和义务，如图3-3所示。

收购上市公司需履行的特别程序和义务

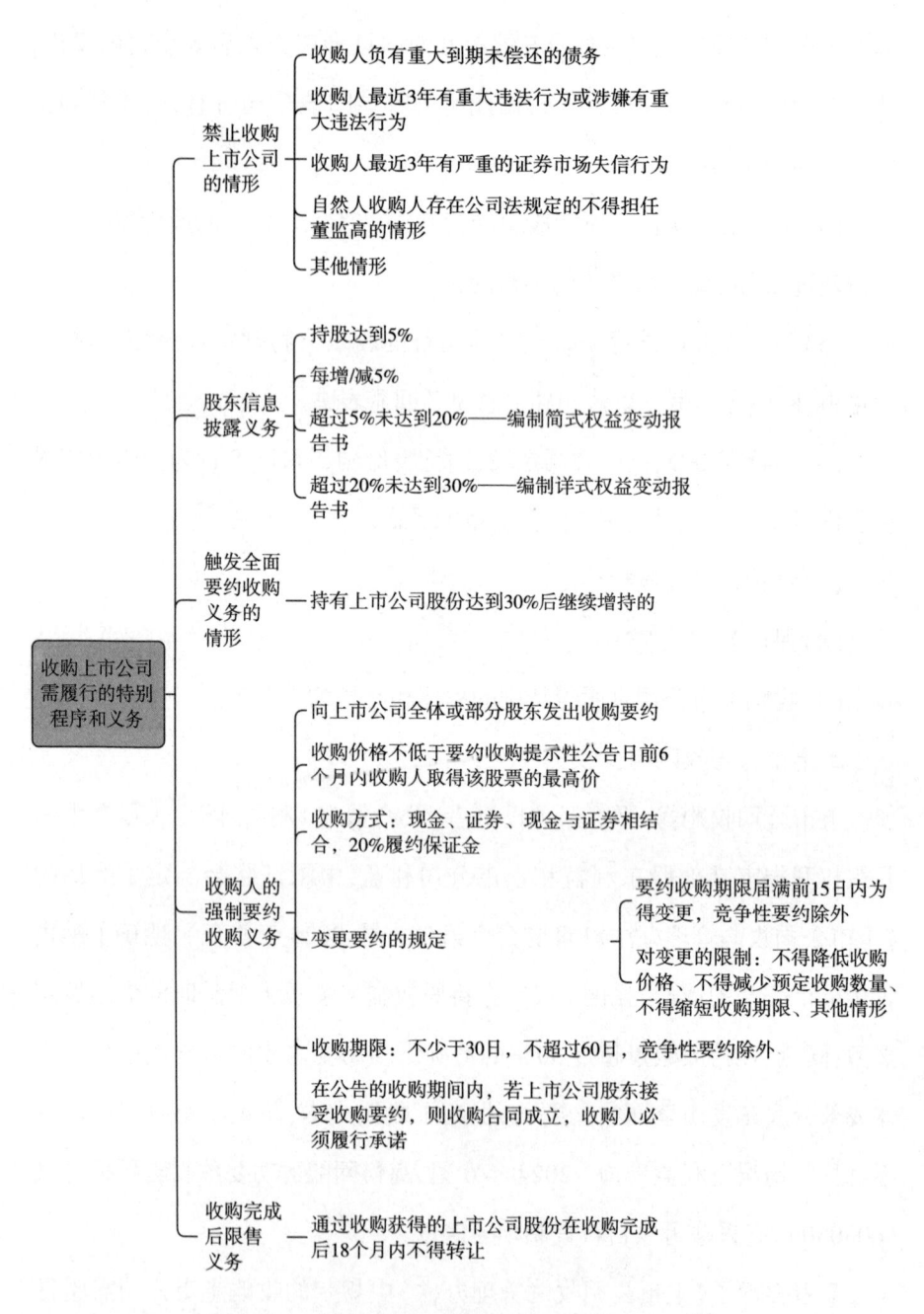

- **禁止收购上市公司的情形**
  - 收购人负有重大到期未偿还的债务
  - 收购人最近3年有重大违法行为或涉嫌有重大违法行为
  - 收购人最近3年有严重的证券市场失信行为
  - 自然人收购人存在公司法规定的不得担任董监高的情形
  - 其他情形

- **股东信息披露义务**
  - 持股达到5%
  - 每增/减5%
  - 超过5%未达到20%——编制简式权益变动报告书
  - 超过20%未达到30%——编制详式权益变动报告书

- **触发全面要约收购义务的情形**
  - 持有上市公司股份达到30%后继续增持的

- **收购人的强制要约收购义务**
  - 向上市公司全体或部分股东发出收购要约
  - 收购价格不低于要约收购提示性公告日前6个月内收购人取得该股票的最高价
  - 收购方式：现金、证券、现金与证券相结合，20%履约保证金
  - 变更要约的规定
    - 要约收购期限届满前15日内不得变更，竞争性要约除外
    - 对变更的限制：不得降低收购价格、不得减少预定收购数量、不得缩短收购期限、其他情形
  - 收购期限：不少于30日，不超过60日，竞争性要约除外
  - 在公告的收购期间内，若上市公司股东接受收购要约，则收购合同成立，收购人必须履行承诺

- **收购完成后限售义务**
  - 通过收购获得的上市公司股份在收购完成后18个月内不得转让

图3-3 收购上市公司需履行的特别程序和义务

上市公司反收购：简单地讲，世界各国公司法对反收购经历了一个从禁止到不反对的态度。美国斯坦福大学法学院教授伯纳德·S.布莱克教授在他的《美国股东积极主义与公司治理》一文中指出："与独立董事的监管或者机构投资者的干预相比，敌意收购的威胁更能有效地推动业务较差的公司进行改革。"[1]

伯纳德·S.布莱克在《外部董事的核心信义义务》一文中指出："在美国，采取反敌意要约收购的防御措施是允许的，但那些防御措施可能要受到中等法院的审查……法官非常注意维护公司收购过程中的竞争行为，也就是所谓的'公司控制权市场'（market for corporate control），并希望他们的出现……在其他国家，尤以英国为代表。有些规则对于目标公司董事采取反收购措施的能力进行限制。其基本理念是，股东，而不是董事会，应当有权决定是否接受或者拒绝一项敌意收购要约……我的总体判断是，由股东决定是否接受收购要约的英国模式，比由法院采取集中司法审查的英国模式更为可取。"[2]

"为什么收购要约人对公司的股票收购意愿比市场上的其他投资者出更高的价格呢？回答就是一旦要约人获得控制权，它能够替换目标公司的董事会并重新组建一个对股东利益更为负责的新的董事会。要约人愿意与目标公司现在的股东分享该行为的预期收益，所以交换其实施计划的机会。"[3]

笔者同意上述观点。从社会资源分配的角度讲，公司是股东设立的，但不是股东的私有财产，因为要维持公司的正常运营，需要配置全社会的

---

[1] ［美］弗兰克·H.伊斯特布鲁克等：《公司法的逻辑》，黄辉编译，法律出版社2016年版，第379页。
[2] ［美］弗兰克·H.伊斯特布鲁克等：《公司法的逻辑》，黄辉编译，法律出版社2016年版，第375~376页。
[3] ［英］保罗·戴维斯：《英国公司法精要》，樊云慧译，法律出版社2007年版，第156页。

优质资源，包括技术、研发、财务、管理、法律等各专业的董事高管的智慧、全体员工的劳动，客户、供应商和银行的支持等。法律是建立秩序、鼓励资源优化配置、维护资源有序流转的工具。所以，无论是收购还是反收购都是资本市场发展到一定阶段、相对成熟的产物，是资源配置和合理流转的市场化手段，法律当然不能禁止。

就国内来讲，对收购和反收购的关注始于"宝万之争"。关于"宝万之争"，笔者在第一版《领读公司法》中给各位作了新鲜解读。"宝万之争"后，多家上市公司开始担忧自己被反收购，纷纷出台了章程修改案，加入反收购条款。总体来说五花八门，部分条款存在违反《公司法》的强制性规定、违反董监高忠于勤勉尽责义务的规定。特别提醒大家的是，一旦发生争议，这些条款可能存在被法律判令无效的法律风险。

推荐如下做法供大家思考：

（1）章程中对董事提名、任期等作规定，适用于所有股东的制度安排。

限制股东提名的董事人数：平安集团公司章程一直保留每位股东提名董事不得超过2名的要求。

设置董事交叉任期制度：选任董事时即规定可以有不同的任期，或者届次内董事变更新当选董事按照3年任期而不统一按照届次任期，这样全体董事不会同时届满。

（2）章程中的反收购条款。在公司章程中规定构成恶意收购的条件以及恶意收购的认定（股东会通过决议认定），并在认定恶意收购成立的情况下启动反收购条款。

如设置董事轮换制度：在发生恶意收购的情况下，该届董事会任期届满的，继任董事会成员中至少有2/3的原任董事会成员连任，独立董事除外。

如对恶意收购方提名董事高管人选进行限制:要求恶意收购方提名新董事高管须具备5年以上同行业经历;要求连续3年担任公司董事的人方可担任董事长;限制恶意收购方提名的董事人数上限等。

如金降落伞条款:对无故解除未到期董监高给予高额经济补偿。

如绝对多数条款:修改章程中反收购条款需经4/5以上多数通过。

(3)"毒丸计划"、"白衣护卫"、"白衣骑士"、管理层股权激励等事先安排。

如公司在发行可转债、优先股中作出特别安排,约定恶意收购发生时公司债券将转为股份、优先股将获得表决权,构成"毒丸",增加恶意收购的难度。

如在定增中就表决权或股份出售权作出些安排,当恶意收购发生时寻找合作伙伴("白衣骑士")进行竞争性要约,也是境外可行的办法。

(4)表决权创新——资本市场成熟条件下的类别股份制度

未来,上市公司股权行使问题将更多关注表决权,尤其是没有控股股东和实际控制人、公司股权结构相对分散的公众公司表决权问题。

特别需要说明的是:①所有的反收购措施都是手段,其使用效果也是有限的,不是万能的;②上述反收购措施是把"双刃剑",既可用于反收购,也能够用于约束公司其他股东;③实践中需特别注意反收购措施的合法性问题。为此,建议大家根据自己公司的情况具体选择,并谨慎使用。

3.上市公司表决权差异安排

股东表决权差异是类别股的一种,指股东因所持股票类别不同而拥有不同的表决权,如上市公司同时发行A股和H股或A股和B股。对于公司上市前设置类别股的,为保障股东权利行使,处理类别股股东关系,并以此为基础设置法人治理架构,交易所规定了严格的法人治理和信息披露要求。有兴趣的朋友可以查阅《上海交易所股票上市规则》(2024 年 4 月修订)4.6.1 至 4.6.16 的规定。

(五)股东违反法定义务须承担的法律责任

按照民事法律关系权利义务一致的原则,股东违反积极义务或成就消极义务都将承担相应的法律责任,赔偿公司、股东、债权人因此所受到的经济损害。违反对公司的出资义务,经催缴仍不履行的,则可按照除名手续失去股东资格(股东失权制度);滥用公司独立法人地位和有限责任,逃避债务,严重损害债权人的利益的,可以按照"揭开公司面纱"制度对公司债务承担连带赔偿责任。

上市公司股东违反法定义务,如内幕交易、虚假信息披露等行为,需承担更严重的法律后果,包括交易所的自律监管措施、中国证监会行政处罚、民事赔偿责任以及刑事责任。

(六)股东之间平等的法律地位

股东之间的平等体现在《公司法》条款上的是股份有限公司关于同股同权的明确表述。事实上,即使在有限责任公司,这种平等也是实质存在的,表现在如下几个方面。

1. 股东平等地对自己的股权享有占有、使用、收益、处分的股东权利,除非其自己愿意放弃,或者按照股份多数的原则形成公司意志,否则任何人不能剥夺其权利,其权利不因股东持股比例的大小而改变。

2.股东需平等地履行法律规定的义务,并在不能全面履行义务或侵犯公司和其他股东权利的情况下承担同等的法律责任,如积极的出资义务、消极的不能滥用股东权利损害公司和其他股东利益的义务、不能抽逃出资的义务、不全面履行出资义务可以丧失股东权利等。

3.股东之间的三种连带责任。

(1)若公司设立不成,股东承担连带责任。

(2)公司设立时,股东/发起人未如约履行出资,或者非货币出资明显价值不足的,其他股东/发起人承担连带责任。

(3)股权转让受让方对转让方的瑕疵出资行为承担连带责任。

4.从实质上看,股份多数决仍然体现了股东之间的平等关系。

(1)股份多数决是公司法效率优先的立法原则在股东关系上的体现,而股份多数决的结果显然是符合多数股东的共同利益的。

(2)通过股份多数决决策的过程必须体现民主的原则,这是法律上对股东会召集、召开、通知、提案、表决等程序作强制性规定的原因。

(3)控股股东看起来是比小股东享有更多的权利,但我们一定不要忘记控股股东对公司出资更多,因此,对公司承担着更多的义务和责任。如果公司经营失败,控股股东也承担着更大的经营风险,如公司经营前期有多少公司的股东将自己的房子抵押为公司借款提供担保,夫妻二人都签名承担保证责任。而小股东的本质是"搭便车",投入小、风险也小。

5.大股东和控股股东按照股份多数决获得公司更多权利的同时,法律也赋予了他们更多的义务和责任。

6.法律赋予小股东通过诉讼主张股东会决议/董事会决议可撤销、无效或不成立的权利,借助国家公权力保护中小股东利益,维护股东之间的平衡关系。

在股份多数决原则下,中小股东由于表决权有限不能改变公司已经形成的股东会决议和董事会决议,从而无法决定公司的重大事项。所以,作为股东权利受损后的救济,从权利义务一致性角度来看,《公司法》赋予了在董事会/股东会召集和表决方式、决议内容上违反法律、行政法规规定或公司章程约定的情形下,小股东可以申请撤销决议或要求确认决议无效、不成立,用以监督大股东。

7. 法律赋予异议股东回购请求权,借助国家公权力保护中小股东利益,维护股东之间的平衡关系。

为维护股东关系的平衡,《公司法》第 89 条、第 161 条、第 162 条作出制度安排,赋予了异议股东回购请求权,即在重大情形下持有异议的股东有权要求公司按照一定的价格回购其持有的公司股份,从而退出公司,如图 3-4 所示。

异议股东回购请求权适用的情形:

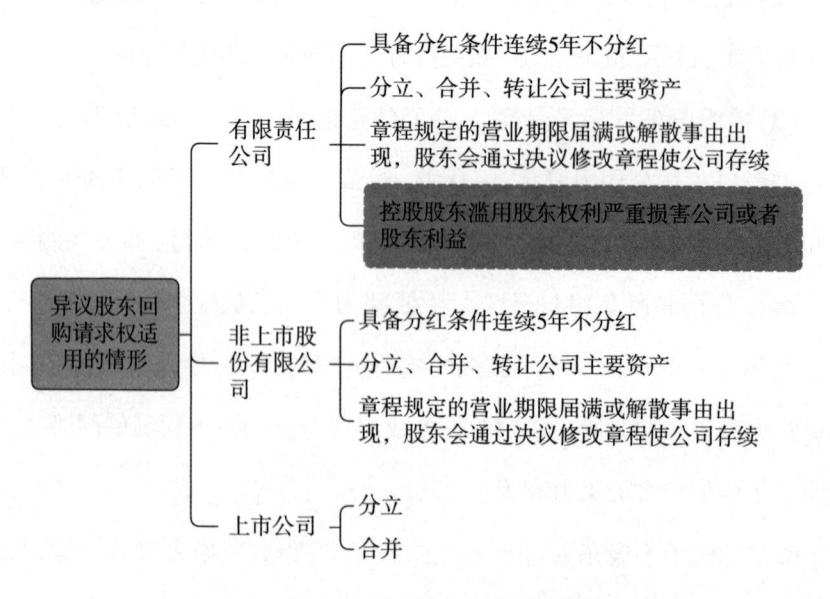

- 有限责任公司
  - 具备分红条件连续5年不分红
  - 分立、合并、转让公司主要资产
  - 章程规定的营业期限届满或解散事由出现,股东会通过决议修改章程使公司存续
  - 控股股东滥用股东权利严重损害公司或者股东利益
- 非上市股份有限公司
  - 具备分红条件连续5年不分红
  - 分立、合并、转让公司主要资产
  - 章程规定的营业期限届满或解散事由出现,股东会通过决议修改章程使公司存续
- 上市公司
  - 分立
  - 合并

图 3-4 异议股东回购请求权适用的情形

关于实践中用好异议股东回购请求权的建议：把异议股东回购请求权落到实处，对于小股东异议回购请求权的行使，仅限于法律规定的情形还不够充分。法律只规定了发生上述情形下小股东股权退出的权利，但是对退出的价格这个关键环节并未规定，事实上也无法事先作出统一的规定，这是法律、法官所不能做的事。实践中需要双方协商，但协商不成的概率较大，发生争议的可能性也较高，也不利于商务中处于弱势的小股东。解决这种被动局面的可行做法是，小股东们事先明确行使异议股东回购请求权时股权退出的价格确定的方式/公式、支付方式、支付时间等，甚至可以增加异议回购权的情形。

大量实践证明，这种事先的合理安排不仅有利于异议股东回购权的行使，也有利于约束大股东的行为，防止其滥用股权损害小股东利益情形的发生。因此，这种做法是积极、有效的。

8. 为防止小股东滥用权利损害公司和其他股东利益，法律规定需持有一定数量的股东才可以行使的权利的 5 种情形（具体见表 2－1 有限责任公司与股份有限公司主要制度异同）。

如关于公司僵局时股东诉请解散的条件，《公司法》规定，持股 10% 以上的股东可以提起诉讼要求解散公司的条件是"公司经营管理发生严重困难，继续存续会使股东利益受到重大损失，通过其他途径不能解决"。

根据《公司法司法解释（二）》的规定，下列情形认定为"公司经营发生严重困难"：

（一）公司持续两年以上无法召开股东会或者股东大会，公司经营管理发生严重困难的；

(二)股东表决时无法达到法定或者公司章程规定的比例,持续两年以上不能做出有效的股东会或者股东大会决议,公司经营管理发生严重困难的;

(三)公司董事长期冲突,且无法通过股东会或者股东大会解决,公司经营管理发生严重困难的;

(四)经营管理发生其他严重困难,公司继续存续会使股东利益受到重大损失的情形。

上述第1项、第2项、第3项情形发生时又称为"公司僵局",即股东与股东之间、股东会与董事会之间、董事与董事之间的协调机制失灵。

9. 外部股东溢价投资、与公司和/或股东签署对赌、回购协议的情况下,股东之间的平等关系还存在吗?

这是在过去10年多时间里存在的很现实的问题。由于标的公司追求高估值、投资公司追求高回报,原本平等的股东发生偏离,股东关系失衡,除个别投资人和标的公司通过这种模式实现了交易目的外,多数项目各方并没有实现预期目标。

(1)标的公司原股东和实际控制人因此失去公司控制权或失信、被限高。

(2)外部投资人目的不达,投资项目没有实现顺利退出,引发投资人内部系列纠纷,LP对GP追责等。

(3)标的公司持续经营受挫,在最严重的情况下,公司因此陷入困境、重整甚至破产的状态。

就解决当前存在的大规模对赌回购困境,本书第四章"以当前数万亿规模对赌回购纠纷为例:如何寻找合适的方案?"部分作了探讨。

(七)股东合作是实现公司成功的必要条件

1.股东之间良好的合作关系有助于公司股东在关键时刻、重要事项上形成正确的决策,有助于法人治理第二层级和第三层级架构搭建和法人治理功能实现。

2.股东之间的平等法律地位并不意味着没有利益冲突。相反,股东之间虽然有共益,但冲突无处不在。例如,追求长期利益与短期利益的冲突,为获取长期利益,大股东宁可投入高额研发费用、调整产业线和业务结构从而牺牲当前收益和分红,这种做法显然不能获得追求短期利益的其他股东的赞成;公司是追求规模做大?还是提高竞争力做强?抑或夯实法人治理做得更久?不同的战略目标决定了不同的措施:被并购股东套现还是按照公司战略布局收购其他有竞争力的业务和产品从而慢慢把公司做强等。多数股东与少数股东之间、大股东与小股东之间、创始股东与外来股东之间的冲突也无时不在。相对于股东的共同利益,冲突是个别的、短暂的,而共益是共同的、长久的。

3.处理股东之间的利益冲突和争议需要合作

国内频发利益冲突导致的股东争议事件,律师经常收到客户和大股东对小股东各种"挑剔"的抱怨,也收到小股东对大股东和实际控制人各种情形"飞扬跋扈"的不满,并长期处理股东争议案件。

如何处理冲突和股东争议?以争夺控股权为例,笔者认为控股权更多是义务和责任。如果公司现控股股东和实际控制人能在实践中担当控股股东的义务和责任,满足其他股东实现股权收益和公司成功的目标,相信其他股东很难产生争夺控股权的动机。进一步讲,其他股东即使动了这个心思,事实上也很难成功。反之,则不见得是个坏事。因为如果市场资源不能在现控股股东的主导下实现更大的价值,法律和规则就应当鼓励其流转到最能创造价值的主体手里。这也是很多国家法律对反收购从原来的坚决反对到当前不反对的主要原因。

总而言之,"幸福的家庭是相似的,不幸的家庭各有各的不幸"。无数公司成功和失败的案例证明,处理好公司法律关系,建立股东之间的充分信任、良好沟通与合作关系一定是公司成功的基本条件。缺乏这个条件,即使公司业务、技术、市场、产品和服务具有足够的竞争优势,其也难逃失败的命运。

(八)股权转让:公司法的核心特征之一

耶鲁大学法学教授亨利·汉斯曼和哈佛大学法学教授内涅尔·克拉克曼合著的《公司法的终极》一文指出:

> 我们首先必须承认:商业公司法在19世纪末已经取得了显著的世界性的融合。那时,在每一个主要的经济国家,规模大的企业已经以公司的形式来组织生产经营,并且在这些国家公司的核心功能特征在本质上不谋而合。这些特征,也能用来描述今天的公司。它们是:(1)完整的法律人格,包括明确的授权使公司受契约的约束,以及将契约和公司自己的区别于股东个人的财产结合

起来;(2)所有者和管理者的有限责任;(3)投资者分享公司所有权;(4)董事会下的委派管理;(5)可转让的股票。①

[英]保罗·戴维斯在其《英国公司法精要》中也指出:

> 公司法的五个核心的结构性特征,是独立的公司人格、有限责任、董事会结构下的集中管理、股东控制和股份的自由转让。②
>
> 股份可转让原则包括两个方面。第一个问题是,股东转让他或她在公司的权益是否对公司可利用的资源造成负面影响?这是从公司的角度谈转让的便利性。第二个问题是,在股东想转让他或她股份的任何时候,他或她是否被合法授权或实际上能够这样做。这是从股东角度讲转让的便利性。
>
> 从公司角度来看,假定当一个公司公开发行股票时,一个投资者买了那家公司的股票。在那时,资金将从投资者那里转移到公司,投资者将成为公司的股东。后来股东也许由于个人原因希望出售他或她的股票。至关重要的一点是,这种出售极少通过公司回购的方式实现……股东通常寻找另一位投资人将股票卖给他,那个投资人将接替卖者成为公司的股东。这样人们可以看到,为什么说公开发行股票的公司取得股票在公开市场交易是为了公司利益。这将极大地提高公司股票随时处理其持股的效率。于是,股票二级市场的存在也会提高投资者在公司首次发行股票时购买其股票的积

---

① [美]弗兰克·H.伊斯特布鲁克等:《公司法的逻辑》,黄辉编译,法律出版社2016年版,第402页。
② [英]保罗·戴维斯:《英国公司法精要》,樊云慧译,法律出版社2007年版,第27页。

极性。同样重要的是,股票的出售不会影响公司的资产。在出售的时候,股东将股票换回现金,但是现金来自购买股票的另一投资者,并不是来自公司。

从股东的角度来看,对于许多封闭公司来讲,公司的股票可能没有任何市场,或没有充分的市场。在这种情况下,股东便会发现,他/她自己处于不能退出公司或者只能以不理想的低价退出公司的劣势。[1]

股权转让作为公司的核心特征之一,与公司独立人格、股东有限责任和公司有限责任并重。虽然在诸多内容中都会谈及,但无论如何都值得为它做一个独立的专题。

1. 股权可转让是基本原则,不可转让是例外。

股权转让不受限制是公司法的本质特征之一,也是公司法实现鼓励投资目的的手段。对于股东按照自己的意愿决定股权转让受限的这种安排,我国给予法律上的确认和支持。

2. 对于私公司股权转让的限制多由股东意思自治,市场经济成熟的国家的法律一般不做特别多的限制。

"股东比任何人都知道如何行使自己的权利以及如何保障自己权利的实现"——这句话是公司法的谚语。当然,它适用于市场经济成熟的国家。股东的成熟当然是整个市场经济成熟的基础。在成熟的条件下,股东当然对投资设立公司、运营和管理公司有着清晰的认识和预期。例如,选择股权是否转让受限?如是,可以设置哪些设置条件、持股期限、盈利条件?限

---

[1] [英]保罗·戴维斯:《英国公司法精要》,樊云慧译,法律出版社2007年版,第23~25页。

制受让方不得为公司竞争对手？其他股东是否有优先购买权？这种情形下，法律不会过多干涉。

3. 当前国内《公司法》对股权转让作出的法律规制基本是适当的，同时，为未来公司进行私公司/公众公司、股权转让受限/股权转让不受限的分类方法迈出了很大一步。

(1)《公司法》第88条关于股权转让双方在公司出资方面的义务的规定(受让方对转让方已完成出资义务的出资瑕疵承担连带责任；受让方未按期足额缴纳出资的，转让方对此承担连带责任)，是公司利益优先，维护公司资本充实原则的体现。对于股东来说，该规定也是对各方股权转让时谨慎选择交易对方，严格调查对方信用的一个提醒。

(2) 允许非上市股份有限公司可以选择股权转让受限。

(3) 对有限责任公司内部股权转让时其他股东是否享有优先购买权，以及如何行使优先购买权等允许股东和公司自治。

(4) 私公司是否允许股权继承，以及如何约定股权继承都允许公司和股东自治。

(5) 对股权转让不受限的公众公司设置的股权转让限制条件。例如，禁止短线交易和内幕交易、董监高特别股权转让限制、控股股东的信息披露义务、股权达到一定比例的股东的信息披露义务、上市公司股权收购方的特别义务等，其都是为了维护证券市场的交易秩序，是建立一个公开、公平和公正的证券交易市场所必需的。

当然，对公众公司股东作出的股权转让限制是否基于上述立法宗旨，是我们判断该等限制是否合法、适当的一个很重要的角度。

(6) 2023年《公司法》修订删除了股份有限公司发起人股份1年内不

得转让的限制,以及首次公开发行股份控股股东和实际控制人 3 年内不得转让股份的法定限制。

(九)案例:股东滥用股东权利损害其他股东利益[①]

案件基本事实:原告(上诉人)李某与被告(被上诉人)董某以及案外人曹某均系阔疆公司股东,李某和曹某系一致行动人,合计持有公司 2/3 以上的股权。2023 年 4 月 9 日,原告与曹某在被告不同意的情况下作出股东会决议,要求被告加速出资,并在其未按照股东会决议完成加速出资的情况下对其股东资格进行除名。

一审、二审法院均认为该等情形构成原告(上诉人)滥用股东权利损害被告(被上诉人)的股东权利,股东会决议无效。

摘录二审法院判决说理部分如下:

二审法院认为,本案的争议焦点为:

1. 该案是否存在股东李某、曹某滥用股东权利、损害股东董某利益的情形。

2. 本案是否存在股东加速出资的事由。

焦点一,股东会的决议属于公司自治领域的事项,其有效性无须通过司法程序加以确认。考察司法是否有必要介入公司治理,主要考虑股东提出确认股东会决议有效的请求是否具有可诉性。本案中,李某主张股东会决议有效,而董某则主张该决议不

[①] 陕西省渭南市中级人民法院[(2024)陕 05 民终 1976 号]。

成立,因该股东会决议的效力不明确,双方对加速出资等问题存在较大争议,客观上会影响阔疆公司正常经营,故李某对确认决议有效的请求具有诉的利益。有限责任公司章程或股东出资协议确定的公司注册资本出资期限系股东之间达成的合意,除法律规定或存在其他合理性、紧迫性事由需要修改出资期限的情形外,股东会会议作出修改出资期限的决议应经全体股东一致通过。本案中,在董某中途离场的情况下,李某、曹某经2/3以上表决权通过股东会决议,要求董某1个月内完成出资。该股东会决议并非是全体股东的合意变更,而是对董某自益权的非善意处分,该决议事项实质上已超越了股东会的职权范围,损害了董某的合法利益,构成《公司法》第二十条规定的公司股东滥用权利。

焦点二,根据《公司法》第五十四条规定:公司不能清偿到期债务的,公司或者已到期债权的债权人有权要求已认缴出资但未届出资期限的股东提前缴纳出资。二审中,李某提供了其对阔疆公司的债权,以证明符合提前缴纳出资的法定事由,但其提交的相关证据仅能证明公司对外经营的相关情况,并不足以证明公司对外存在债务,也无法证明已经达到公司资产不足以清偿债务、需要股东出资期限提前的紧迫状态。李某提及的需扩大生产投资情形并非提前缴纳出资的法定事由,本院不予支持。

综上,上诉人的上诉请求缺乏事实依据,本院不予支持。一审判决认定事实清楚,判处得当,应予维持。

二、股东与公司之间的"新型亲子关系"

股东是公司设立行为的发动者,也是公司持续经营和盈利的最大利益获得者。如果用婚姻关系类比股东关系,股东与公司之间的关系也可以类比为亲子关系,股东既能从公司获得经济利益,公司的设立又寄托了股东的情怀。毋庸置疑,孩子/公司的自立是父母/股东最大的成功。二者的自立表现形式有些差异,对于孩子来说,能够不依赖父母独立处理好自己的事业和家庭事务就是自立。公司的自立标准要更高一些,除了能够不依赖股东,独立经营和持续经营外,还要实现给股东以经济利益的回报。

(一)股东对公司的义务与责任

1. 股东对公司需承担的法定义务、约定义务

如图3-2股东义务所示,股东对公司的积极义务是出资,以及不竞业禁止等章程约定的合同义务(如有),消极义务是不抽逃出资、不滥用股东

权利损害公司利益。股东违反自己的法定义务和约定义务给公司造成经济损失的,要承担赔偿责任。

2. 实践中存在的股东滥用股东权利损害公司利益的情形

(1)未全面履行出资义务:不按章程安排的时间、金额履行出资、出资完成后抽逃、非货币出资金额明显不足等。

(2)未履行股东会审议和关联股东回避程序,在其他股东不同意的情况下公司为股东提供了担保,且最终承担了担保责任。

(3)利用关联关系损害公司利益。虽然法律并不禁止关联交易,但是判断关联交易是否损害了公司利益,要综合考察关联交易的必要性、商业合理性、价格公允性以及股东会审核程序的合法性,不能仅仅因为关联交易履行了股东会审议和回避程序就免除可能侵权的法律责任。

(4)不当干预公司正常生产经营行为,导致公司因人格混同、过度支配与控制、资本显著不足而被否定法人人格。

(二)公司对股东的义务与责任

一方面,按照民事权利义务一致性原则,前述图 3-1 所示股东对股权的占有、使用、收益的权利都是公司和董事高管的对应义务,如果董事高管不能全面履行自己的义务,公司也需要向股东承担侵权责任。

另一方面,在公司对股东的"一揽子"义务中,处于首位的是保障股东收益权的实现,这是公司作为营利法人的设立目标和宗旨。

1. 公司未全面履行对股东的法定义务导致股东权利无法实现的情形

公司未全面履行对股东的法定义务导致股东权利无法实现的情形见图 3-5,该等情形与图 3-1 股权四项权能及其行使方式一一对应。

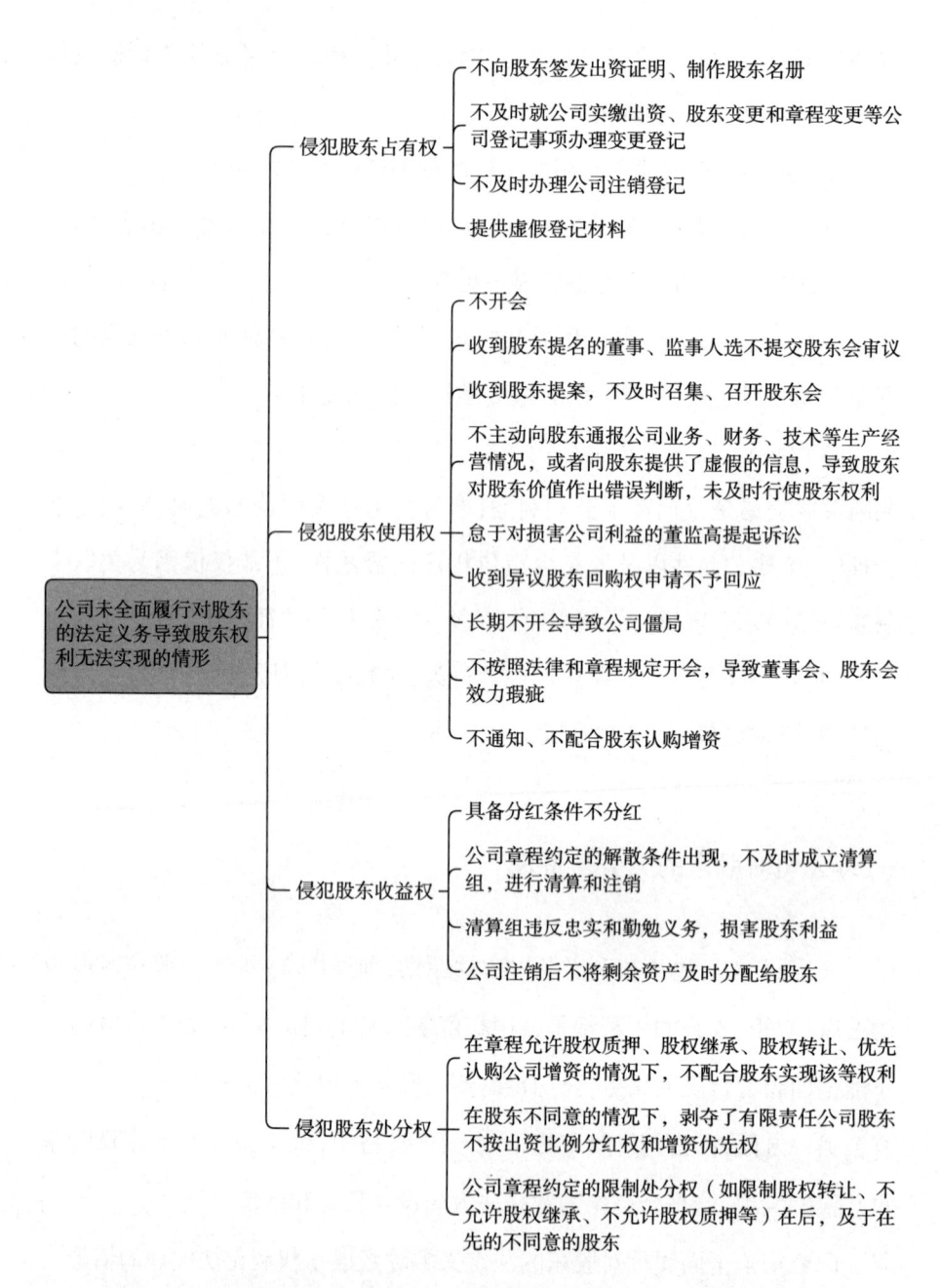

```
公司未全面履行对股东的法定义务导致股东权利无法实现的情形
├─ 侵犯股东占有权
│   ├─ 不向股东签发出资证明、制作股东名册
│   ├─ 不及时就公司实缴出资、股东变更和章程变更等公司登记事项办理变更登记
│   ├─ 不及时办理公司注销登记
│   └─ 提供虚假登记材料
│
├─ 侵犯股东使用权
│   ├─ 不开会
│   ├─ 收到股东提名的董事、监事人选不提交股东会审议
│   ├─ 收到股东提案，不及时召集、召开股东会
│   ├─ 不主动向股东通报公司业务、财务、技术等生产经营情况，或者向股东提供了虚假的信息，导致股东对股东价值作出错误判断，未及时行使股东权利
│   ├─ 怠于对损害公司利益的董监高提起诉讼
│   ├─ 收到异议股东回购权申请不予回应
│   ├─ 长期不开会导致公司僵局
│   ├─ 不按照法律和章程规定开会，导致董事会、股东会效力瑕疵
│   └─ 不通知、不配合股东认购增资
│
├─ 侵犯股东收益权
│   ├─ 具备分红条件不分红
│   ├─ 公司章程约定的解散条件出现，不及时成立清算组，进行清算和注销
│   ├─ 清算组违反忠实和勤勉义务，损害股东利益
│   └─ 公司注销后不将剩余资产及时分配给股东
│
└─ 侵犯股东处分权
    ├─ 在章程允许股权质押、股权继承、股权转让、优先认购公司增资的情况下，不配合股东实现该等权利
    ├─ 在股东不同意的情况下，剥夺了有限责任公司股东不按出资比例分红权和增资优先权
    └─ 公司章程约定的限制处分权（如限制股权转让、不允许股权继承、不允许股权质押等）在后，及于在先的不同意的股东
```

图 3–5　公司未全面履行对股东的法定义务导致股东权利无法实现的情形

2. 上市公司对股东的特别义务:信息披露

上市公司,即股份转让不受限的公司,除上述必要的法定限制外,其股东可以在公开交易场所不受其他非法限制买卖股票,以保障交易秩序、稳定交易成果。股票——从一定程度上讲是公司提供的产品,公司将自己的经营成果和未来预期作为产品提供给市场,所以,卖方(公司)负有品质担保的义务。当然,"买方自负(法律风险)"也是公开交易市场的基本原则,其适用的前提条件是公司承担了品质担保的责任,客观、如实、诚实信用地向市场提供了影响股票价格和价值判断的全部信息;同时,由于公司经营状况和财务成果是变动的,所以,公司的信息披露义务也是动态的。

综合上述原则,上市公司对股东的特别义务包括如下几个方面:

(1)平等对待所有股东,确保现有股东、潜在投资人能够及时、同时、平等地获得影响公司价值和股票价格的全面信息。包含该等信息的文件包括 **IPO** 申报文件、公司年度报告(包含经审计的财务报告)、中期报告以及临时报告(尚未被公众所知悉的可能对股票交易价格产生较大影响的重大事件,并说明事件的起因、目前的状态和可能产生的法律后果),以及上市公司在定向增发、收购、发行股份购买资产、发行债券及其他金融衍生品种中披露的信息。公司经营成果和财务数据是主要信息。

(2)保障所提供的信息真实、准确、完整,简明清晰,通俗易懂,不得有虚假记载、误导性陈述或者重大遗漏。同时,因为统一证券交易市场的存在,交易所还规定了信息披露的统一格式。

(3)除上市公司年报、半年报、三会(股东会、董事会、监事会)会议通知和会议决议等法定信息披露事项外,上市公司应及时披露那些可能对股票交易价格产生重大影响的事件。《证券法》规定的上市公司、公司债券上市交易的公司、股票在国务院批准的其他全国性证券交易场所交易的公司在临时公告中应当披露的重大事件包括：

（一）公司的经营方针和经营范围的重大变化；

（二）公司的重大投资行为，公司在一年内购买、出售重大资产超过公司资产总额百分之三十，或者公司营业用主要资产的抵押、质押、出售或者报废一次超过该资产的百分之三十；

（三）公司订立重要合同、提供重大担保或者从事关联交易，可能对公司的资产、负债、权益和经营成果产生重要影响；

（四）公司发生重大债务和未能清偿到期重大债务的违约情况；

（五）公司发生重大亏损或者重大损失；

（六）公司生产经营的外部条件发生的重大变化；

（七）公司的董事、三分之一以上监事或者经理发生变动，董事长或者经理无法履行职责；

（八）持有公司百分之五以上股份的股东或者实际控制人持有股份或者控制公司的情况发生较大变化，公司的实际控制人及其控制的其他企业从事与公司相同或者相似业务的情况发生较大变化；

（九）公司分配股利、增资的计划，公司股权结构的重要变化，公司减资、合并、分立、解散及申请破产的决定，或者依法进入破产程序、被责令关闭；

（十）涉及公司的重大诉讼、仲裁，股东大会、董事会决议被依法撤销或者宣告无效；

（十一）涉嫌犯罪被依法立案调查，公司的控股股东、实际控制人、董事、监事、高级管理人员涉嫌犯罪被依法采取强制措施；

（十二）国务院证券监督管理机构规定的其他事项。

3. 上市公司及相关方违反信息披露义务构成证券虚假陈述侵权责任及集团诉讼

当前阶段，信息披露违法行为自然是我国证券市场建设的最大障碍，这也是证监会反复强调"保护投资者合法权益是我们工作的重中之重"的原因。

为保护投资者(公众股东)合法权益，中国证监会下设中小投资者服务中心(以下简称投服中心)，作为专门的投资者保护机构。《证券法》规定，因公司欺诈发行、虚假陈述或者其他重大违法行为给投资者造成损失，投资者提起虚假陈述等证券民事赔偿诉讼时，因该等诉讼标的是同一种类，且当事人一方人数众多的，可以依法推选代表人进行集团诉讼，投服中心就可以作为特别代表人代表投资者提起诉讼。

审理集团诉讼时，法院可以发出公告，说明该诉讼请求的案件情况，通知投资者在一定期间向法院登记。法院作出的判决、裁定，对参加登记的投资者发生效力。需要特别说明的是，我国法律对证券民事赔偿集团诉讼规定了"默示加入，明示退出"的规则，即除非投资者明确表示不愿意参加该诉讼，否则视为其同意作为案件原告参加诉讼。

国内根据集团诉讼审理的第一案是康美药业证券虚假陈述案。根据康美药业公告的信息，因康美药业在股票发行和信息披露过程中财务造假侵犯投资者合法权益,投服中心代表 55,326 名投资者作为原告向康美药业及相关人员提起民事侵权赔偿诉讼。2021 年 11 月 12 日,法院判决康美药业、公司实际控制人、董事长、总经理、部分中介机构及 13 名时任部分董事高管和独立董事向 52,037 名投资者支付总计 24.59 亿元的赔偿。公司实际控制人和部分高管同时承担了行政责任和刑事责任。公司也因重大证券违法行为进入了破产重整程序。

(三)公司全面维护股东利益,防止侵犯股东权益的关键

1. 尊重股东,尊重股东的权益。

2. 好好开会,确保按照法律规定和公司章程约定的时间和流程及时召开股东会会议,集合股东的意见依法形成公司的意志,在决策层面作出正确的决策。

3. 依法全面履行信息披露义务,确保不损害股东利益。

4. 做好法人治理架构,建立有效的公司决策—执行—监督和纠错机制,以及对董监高科学的授权、激励和约束机制,通过制度激发善意和创造力,确保公司持续盈利,保障股东投资目的实现。

三、公司与董监高：劳动关系还是委托代理关系或者兼而有之？

(一)董监高在公司法律关系中的重要性

公司作为拟制的人，其所有的活动都是通过人来完成的，所以，董监高在公司法律关系中具有重要地位。公司法律关系的平衡和维系、公司是否能够实现投资目标都是通过董监高来完成的。

股东作为公司的设立者和启动者，在公司设立动作完成后，可以参与公司经营管理活动，也可以不参与公司经营管理活动。对于大量亲自参与经营管理活动的股东而言，这时候股东身份事实上已经被董监高身份吸收，他们是公司"事实董事/高管"。因此，董监高在公司法律关系中具有重要地位，是公司法律关系的核心。

法律所称的董事、监事、高级管理人员均指按照法律和公司章程，经过从提名到召开董事会/股东会并形成有效决议选举的法定程序，由公司聘任并发放薪酬，在章程中约定高管的范畴，如总经理、副总经理、财务负责人、销售负责人、技术负责人等,并进行登记的董监高。上市公司董事会秘书是法律规定的高级管理人员,专职负责信息披露事务。本书所称董监高也在上述范围内使用,未经过法定选举和聘任程序并在市场监管部门登记的人员不属于法律上的董监高范畴。

但在责任承担上,尤其是《公司法》规定的行政责任承担和刑事责任承担上,超过了公司法、证券法规定的董监高范畴。这是需要大家注意的问题。

关于公司与董监高之间的法律关系,不同的角度有不同的答案:从民法角度讲,董事/董事长/法定代表人以公司的名义、为公司利益、受公司委托从事重大事项决策和执行等行为,双方之间是委托代理关系;从劳动法角度讲,公司与董监高签署劳动合同或者聘用合同,除不在公司领取薪酬的外,公司对董监高支付工资和报酬/津贴,所以,他们之间也存在劳动关系。

综上,笔者认为,公司与董监高之间的法律关系是综合的、立体的,单一法律关系无法全面诠释。这种关系最终在公司法上体现为两个方面:一方面是公司对董监高的授权、激励与约束,另一方面是董监高对公司的忠实和勤勉义务。

(二)董监高的消极任职资格

董事、监事与公司经理层管理人员以其专业知识和技能为公司提供决策和经营管理事务。因此,对董事和高级管理人员的任职资格,《公司法》第178条第1款规定了不能担任董监高的消极条件:

(一)无民事行为能力或者限制民事行为能力;
(二)因贪污、贿赂、侵占财产、挪用财产或者破坏社会主义市

场经济秩序,被判处刑罚,或者因犯罪被剥夺政治权利,执行期满未逾五年,被宣告缓刑的,自缓刑考验期满之日起未逾二年;

(三)担任破产清算的公司、企业的董事或者厂长、经理,对该公司、企业的破产负有个人责任的,自该公司、企业破产清算完结之日起未逾三年;

(四)担任因违法被吊销营业执照、责令关闭的公司、企业的法定代表人,并负有个人责任的,自该公司、企业被吊销营业执照、责令关闭之日起未逾三年;

(五)个人因所负数额较大债务到期未清偿被法院列为失信被执行人。

除上述规定外,实践中一般还要考虑该等人员与上家公司是否依法解除了劳动合同?是否存在未了事项?上家对其有无竞业禁止的限制?关于个人所负大额到期债务的条件,基于以下两个原因考虑:一是这种数额较大的个人债务产生的原因是什么?是否在此前生产经营过程中经营能力不够导致错误决策?二是作为公司代理人如果存在大额到期债务可能会影响其对公司的管理行为,短期行为、发生职务侵占的风险等。

(三)董监高对公司的忠实与勤勉义务

1.董监高对公司负有忠实、勤勉尽责义务源于《民法典》委托代理的基本法律关系

从人性角度讲,作为职业经理人的董监高如果不是公司股东,公司最

终经营成果与其个人利益关系并不紧密,那么存在"花别人的钱不心痛"这种心态是合理的。当公司利益与个人利益发生冲突时,个人利益优先也是符合人性的。谈到这个问题的时候,让人不禁想起最早的东印度公司要求董事必须持有公司股权的智慧。

从民事的代理法律关系角度讲,董事高管作为"执行法人或者非法人组织工作任务的人员,就其职权范围内的事项,以法人或者非法人组织的名义实施的民事法律行为,对法人或者非法人组织发生效力"(《民法典》第170条第1款),这是一种"职务代理"行为。实践中,可能会出现超越职权范围或者在职务变更的情况下,对外继续以职业经理人身份行事,从而损害公司利益的情形。如财务总监已经与公司解除了劳动合同但未告知客户,继续使用公司的邮箱或者其他联系方式与客户进行联系,通知客户公司账户变更,从而让客户把资金支付至其个人账户。对于客户来说,这种行为可以构成"表见代理",即客户有理由相信财务经理的行为仍然是一种职务行为,并可以要求公司承担法律后果。《民法典》第172条规定:"行为人没有代理权、超越代理权或者代理权终止后,仍然实施代理行为,相对人有理由相信行为人有代理权的,代理行为有效。"

为防止各种理论和实践中可能存在的代理人滥用权限损害公司利益的行为,法律需对其行为作出限制,要求其承担"忠实"与"勤勉尽责"的义务。

忠实义务是指董监高"应当采取措施避免自身利益与公司利益冲突,不得利用职权谋取不正当利益""不得利用关联关系损害公司利益"。

勤勉尽责义务是指董监高"执行职务应当为公司的最大利益尽到管理

者通常的应有的合理注意义务"。

2. 当前《公司法》规定董监高忠实和勤勉义务未作身份上区分的原因

确实,董监高都需要忠实于公司,勤勉尽责地履行自己的职责,但对于所有权与经营权分离、建立了现代企业制度的公司来说,董事、监事和经理层身份独立、较少混同。这种情况下,他们在公司法人治理中的分工、角色、职权、利益与义务是不完全相同的:

(1)董事参与公司决策,对外可以代表公司,在法人治理架构中具有重要地位。

(2)监事主要职责是监督和纠错,并不参与公司重大事项决策过程,对外也不能代表公司,监督职责的行使并不都是积极的,有的时候也是消极的。

(3)经理层主要职责是执行董事会的决议、按照股东会和董事会制定的公司主要战略、业务和技术方向、主要管理制度而为,对外更不能代表公司。

但当前实践中,多数公司尚未实现所有权与经营权分离,因此,多数董事、监事和高级管理人员身份混同,未有明确区分。这是当前《公司法》在规定他们对公司负有忠实和勤勉义务未作身份上的区分的原因。

从英、美等国家公司法规定看,更多关注董事的忠实和勤勉尽责的义务,原因大概有以下几个方面:

(1)对于经理层来说,经理层的忠实和勤勉尽责义务一般由董事会/股东会规定,通过具体的公司管理制度并与薪酬考核结合起来,所以一般是明确的、具体的,各个公司之间的差异也非常大,任何一个公司都不会让经理层的义务和责任落空。

(2)对于董事来说,很多公司的董事同时也是股东,所以,他们不那么积极地约定自己的忠实和勤勉尽责义务的做法是符合人性的,这种情况下,法律就需要作出安排。

(3)对于监事来说,监事的义务是确定的,列举式的,也不再需要一些笼统、原则性规定。再者,监事制度仅存在于大陆法系国家,英美国家不设监事而由独立董事行使对董事高管的监督责任。

基于上述几点,本书在表述董监高忠实和勤勉尽责义务时亦不区分他们的不同身份。相信未来随着国内市场经济的发展、职业经理人制度的成熟,我国也会逐步做些细化和区分。

董事的忠实和勤勉尽责义务在各国法律中表述不一,实质差异不大。如《英国2006年公司法》(2012年修订译本)第170~177条明确了董事七个方面的一般义务:

(1)在公司权力内行事的义务;

(2)促进公司成功的义务;

(3)独立判断的义务;

(4)行使合理谨慎、技能和勤勉的义务;

(5)避免利益冲突的义务;

(6)不得从第三人处接受权益的义务;

(7)在拟议的交易或安排中公布利益的义务。[①]

3. 董监高对公司的忠实义务、违反忠实义务的情形及法律后果

董监高对公司的忠实义务、违反忠实义务的情形及法律后果见图3-6。

[①] [英]保罗·戴维斯:《英国公司法精要》,樊云慧译,法律出版社2007年版,第104~108页。

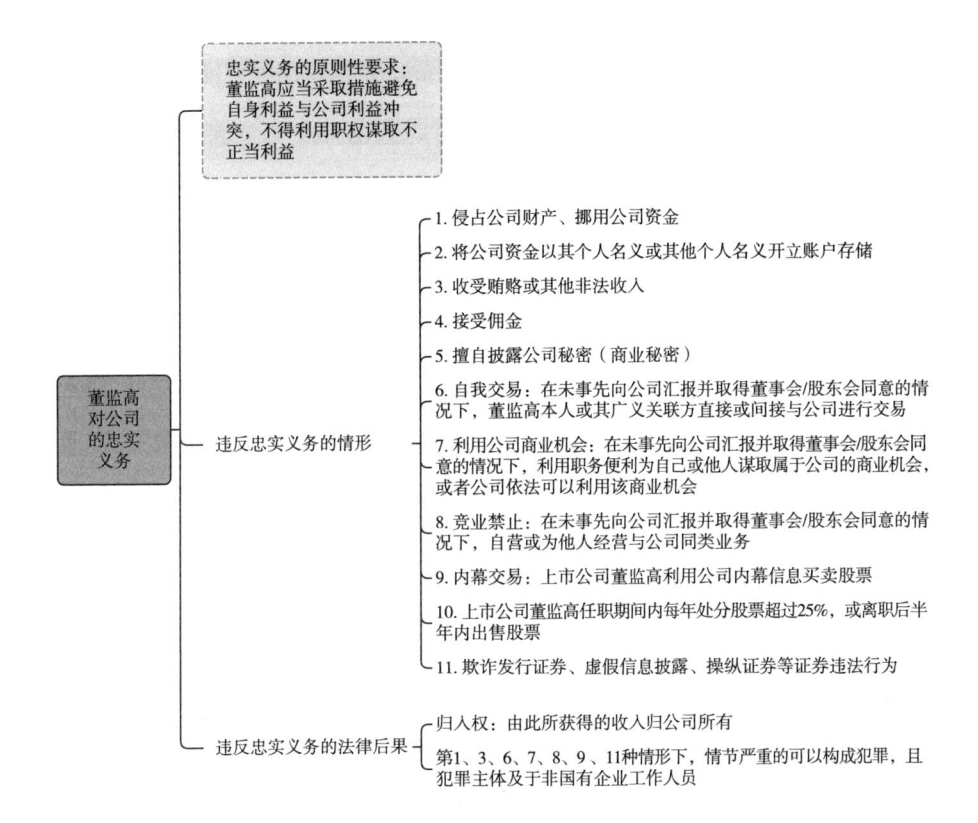

第三章 如何深入理解公司法律关系？

```
                    ┌─ 忠实义务的原则性要求：
                    │  董监高应当采取措施避免
                    │  自身利益与公司利益冲
                    │  突，不得利用职权谋取不
                    │  正当利益
                    │
                    │                   ┌─ 1. 侵占公司财产、挪用公司资金
                    │                   ├─ 2. 将公司资金以其个人名义或其他个人名义开立账户存储
                    │                   ├─ 3. 收受贿赂或其他非法收入
                    │                   ├─ 4. 接受佣金
                    │                   ├─ 5. 擅自披露公司秘密（商业秘密）
                    │                   ├─ 6. 自我交易：在未事先向公司汇报并取得董事会/股东会同意的情
  董监高             │                   │    况下，董监高本人或其广义关联方直接或间接与公司进行交易
  对公司 ── 违反忠实义务的情形 ─┤
  的忠实             │                   ├─ 7. 利用公司商业机会：在未事先向公司汇报并取得董事会/股东会同
  义务               │                   │    意的情况下，利用职务便利为自己或他人谋取属于公司的商业机会，
                    │                   │    或者公司依法可以利用该商业机会
                    │                   ├─ 8. 竞业禁止：在未事先向公司汇报并取得董事会/股东会同意的情
                    │                   │    况下，自营或为他人经营与公司同类业务
                    │                   ├─ 9. 内幕交易：上市公司董监高利用公司内幕信息买卖股票
                    │                   ├─ 10. 上市公司董监高任职期间内每年处分股票超过25%，或离职后半
                    │                   │     年内出售股票
                    │                   └─ 11. 欺诈发行证券、虚假信息披露、操纵证券等证券违法行为
                    │
                    └─ 违反忠实义务的法律后果 ─┬─ 归入权：由此所获得的收入归公司所有
                                              └─ 第1、3、6、7、8、9、11种情形下，情节严重的可以构成犯罪，且
                                                 犯罪主体及于非国有企业工作人员
```

图 3-6　董监高对公司的忠实义务、违反忠实义务的情形及法律后果

注：董事会审议第6、7、8类议题的，关联董事会回避表决。

在此，可对照以下《英国2006年公司法》关于董事的忠实义务的规定：

《英国2006年公司法》的主要创新之一是，将董事首要的忠实义务定成为成员利益而促进公司成功的义务。为了履行该义务，董事必须至少考虑：(a)任何决定最终可能的后果，(b)公司雇员的利益，(c)培养公司与供应商、消费者和其他人商业关系的需要，(d)公司运作对社会和环境的冲突，(e)公司维护高标准商业行为之声誉的愿望，以及(f)在公司成员之间公平行事的需要。[①]

[①] 《英国2006年公司法》(2012年修订译本)，葛伟军译，法律出版社2012年版，"序言一"第1页。

4. 董监高对公司的勤勉尽责义务

董监高对公司的勤勉尽责义务见图3-7。

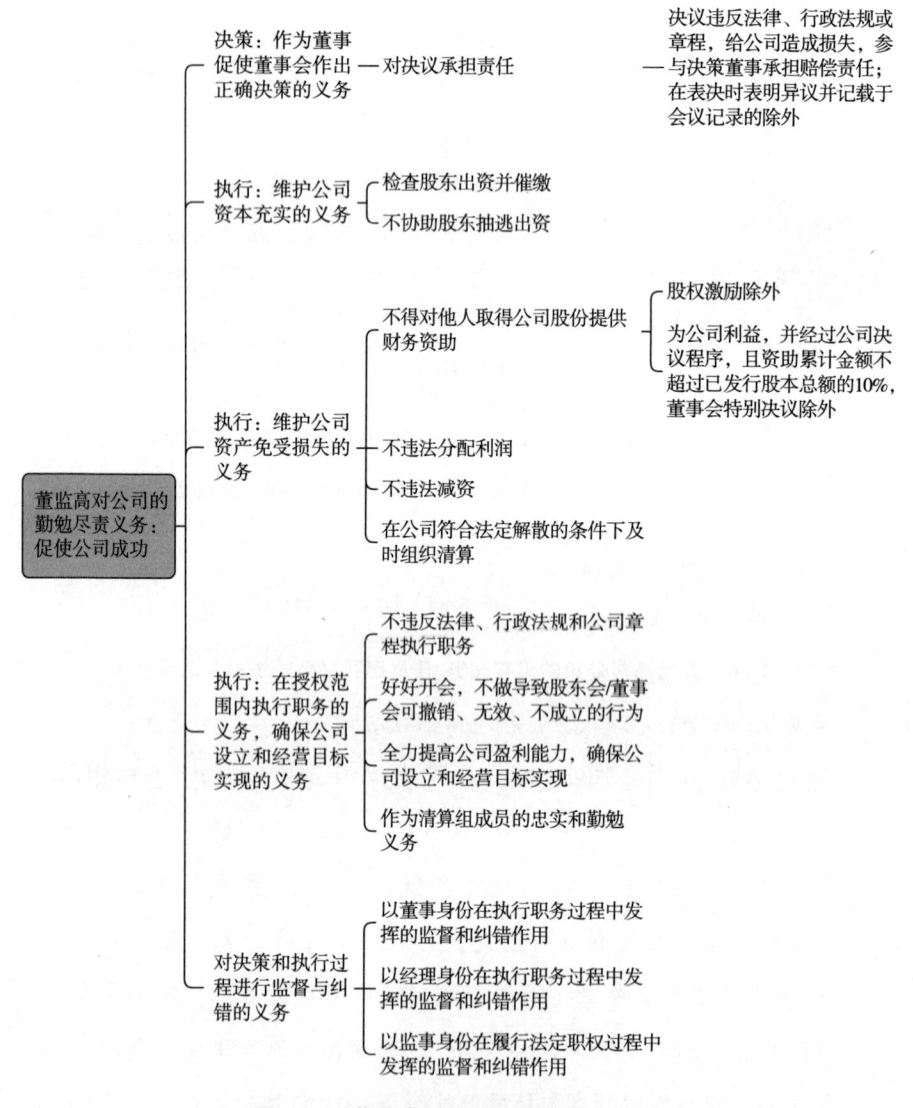

```
董监高对公司的勤勉尽责义务：促使公司成功
├─ 决策：作为董事促使董事会作出正确决策的义务
│   └─ 对决议承担责任 ── 决议违反法律、行政法规或章程，给公司造成损失，参与决策董事承担赔偿责任；在表决时表明异议并记载于会议记录的除外
│
├─ 执行：维护公司资本充实的义务
│   ├─ 检查股东出资并催缴
│   └─ 不协助股东抽逃出资
│
├─ 执行：维护公司资产免受损失的义务
│   ├─ 不得对他人取得公司股份提供财务资助
│   │   ├─ 股权激励除外
│   │   └─ 为公司利益，并经过公司决议程序，且资助累计金额不超过已发行股本总额的10%，董事会特别决议除外
│   ├─ 不违法分配利润
│   ├─ 不违法减资
│   └─ 在公司符合法定解散的条件下及时组织清算
│
├─ 执行：在授权范围内执行职务的义务，确保公司设立和经营目标实现的义务
│   ├─ 不违反法律、行政法规和公司章程执行职务
│   ├─ 好好开会，不做导致股东会/董事会可撤销、无效、不成立的行为
│   ├─ 全力提高公司盈利能力，确保公司设立和经营目标实现
│   └─ 作为清算组成员的忠实和勤勉义务
│
└─ 对决策和执行过程进行监督与纠错的义务
    ├─ 以董事身份在执行职务过程中发挥的监督和纠错作用
    ├─ 以经理身份在执行职务过程中发挥的监督和纠错作用
    └─ 以监事身份在履行法定职权过程中发挥的监督和纠错作用
```

图3-7 董监高对公司的勤勉尽责义务

注：1. 公司对股东的义务要通过董监高行为实现，属于董监高勤勉尽责义务的内容。
2. 公司对债权人的义务也要通过董监高行为实现，也属于董监高勤勉尽责义务的内容。

5.《上海证券交易所股票上市规则》(2024 年 4 月修订)4.3.5 规定的上市公司董监高对公司的忠实和勤勉义务

4.3.5 上市公司董事应当积极作为,对公司负有忠实义务和勤勉义务。

公司董事应当履行以下忠实义务和勤勉义务:

(一)公平对待所有股东;

(二)保护公司资产的安全、完整,不得利用职务之便为公司实际控制人、股东、员工、本人或者其他第三方的利益而损害公司利益;

(三)未经股东大会同意,不得为本人及其关系密切的家庭成员谋取属于公司的商业机会,不得自营、委托他人经营公司同类业务;

(四)保守商业秘密,不得泄露公司尚未披露的重大信息,不得利用内幕信息获取不当利益,离职后应当履行与公司约定的竞业禁止义务;

(五)保证有足够的时间和精力参与公司事务,原则上应当亲自出席董事会,因故不能亲自出席董事会的,应当审慎地选择受托人,授权事项和决策意向应当具体明确,不得全权委托;

(六)审慎判断公司董事会审议事项可能产生的风险和收益,对所议事项表达明确意见;在公司董事会投反对票或者弃权票的,应当明确披露投票意向的原因、依据、改进建议或者措施;

(七)认真阅读公司的各项经营、财务报告和媒体报道,及时了解并持续关注公司业务经营管理状况和公司已发生或者可能发生的重大事项及其影响,及时向董事会报告公司经营活动中存在的问题,不得以不直接从事经营管理或者不知悉、不熟悉为由推卸责任;

(八)关注公司是否存在被关联人或者潜在关联人占用资金等侵占公司利益的问题,如发现异常情况,及时向董事会报告并采取相应措施;

(九)认真阅读公司财务会计报告,关注财务会计报告是否存在重大编制错误或者遗漏,主要会计数据和财务指标是否发生大幅波动及波动原因的解释是否合理;对财务会计报告有疑问的,应当主动调查或者要求董事会补充提供所需的资料或者信息;

(十)积极推动公司规范运行,督促公司依法依规履行信息披露义务,及时纠正和报告公司的违规行为,支持公司履行社会责任;

(十一)法律法规、本所相关规定和公司章程规定的其他忠实义务和勤勉义务。

公司监事和高级管理人员应当参照前款规定履行职责。

6. 从公司生命周期中需要应对的大事看董监高对公司的勤勉尽责义务

从图 1-8 中不难发现,公司关键时刻的正确决策非常重要,因为任何一个节点的错误可能都会导致公司失败,而每个时点都能作出正确的决策并完全执行,无一不考验董监高的勤勉尽责精神。

7. 当前国内董监高履行忠实和勤勉尽责义务存在的问题和不足

从董监高忠实、勤勉尽责义务商务实践来看,除那些已经建立科学的分权制衡法人治理制度和现代企业制度的公司外,多数公司存在如下不足:

(1)强调忠实义务有余而勤勉尽责义务不足。忠实义务的对象由公司异化为公司董事长、控股股东和实际控制人;有着完整法律内涵的忠实义务异化为心理上的"忠诚",缺乏有效的措施解决董监高与公司利益冲突的问题,从而出现了大量违反忠实义务的情形。

(2)董事会决策机制无力:多数董事在董事会上不敢说"不",沦为董事长和实际控制人的"小弟",不能为公司形成正确的决策贡献力量。

(3)没有建立公司需要决策事项的分权体系,具有决策职能的董事会和经理层降级为执行层,将公司大事小事的决策权都交给了董事长/法定代表人一人,导致公司在重大事项的决策上频频失误。

(4)对于部分已经建立分权机制的公司来说,经理层和各部门为免责建立了超乎寻常的复杂的书面审批流程,程序繁杂导致管理效率低下。

(5)对董事高管如何行使职权缺乏制衡和监督措施,对决策端和执行端的监督和纠错职能无效,没有有效发挥对重大决策和日常执行行为的制约和监督机制,通常只有在发生股东争议的时候,监事会和股东的法定监督权才能够被律师用起来。

(6)由于法律层面尚未建立因董事不同身份(执行董事、非执行董事、外部董事、职工董事和独立董事)相匹配的权责利体系,实践中很难让除执行董事之外的其他董事为董事会形成正确决策贡献力量,也不利于职业经理人队伍建设。一方面,他们没有参与公司生产、经营和管理活动,很难就公司经常性行为发表意见;另一方面,他们从公司获得的津贴/报酬也与执行董事有天壤之别。再者,从责任角度看,民事侵权理论追究侵权责任要考虑过错大小,当前司法实践中在法律责任端对实际控制人、执行董事、外部董事和独立董事的侵权责任也作了区分。例如,康美药业虚假陈述侵权案件中,法院在民事责任承担上作了区别对待①,但是,这种责任端的差异还没有推到决策端,即应当从董事决策端(前端)开始作职责的区分,而不仅仅是在法律责任承担阶段(后端)才有区别。这是实践中非执行董事很难有专业贡献的原因。

(7)积极或消极配合股东违反《公司法》第21条、第22条的规定,实施损害公司、股东或债权人利益行为,促使该等侵权行为通过合法的董事会、股东会决议程序得以完成。当前存在的大量股东、债权人对公司及/或股东提起的侵权之诉都会追加有责任的董监高共同承担侵权责任。2023年修订的《公司法》实施后,预计会发生更多的董监高违反忠实和勤勉义务而导致的民事和行政责任案件。

(四)独立董事制度

1.独立董事制度的由来和现状。

中国上市公司独立董事制度借鉴于对英、美国家制度,其设立初衷是

---

① 康美药业虚假陈述证券民事赔偿案,法院判令5位曾任和现任独立董事按照过错程度分别承担5%~10%的赔偿责任。

发挥这些身份独立的董事会成员在董事会决策中不偏不倚的作用,适当纠正公司的错误决策,从而更好地维护上市公司的利益。

综观国内的独立董事制度,很长一段时间以来,这种制度面临诸多争议,被称为"花瓶""影子董事",证券市场上确实发生过独立董事承担民事赔偿责任的情形,以及大量独立董事辞职的情形。在当前国内市场经济初级阶段外部环境下,独立董事制度能否发挥价值以及如何发挥应有的价值确实值得各方深思。

结合20多年公司法和资本市场法律服务实践,以及我自己担任上市公司独立董事20多年的实践,我认为在当前的国内资本市场条件下,独立董事不是"花瓶",是可以有所作为的。

交易所股票上市规则中也明确了独立董事三大作用:参与决策、监督制衡和专业咨询,即独立董事可以从上述三个方面为公司法人治理架构贡献积极的力量。除此之外,在上市公司并购、控股权争执的情形下,各方会有争取独立董事选票的需求;如果发生大面积独立董事辞职的情形也会引发交易所和市场的关注。

我们欣喜地看到,能够担当上述重任的独立董事群体正在逐步形成,这就使上市公司聘用独立董事并发挥其作用成为可能。对于上市公司来说,实践中最重要的是选好独立董事,用好独立董事。

2. 中国证监会颁布的《上市公司独立董事管理办法》(2025年3月27日起施行)加大了独立董事的职责,当然也赋予其为履行职责而拥有的职权。具体如图3-8所示。

上市公司独立董事工作制度

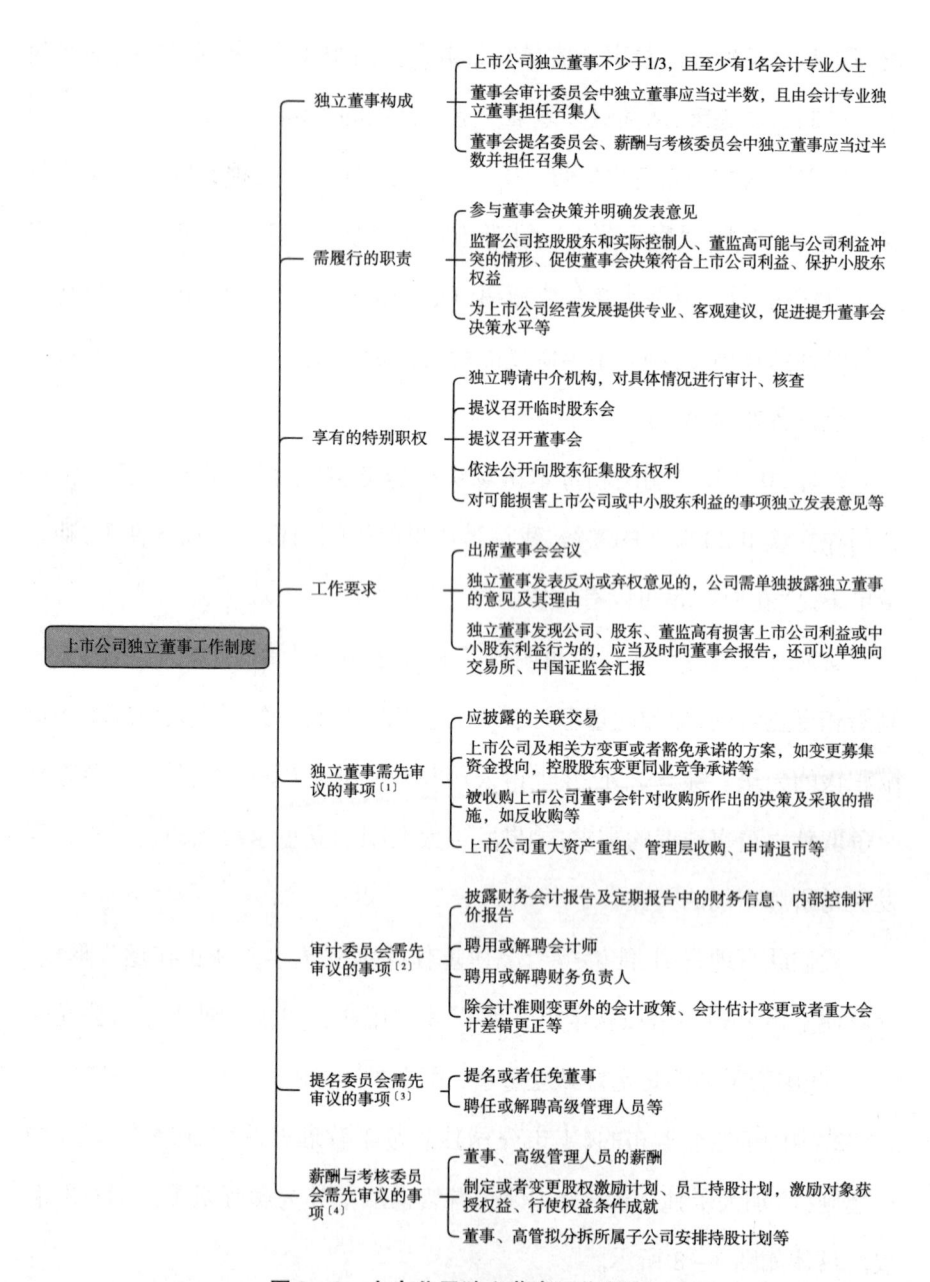

- **独立董事构成**
  - 上市公司独立董事不少于1/3，且至少有1名会计专业人士
  - 董事会审计委员会中独立董事应当过半数，且由会计专业独立董事担任召集人
  - 董事会提名委员会、薪酬与考核委员会中独立董事应当过半数并担任召集人

- **需履行的职责**
  - 参与董事会决策并明确发表意见
  - 监督公司控股股东和实际控制人、董监高可能与公司利益冲突的情形、促使董事会决策符合上市公司利益、保护小股东权益
  - 为上市公司经营发展提供专业、客观建议，促进提升董事会决策水平等

- **享有的特别职权**
  - 独立聘请中介机构，对具体情况进行审计、核查
  - 提议召开临时股东会
  - 提议召开董事会
  - 依法公开向股东征集股东权利
  - 对可能损害上市公司或中小股东利益的事项独立发表意见等

- **工作要求**
  - 出席董事会会议
  - 独立董事发表反对或弃权意见的，公司需单独披露独立董事的意见及其理由
  - 独立董事发现公司、股东、董监高有损害上市公司利益或中小股东利益行为的，应当及时向董事会报告，还可以单独向交易所、中国证监会汇报

- **独立董事需先审议的事项[1]**
  - 应披露的关联交易
  - 上市公司及相关方变更或者豁免承诺的方案，如变更募集资金投向，控股股东变更同业竞争承诺等
  - 被收购上市公司董事会针对收购所作出的决策及采取的措施，如反收购等
  - 上市公司重大资产重组、管理层收购、申请退市等

- **审计委员会需先审议的事项[2]**
  - 披露财务会计报告及定期报告中的财务信息、内部控制评价报告
  - 聘用或解聘会计师
  - 聘用或解聘财务负责人
  - 除会计准则变更外的会计政策、会计估计变更或者重大会计差错更正等

- **提名委员会需先审议的事项[3]**
  - 提名或者任免董事
  - 聘任或解聘高级管理人员等

- **薪酬与考核委员会需先审议的事项[4]**
  - 董事、高级管理人员的薪酬
  - 制定或者变更股权激励计划、员工持股计划，激励对象获授权益、行使权益条件成就
  - 董事、高管拟分拆所属子公司安排持股计划等

图3-8 上市公司独立董事工作制度

[1]独立董事单独先行审议的事项需过半数通过；[2]审计委员会至少每季度召开一次会议，2/3以上成员出席方可举行；[3]董事会对提名委员会的意见未采纳或全部采纳的，应说明理由并公告；[4]董事会对薪酬与考核委员会的意见未采纳或全部采纳的，应说明理由并公告。

(五)董事会集体工作机制与我国法定代表人的独任代表制度

1.召开董事会会议并形成决议是董事会工作机制

除设立执行董事会不设董事会的情形外,董事会采取集体工作机制,即有过半数的董事出席的情况下方可举行董事会会议,过半数的董事通过方可形成决议。这种集体工作机制在上市公司信息披露文件中的表述最为形象:

> 公司董事会、监事会及董事、监事、高级管理人员保证年度报告内容的真实、准确、完整,不存在虚假记载、误导性陈述或重大遗漏,并承担个别和连带的法律责任。

所以,从法理上讲,除非公司对董事个别授权,董事单独不能对外代表公司,英美公司法实践中也是实行董事共同代表制,即两个或两个以上的董事通过联签的方式对外代表公司,其行为后果由公司承担和享有。

实践中,如中国平安2023年7月章程第137条明确约定:"本条所述的董事会职权由董事会集体行使。《公司法》规定的董事会法定职权原则上不得授予董事长、董事或者其他个人及机构行使,某些具体决策事项确有必要授权的,应通过董事会决议的方式依法进行。授权应当一事一授,不得将董事会职权笼统或者永久授予公司其他机构或者个人行使。"

2.董事在法律上的地位、权利和义务平等,每名董事在董事会上平等享有一个表决权

除法律强制规定的会议制度程序性要求外,董事会议事规则在很大程度上属于意思自治的范畴。因此,为防止公司僵局的出现,很多公司章程

约定,在董事会上当赞成票与反对票相等时,董事长有权多投一票也是有效的。同理,在公司溢价引进外部投资人的情况下,协议和章程约定了外部投资人在董事会上的一票否决权也是有效的。

3. 当前公司法和实践中的法定代表人制度存在的问题

法定代表人独任制:《民法典》和《公司法》均明确规定,一名董事或经理根据法律规定获得概括性授权,对外可以代表公司,其行为后果由公司承担,同时规定法定代表人越权无效、公司章程对法定代表人的权限限制不能对抗善意第三人。这是我国《公司法》规定的法定代表人独任制,这种规定在实践中带来了一些困扰:

(1) 公司法一方面明确规定了法定代表人/董事长职权限于签署股东出资证明/股票/债券,与主持股东会会议和董事会会议两项内容;另一方面对法定代表人作了上述法定的概括性授权。

(2) 法定代表人独任制权限过大,为防止权力滥用,公司章程会约定对法定代表人职权限制,同时,法律规定这种限制又不能对外约束"善意相对人"。对于商务人士来说,"善意相对人"是个不容易理解的概念(具体见本书第二章"善意相对人:如何处理内部公司法律关系与外部公司法律关系的平衡?"部分)。这给实践中如何规制法定代表人职权带来了极大的困扰。如法定代表人对外越权签署担保协议是否有效是这些年司法实践中的热点问题。

(3) 权力过大最终导致责任过重,实践中公司不能偿还银行借款或执行债务导致法定代表人被失信、限高便是这种过重责任的表现。同时,为规避法律责任,也出现了一些将非董事或经理在工商登记资料上登记为法定代表人的做法。当然,2023年修订后的《公司法》中"事实董事"制度的出台,也使得实践中那些公司控股股东和实际控制人试图通过让他人担任法定代表人让自己免责的想法落空。

（4）2023年修订后的《公司法》规定公司章程应当约定法定代表人的产生和变更方法，从公司提高法人治理水平、防范风险、管理效率和便利多个角度看，对于存在外部股东、设置了董事会、规模较大的公司而言，建议如下：

①可以约定股东会选举产生/变更法定代表人；

②可以约定两名董事或经理共同担任法定代表人；

③可以约定除执行经股东会批准的公司预算、关联交易、对外借款等外，不对法定代表人做概括性授权，如有需要单独授权的事项做单独授权等。

（六）董监高错误行为的法律后果

1. 董监高、公司主管人员可能承担的民事责任

作为代理人，董监高及职业经理人执行公司职务时违反法律、行政法规或者公司章程的规定，给公司造成损失的法律后果当然是承担赔偿责任。鉴于公司经营行为的市场不确定性，法律上认定构成赔偿的前提是过错，包括故意和重大过失。国内上市公司董监高因为上市造假、上市后信息披露违规、内幕交易等情形受到中国证监会处罚、股东诉讼从而承担法律责任的情形较多，而在私公司尚不多见。私公司不多见不是因为没有发生赔偿责任的情形，而是大多数私公司外部董事不多，控股股东或股东基本亲自参与公司重大事项决策和经营管理，所以，一旦发生侵权情形，其董事身份和股东身份竞争合，因构成共同侵权而没有进一步区分的必要。

董事在业务过程中因为过错承担赔偿责任的例外是，董事如果在该次董事会会议上投了反对票并记录在案，则可以免责。另外，美国普通法中应用多年的商业判断原则虽然在我国法律中尚无明确规定，但笔者认为司

法实践中董事还是可以以此理由进行抗辩的。

（1）商业判断原则作为抗辩理由

商业判断原则又被译为经营判断规则、业务判断规则，在普通法上已经存在并发展了近150年，是美国公司法及判例法上的一个重要原则。根据《布莱克法律词典》的解释，商业判断原则是指豁免管理者在公司业务方面承担过错责任的一个规则，其前提是该业务属于公司经营范围和管理者权限范围，并且有事实表明该业务是善意的。

从经济学的角度讲，公司作为一种营利主体，在追求利润最大化的过程中，本身就必须承受经营失败的危险。

从法律的视角来看，在某些情况下，即使董事充分履行了自己的注意义务，依然可能出现失误甚至作出错误的商业判断。显然，经济学上的管理失误并不当然地导致公司法上的过失和责任。

为实现公司利益与董事利益之间的平衡，美国法院在长期的司法实践中逐步概括出了一项"商事判断规则"，试图在一般的经营管理失误与法律上的经营过失责任之间画出界线。也就是说，公司董事在作出一项商事经营判断和决策时，如果出于善意，尽到了注意义务，并获得了合理的信息根据，那么即使该项决策是错误的，董事亦可免于承担法律上的责任。

因此，商事经营判断规则的实质是将董事的责任限制在一个合理的范围之内。

> 在这个途径之下，法院对决策实质利益的审查仅限于说明决策和公司的最佳利益之间有一个合理关系这种需要。为了逃避责任，董事不必说明采取的决策是提高公司利益的极佳途径，更不用说法院自身作出相同的决策了。法院审查的主要焦点在于

董事会在其作出涉案的决策之前是否采取了合理的措施获知信息,并不在于作出的实质决策是否合理。①

董事主张商业判断原则的保护,应同时具备以下条件:

第一,董事的行为只限于商业判断的场合。

第二,董事遵守了忠实义务,商业判断中不含有其个人利益与公司利益之间的冲突,即商业判断原则仅适用于董事对注意义务的违反,而不适用于董事对忠实义务的违反。

第三,董事获取的据以作出商业判断原则的信息在当时有理由被其认为是充分和准确的。

第四,董事有充分的理由认为其商业判断原则最为符合公司利益。

第五,董事在作出商业判断时不存在重大过失。

第六,商业判断本身不违反法律、法规或公司章程的规定。

(2)从浙江省绍兴市中级人民法院(2024)浙06民终1853号民事判决看,司法实践中如何认定董监高侵权责任构成

该案争议焦点为,该案股东和董监高是否构成损害公司利益的共同侵权行为?一审、二审法院均作出了否定的意见,即该案不构成股东和董监高共同侵权损害公司利益。

摘录一审判决书说理部分如下:

一审法院认为,

> 本案为损害公司利益责任纠纷,损害公司利益责任纠纷是指公司股东滥用股东权利或者董事、监事、高级管理人员违反法定

---

① [英]保罗·戴维斯:《英国公司法精要》,樊云慧译,法律出版社2007年版,第167页。

义务，损害公司利益而引发的纠纷。

根据公司法的上述规定可知，股东、董事、监事、高级管理人员损害公司利益责任的构成要件包括以下四个方面：

一是行为人是否系股东、董事、监事、高级管理人员身份；

二是行为人是否违反忠实及勤勉义务；

三是公司是否存在损失；

四是公司损失与行为人违反忠实义务及勤勉义务之间是否存在因果关系。

本案中，沈某、章某分别系康期公司的执行董事、监事，同时又系该公司股东。康期公司的另一名股东何某主张沈某、章某同意康期公司撤回执行（2023）浙0603执恢1032号案件的行为损害康期公司利益。根据查明的事实，上述案件的执行依据为（2016）浙0603民初9284号民事判决，债权人建设银行绍兴支行将依据该民事判决所享有的债权转让给中国华融资产管理股份有限公司某省分公司，康期公司通过签订债权转让方式从中国华融资产管理股份有限公司某省分公司处受让上述债权，康期公司由此成为（2023）浙0603执恢1032号案件的执行申请人。就是否撤回该案执行的事宜，康期公司曾向何某、沈某、章某发出征询，征询该三位股东是否同意康期公司申请撤回执行。沈某、章某对此表示同意，但何某对此表示不同意，由此引发本案纠纷。

该院认为，康期公司对于自己取得的资产包债权的执行事宜，应属于该公司的重大自决事项，根据康期公司章程规定：公司股东会由全体股东组成，由股东会决定公司的经营方针和投资计划，股东会对公司增加或减少注册资本、分立、合并等作出决议，必须经代表三分之二以上表决权的股东通过,股东会的其他决议必须经代表二分之一以上表决权的股东通过。上述三位股东一致陈述康期公司于2021年12月通过股东会决议,同意将康期公司的债权全部转让并且在网上公开拍卖。在(2023)浙0603执恢1032号案件执行过程中,沈某(持股比例33.67%)、章某(持股比例33.33%)均明确同意康期公司申请撤回执行,由此与何某产生分歧,其主要原因基于自身利益的考虑,但康期公司基于持多数股权比例股东的意见向该院申请撤回上述案件的执行,并未违反前述2021年12月通过的股东会决议精神,也未违反法律规定和康期公司章程规定。另,上述撤回执行的行为也并未导致康期公司资产包债权的减损。

据此,何某主张沈某、章某滥用股东权利、违反董事、监事忠实义务及勤勉义务,并要求赔偿康期公司享有的到期债权55,135,167.32元自2023年12月29日起至康期公司向人民法院申请恢复执行之日止的利息损失,缺乏充分的事实依据,不予支持。

关于沈某、章某提出何某的起诉略过《中华人民共和国公司法》第一百五十一条规定前置程序的问题,该院认为,《中华人民共和国公司法》第一百五十一条规定了股东在特殊紧急情况下可以不经前置程序直接起诉,但并非完全排除了除紧急情况外股东直接起诉的可能性。本案中,何某起诉的对象即为康期公司执行董事沈某、监事章某,且何某所提的诉求本身与执行董事、监事的利益主张相悖。因此作为准备提起诉讼的股东,何某已无申请成功的期待可能性,无法达到督促董事、监事提起诉讼的目的。若仍然坚持提起诉讼的股东书面请求监事会或者监事、董事会或者执行董事提起诉讼的前置程序,有悖于设立股东代表诉讼的立法初衷。据此,何某可以不经前置程序而直接提起股东代表诉讼,该院对沈某、章某该项主张不予采纳。

综上所述,何某的诉求应予以驳回。

(3) 从最高人民法院(2021)最高法民申 6621 号案例看董监高构成侵权并承担连带责任的情形(最高人民法院入库案例:入库编号 2023-08-2-276-002)

该案监事未勤勉尽责,且实际参与损害公司利益行为,法院判决监事对公司损害承担连带赔偿责任。

摘录判决书说理部分如下:

本案争议的焦点问题为二审判决认定朱某某对某公司的损失承担连带责任是否有误。

本案中,朱某某作为公司监事,应当根据《中华人民共和国公司法》(以下简称公司法)第 53 条的规定,行使下列职权:(1)检查公司财务;(2)对董事、高级管理人员执行公司职务的行为进行监督,对违反法律、行政法规、公司章程或者股东会决议的董事、高级管理人员提出罢免的建议;(3)当董事、高级管理人员的行为损害公司的利益时,要求董事、高级管理人员予以纠正等。

朱某某与张某某系朋友关系,于 2007 年经张某某介绍进入某公司工作。

2009 年 4 月 16 日,张某某通过提交虚假资料将另一股东孙某某名下的公司股权变更至其妻子名下,将公司法定代表人、董事长由孙某某变更为自己,朱某某作为公司监事,应该注意到上述变更行为未经公司股东会决议。

2013年5月31日,经孙某某举报,陕西省工商行政管理局撤销了2009年的变更登记,将某公司的工商登记恢复至变更前的状态(孙某某持股53.3%、张某某持股46.7%、法定代表人为孙某某)。

在此期间(2009年4月至2013年1月),张某某实际控制某公司,共实施了如下损害某公司利益的行为:

(1)向其女儿担任法定代表人的公司借款100万元,借款期限2个月,约定利息50万元,原审法院认定其中的6万元利息属于正常的民间借贷的利息,超出的44万元利息应由张某某承担。朱某某作为监事和财务人员,经手了该笔资金的转出,应该注意到关于如此高额利息的约定损害了公司利益,却未予制止。

(2)以"劳务费""工程款""还款"等名义共计支出款项326万元(其中100万元用于偿还金澳公司对某公司的其他应收款,而张某某原系金澳公司法定代表人),对于以上支出,张某某给出的解释与会计记账凭证记载的用途不吻合,且张某某不能提供付款的合理依据。朱某某作为监事,有权检查公司财务,作为财务人员,经手了上述资金的转出,只要稍尽审查义务,就应当发现上述付款的不合理性。

(3)某公司以还款的名义转给朱某某300万元,由朱某某分别转给他人。关于此笔款项,朱某某作为独立主体与张某某共同实施了侵害公司利益的行为,无论是否存在领导指示,朱某某作为公司监事均应承担侵害公司利益的责任。

朱某某作为某公司的监事和财务人员，对张某某实施的损害公司利益行为，不仅不予制止，反而对明知属于无任何支付依据的转出款项，仍应张某某的要求，分多次转出，其行为严重背离了某公司的公司章程以及法律要求监事和高级管理人员负有的忠实勤勉义务。故二审法院判决朱某某对某公司的损失承担连带责任并无不当。

根据公司法第53条的规定，监事负有检查公司财务及对董事、高级管理人员执行公司职务的行为进行监督的职权，当董事、高级管理人员的行为损害公司的利益时，监事应当要求董事、高级管理人员予以纠正等。在明知公司法定代表人实施损害公司利益的行为时，同时作为公司的财务人员的监事，不仅未予制止，还按照法定代表人的要求执行了损害公司利益行为的，应当认定其未尽到监事的勤勉义务，与该法定代表人对公司的损失承担连带赔偿责任。

(4) 从上海市高级人民法院(2021)沪民终870号民事判决看法院区分内部董事与外部董事责任的说理部分(上海金融法院发布2022年度证券虚假陈述责任纠纷典型案例)

该案基于三名外部董事与内部执行董事在实际履职和法律上的权利义务的不同，判决书区别对待了他们在公司证券虚假陈述案件中的责任。

案件基本情况如图3-9所示。

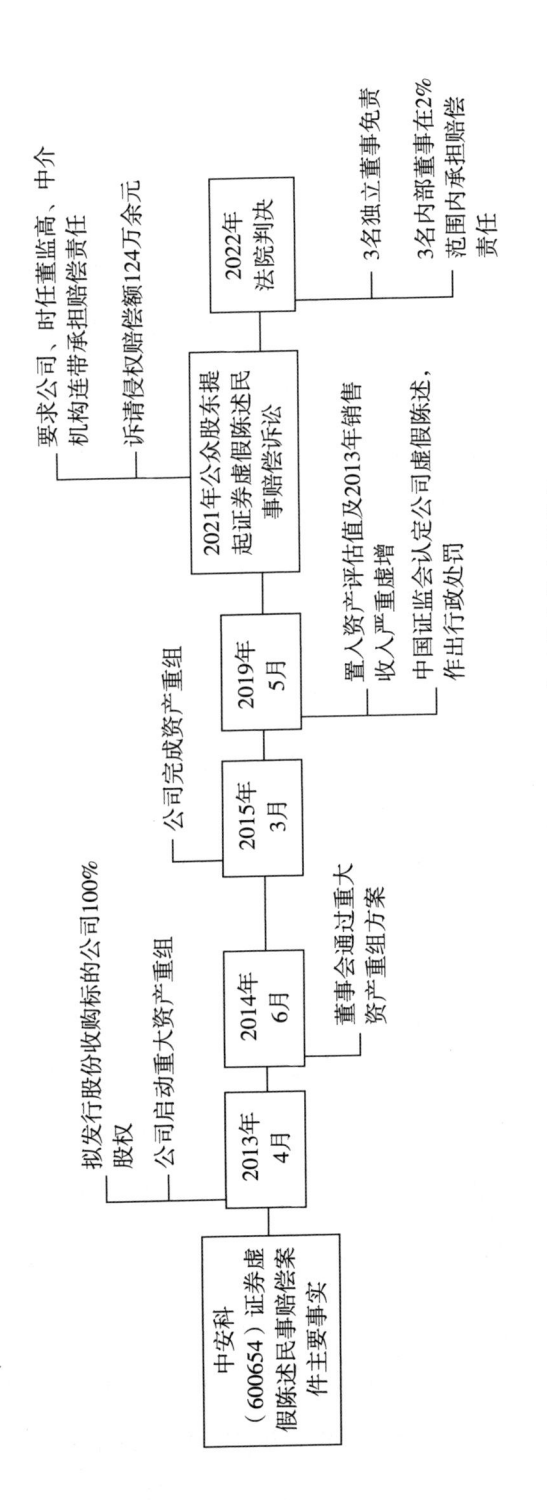

图3-9 中安科证券虚假陈述民事赔偿案件主要事实

中安科（600654）证券虚假陈述民事赔偿案件主要事实

- **2013年4月**
  - 拟发行股份收购标的公司100%股权
  - 公司启动重大资产重组

- **2014年6月**
  - 董事会通过重大资产重组方案

- **2015年3月**
  - 公司完成资产重组

- **2019年5月**
  - 置入资产评估值及2013年销售收入严重虚增
  - 中国证监会认定公司虚假陈述，作出行政处罚

- **2021年公众股东提起证券虚假陈述民事赔偿诉讼**
  - 要求公司、时任董监高、中介机构连带承担赔偿责任
  - 诉请侵权赔偿额124余万元

- **2022年法院判决**
  - 3名独立董事免责
  - 3名内部董事在2%范围内承担赔偿责任

摘录判决书说理部分如下：

该案属于证券虚假陈述责任纠纷，对于公司董事而言，根据董事是否在公司内部从事专职董事工作，可以区分为独立董事和内部董事。独立董事的作用主要在于确保战略决策的妥当性、合理性和强化公司的经营监督。内部董事则主要承担企业具体运营职责。可见，独立董事与内部董事的职责并不相同，故对于二者所应承担的责任也应有所区分。

本案六名董事中，被告殷某、常某、蒋某为独立董事，未在中安科公司任职。作为独立董事，被告殷某、常某、蒋某并不参与公司的经营活动，仅是对公司的经营决策提供建议和监督，况且本案中他们是对重大资产重组所涉的标的公司中安消技术公司的经营状况进行表决。同时，专业中介服务机构对本次重大资产重组置入资产进行了审计和评估，也未发现置入资产存在营业收入及评估值虚增的情形。

对于被告殷某、常某、蒋某这三名外部董事而言，其既不参与公司经营，又非专业人士，还要求其持续关注标的公司"班班通"项目的履行进程，并对已经专业机构评审的项目进行审核，未免过于苛刻。故被告殷某、常某、蒋某在本案中应予免责。

被告黄某、邱某、朱某系被告中安科公司的内部董事，其对于公司所负有的勤勉义务标准理应高于独立董事。该三名董事当时分别担任中安科公司董事长、财务总监、总经理一职，有义务对交易对方及标的公司提供的相关资料尽到谨慎审核义务。现他们未能提供证据证明其已尽到勤勉之责,故应对被告中安科公司在重大资产重组中存在虚假陈述行为致使投资者彭某遭受损失承担相应的民事责任。对于该三名董事的赔偿责任范围,应结合其过错程度进行考量。

首先,本案中,被告黄某、邱某、朱某对交易相对方提供的信息负有的谨慎注意义务应与对中安科公司自身信息所负的有所不同。被告黄某、邱某、朱某分别作为公司担任董事长、总经理、财务总监,理应对重组过程中需要披露的信息负有一定的注意义务。

其次,虽本案所涉重组交易中除了有独立财务顾问、审计机构、评估机构等中介服务机构外,还有申银万国公司提供专业咨询意见。同时,被告中安科公司就置入资产评估项目曾召开两次专家评审会议。

但被告黄某、邱某、朱某作为内部董事,过分依赖专业中介服务机构,没有尽到合理调查义务。

鉴于此,被告黄某、邱某、朱某对于被告中安科公司违反信息披露义务,构成虚假陈述具有一定的过错,应酌情对原告的损失在2%的范围内承担连带责任。

2. 董监高、公司主管人员可能承担的行政责任

2023年《公司法》修订第十四章"法律责任"完整列示了公司、发起人、股东、直接负责的主管人员和其他责任人员违反公司法的规定应当承担的行政责任的情形。

3. 董监高、公司主管人员可能承担的刑事责任

2023年《刑法修正案（十二）》通过，并自2024年3月1日起实施，该次修订增加了非国有企业董监高因严重违法可能承担刑事责任的情形。如此前的非法经营同类营业罪、为亲友非法牟利罪、徇私舞弊低价折股/出售公司/企业资产罪犯罪主体从原来的国有企业工作人员扩大至全体公司董监高和工作人员，为亲友非法牟利罪规定的牟利方式从原来的采购/销售商品扩大至接受/提供服务，单位受贿罪/行贿罪刑期从此前的5年扩大为3年至10年。确实，实践中大量发生的董监高被刑事追责的情形需要引起职业经理人的警示。

（七）公司对董监高的授权、激励与约束

1. 授权要明确

公司对董监高的授权包括两个层面：一是股东会对董事会的授权，二是董事会对经理层的授权。除法律规定的应当由股东自己决定的事项外，股东可以根据自己的实际情况，按照董事会、经理层构成和决策能力，将权限授予董事会和管理层，这属于股东和公司意思自治的范畴。前面讲的华为公司董事会权限就是完全授权的例子。作为公众公司，上市公司需遵循中国证监会、交易所对董事会权限的倡导性规定，多数上市公司也都据此制定和修改了章程。

由于公司经营情况和外部环境经常变化，即使是明确的授权，也只能是原则性的，无法涵盖所有具体事项。因此，实践中可能会出现无法判断权限归经理层还是董事会或者股东会的情形？更不用说，多数公司章程中

除了列示了法律规定外,连原则性授权都不明确。在这种情况下,董监高作为代理人会出现无所适从,或者频繁越权的情形。

举个例子:某公司发生境外重大诉讼,诉讼请求金额较大。由于是涉外诉讼,且公司财务亏损,诉讼方案、律师的选择以及律师费条款都显得尤为重要。在这种情况下,经理层是否需要将议题提交董事会审议?

再举个例子:在公司章程没有约定对外捐赠决定权归属的情况下,应由哪一级权力机构作出决策?

凡此种种,实践中如何处理,我们认为还是要根植于董监高勤勉尽责的义务,为公司利益最大化考虑,在没有明确授权的情况下,按照谨慎性原则,应由上一级权力机关作出决策。

2.要有激励,通过激励激发善意和创新

从管理学角度讲,最好的管理是用制度激发善意、积极性和创造力。改革开放初期执行的各项政策,无论是农村集体经济从大公社到家庭承包责任制的转变,还是城市工业企业从传统计划经济到经理人承包经营和国有企业改制的转变,其实质都是解放生产力,激发劳动者的积极性和创造力。

就单个公司而言,好的管理制度也要遵循人性。人性有善的一面,也有恶的一面,这是我们必须承认和面对的。人不是机器,即使制度再完备,也无法对实践中可能发生的行为都面面俱到地作出规定,尤其是对一个民营企业而言,如何设置出科学的、简洁的、充满人性的制度来激发人性的善、避免人性的恶,既是科学,也是智慧。从长期激励角度讲,好的股权激励就是能够激发善意的制度安排。尽量不加班,人性化的调休、请假制度,及时的财务报销流程,贴心的午餐和午休时间,以及暑假期间公司为双职工家庭子女的临时托管安排等都是能够体现公司的人文关怀和激发善意的制度。

激发员工的创新和创造力,对于公司就更重要了。每一项技术创新、流程优化都要依赖创新和员工的创造力。如果没有宽松的相对自由的环境,没有对技术人员看得见的激励,创新和创造力便无从谈起。目前市场上那些有着核心竞争力的公司无一不是在善待员工、激发员工善意上获得了员工的认可。

3. 要有考核和约束机制,能够通过制度发现错误并及时纠错

没有考核就意味着工作没有检查,如果工作质量跟绩效不挂钩,便很难有人对工作负责;如果别人或其他部门的工作跟自己没有关系,自己便很难发现他们的错误,自己的错误也很难会有人发现,即使发现了也没有动力去帮助纠错;如果不借助现代化的工具和流程进行工作确认,缺乏制度上的监督和制约,任何权力哪怕是一个小班组长调休的权力都可能被滥用。这些都是符合人性的、最简单的道理。

一句话,在当前经济下行的外部环境下,为应对2023年《公司法》修订带来的高要求,建立现代企业制度,实现公司的可持续发展以及公司的规模化、组织化和现代化转型,公司、董事高管除了自己和团队要加强学习外,夯实图2-14所列公司治理中不同身份对决策和执行过程的监督与纠错机制,即搭建法人治理第一层面、第二层面的制度和架构;同时,可以借助外部专业机构的力量搭建法人治理第三层面的制度和架构,共同完成这项艰巨的任务。

(八)股权激励:把好事做好究竟有多难?

从激励角度讲,股权激励作为一种长期激励措施,是一种能够将股东利益与职业经理人利益绑定的好用的工具。但是实践中也出现了大量股权激励失败的情形,即股权激励没有达到激励效果。市场上关于股权激励的书籍和培训班令人眼花缭乱,但从法律角度看,股权激励方案没有那么复杂,简单、可操作,真正实现激励目的才是关键。

1. 股权激励方式之实股、期权与限制性股票

股权激励的方式有多种分类方法。对非上市公司而言,从简单可操作原则出发,主要分为两种情况:实股与期权、直接持股与间接持股。虚拟股权激励的实质是管理层现金薪酬,不属于股权激励的范畴,因此不在本书讨论之列。上市公司的股票价格更市场化,因此可选的股权激励工具也较多,除实权和期权外,还包括限制性股票、资管计划等。

实股/实权是指股权激励对象现在就可以获得并工商登记在个人名下的股权或间接持股的平台公司股权/有限合伙企业合伙份额。根据公司实际情况,可以约定股权激励对象按期限认缴出资,也可以对其股权的表决权和处分权进行限制。

期权(stock options)是公司现在授予股权激励对象,但未来按照事先约定的价格和数量来实现的权利,期权是一种权利,激励对象可以选择行权,也可以放弃。期权一般与业绩考核挂钩,业绩考核时间一般不少于3年。市场上公示的上市公告的期权激励,最长行权期可达8年或10年。期权可以一次性行使,也可以分期行使,从而使股权激励制度更有连

续性。

限制性股票(restricted stock)指上市公司按照预先确定的条件授予激励对象一定数量的本公司股票,激励对象只有在工作年限或业绩目标符合股权激励计划规定条件的情况下,才可出售限制性股票并从中获益。所谓的限制性条件主要指限制股票出售的条件。按照当前惯例,限制性股票的价格可低至股票市场价格的一半。从广义角度讲,管理层对获得的股权附有限制条件的,都是限制性股票。

根据公司实际情况,设定和实施股权激励时也可以采取部分实权、部分期权的方式。什么情况下用实权,什么情况下用期权或者限制性股票是公司需要认真考虑的问题。一般来讲,对于历史上有重要贡献的管理层最好用实权;在设定了未来运营目标和方向需要全体管理团队一鼓作气冲业绩的情况下以及后来进入的公司管理层选择期权和限制性股票更合适,可以激励大家完成工作目标。

2. 股权激励方式之直接持股与间接持股

根据激励对象是否直接持有股权,股权激励方式可分为直接持股和间接持股。间接持股是指通过有限责任公司或有限合伙企业这样的持股平台持有,管理层通过持股平台间接持有公司股权。从激励对象角度讲,其更希望直接持股,这样股权变现时不需要依赖持股平台,更便利股权处置。但从公司角度讲,公司需要考虑人员稳定性、给未来团队预留股份以及对高管管理等因素,所以,更喜欢间接持股。如何选择,公司需要根据实际情况做实事求是的安排。

特别需要说明的是,无论是直接持股还是间接持股,这种安排一定要获得高管的认同、理解与支持,否则将使股权激励效果大打折扣。

3. 激励股票的来源

激励股票的来源有三种，一是大股东转让其已完成实缴出资的份额；二是大股东转让其未完成实缴的份额；三是公司定向增发或者回购的份额。一般来说，笔者倾向于推荐第二种、第三种方式：一方面，通过股权转让已完成实缴出资的方式会增加税负；另一方面，股权激励对象从大股东处受让股权，将股权激励款支付给大股东是不是会让人感觉不舒服？

4. 股权激励实施过程中还需要关注的几个问题

（1）要选择合适的时机，对于非上市公司而言，我们认为有5个指标考虑：一是公司主要盈利模式稳定，二是财务核算规范、准确，三是公司未来可期，四是管理层基本到位，五是在引进外部投资人之前。时机选择不当，早了或晚了都起不到激励的效果。所以，实践中要结合公司所处的不同阶段及对股权激励的需求，实事求是地设定股权激励方案。

（2）股权激励一定要出钱，不能无偿。因为只有出钱，大家才会认为公司是自己的，才会更在意公司的发展和未来，免费的股权激励是很难达到激励效果的。公司对创始管理层的赠予股份是个例外。

（3）股权激励价格要合适，过高起不到激励效果。为达到激励目的，股权激励的行权价格一般要低于市场价格，如非上市公司可以选择为1元/注册资本或者公司某一基准日经审计的账面净资产/股。同时，还要考虑股份支付问题，股份支付是财务概念，见《企业会计准则第11号——股份支付》。简单地说，公司在股权激励过程中需按照授予职工权益工具的公允价值记账，那么低于公允价值的部分应当计入相关成本或费用。具体公司实施股权激励时是否涉及股份支付，以及如何进行财务核算需要咨询会计师的意见。股份支付同样适用于上市公司。

（4）股权激励方式和额度分配要合理，不能引起管理层的抵触情绪。如对新老管理层采用同样的激励标准，就会引起老员工的不满。事实上，在公司创业阶段跟随公司多年的管理层其实也是创业者，他们付出了青春和努力，跟大股东一同承担了公司设立和运行的前期风险，而且前期公司薪酬也不高，所以，需要给予其一定的激励。为持续引进人才，在股权激励方案中预留低价股份也是非常有用的安排。

（5）考核指标设定要合理。例如，若对盈利模式尚不成熟的新业务和板块进行考核，让管理层承担新业务和模式的风险，可能导致不公平；又如，若考核目标设定不科学，激励对象为完成考核目标而采取了短期行为，不肯花成本和力量进行技术研发和项目储备，没有人关心公司的未来产品和市场运作，会导致公司行为具有严重的短期性，使股权激励失去应有的长期激励作用等。当然，考核目标设定后也可以适当调整，否则一旦与实际情况脱节，考核便失去意义，股权激励也会失败。

（6）管理层股权约束条件要合理。行权条件设置太多会导致管理层不满，甚至对大股东实施股权激励的诚意产生怀疑。行权条件设置太少也会出现问题。例如，有个项目公司引进职业经理人做总经理，赠与其20%股权，后因内部股权调整又给总经理增加了部分股权，最后该总经理成为公司第二大股东，持股比例仅次于董事长。但由于总经理主管技术、生产和销售，事实上控制了公司，这种情况下，股权激励目的同样无法实现。

5. 美的集团的股权激励制度

美的集团是证券市场上大规模、高频实施股权激励的典范，图3－10展示了公司2024年7月同时实施的多层级、多类别、多期次股权激励制度。

激励对象为公司核心管理人员，包括总裁、副总裁及其他高管等，通过分享公司业绩增长收益深度绑定高管

全球合伙人计划

股票期权激励计划

激励对象为研发、制造、品种等科技人员及风险承受能力较差的相关中基层人员，低风险低收益

美的集团同时实施的多层次、多类别、多期次股权激励制度

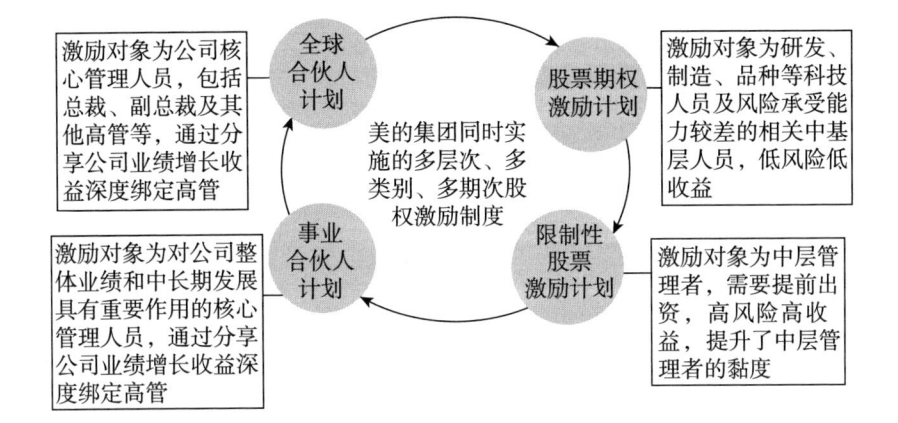

事业合伙人计划

限制性股票激励计划

激励对象为中层管理者，需要提前出资，高风险高收益，提升了中层管理者的黏度

激励对象为对公司整体业绩和中长期发展具有重要作用的核心管理人员，通过分享公司业绩增长收益深度绑定高管

图 3-10　美的集团的股权激励制度

四、民营企业的股东与董监高："一荣俱荣、一损俱损"

对于多数小规模私公司的民营企业来说，所有权与经营权没有分离，股东、董事与高级管理人员身份竞合，各方需时刻提醒自己在不同行为中的不同身份，以及不同的责、权、利和行为边界。

对于已经建立了董事会、监事会、具备一定规模的私公司和公众公司的民营企业来说，股东与不兼任董事的公司高级管理人员并不直接产生法律上的权利义务关系。但实践中会发生大量的董监高无所适从的困惑以及共同侵权的情形。所以，这种情况下如何明晰各方权利义务，是本书关注的重点。

（一）股东对董监高的权利

股东对董事监事的权利限于三项：一是有权提名，并参加股东会任免董事、监事,决定董事监事的薪酬;二是审议董事会工作报告和监事会工作报告;三是参加股东会对董监高质询,提出意见和建议。

对于不参加公司经营管理活动的小股东来说,上述三项法定权利中具有法律意义的也就是董事监事提名任免权了。为鼓励小股东行使这项基本权利,上市公司规定了累计投票,即小股东可以集中表决权从而使任免某位董事监事的目标达成。

举个例子,参加股东会议的全体股东拥有 5000 万股表决权,小股东持有 2000 万股,公司换届选举董事会 5 名成员,对该项董事选举议案需要单独表决,如果不实行累计投票,小股东拥有的表决权比例为 40%,无法达到过半数而选举自己提名的董事。但是,如果按照累计投票制,小股东就拥有 1 万个表决权(2000 × 5),大股东将获得 1.5 万个表决权(3000 × 5)。如果小股东将这 1 万个表决权全部用于某一名董事,该名董事获得的表决权就会超过大股东,因为如果大股东要选出 5 名董事,每名董事不可能获得超过 3000 个表决权,更不可能达到 1 万个表决权。这样,通过累计投票制,小股东就会选出自己信任的董事。

(二)董监高对股东的义务

1. 董事对股东的义务

董事对股东的义务包括两个方面:一是对个别股东的义务,如催缴出资、办理股权转让的变更登记,出具出资证明和股东名册,接到股东关于股东会提案召集、召开股东会等;二是对全体股东的义务,如信息披露、办理分红、公司清算完毕后的剩余资产分配等。详尽的义务见图 3 – 5 公司未全面履行对股东的义务,导致股东权利无法实现的情形,不再赘述。

2. 监事对股东的义务

监事对股东的义务包括两种情形:一是接到股东关于召开股东会提案召集股东会;二是股东行使代位诉权追究有过错的董监高责任的,需以向监事会提出要求为诉讼前置条件,监事会怠于提起诉讼的,股东才可以提起代位诉讼。

3. 公众公司董事对股东的义务

一是信息披露义务,二是发生上市公司收购情形下平等对待全体股东的义务。信息披露义务前面有述,不再赘述。

在此和大家分享一下发生上市公司收购的情况下董事监事高管对股东的义务。《上市公司收购管理办法》规定的上市公司收购情形下被收购公司董监高对股东的义务:

(1)被收购公司董监高应当公平对待所有收购人;

(2)被收购公司董事会应当对收购人的主体资格、资信情况以及收购意图进行调查,聘请财务顾问,就是否接受要约作出决定,并公告;

(3)收购人作出要约收购至要约收购完成前,未经被收购公司股东会批准,被收购公司董事会不得作出处置资产、对外投资、对外担保等影响公司财务状况的行为;

(4)要约收购期间,被收购公司董事不得辞职;

(5)上市公司管理层参与收购的,需经上市公司股东会同意,公司财务顾问和独立董事均需单独发表同意的意见。

(三)"撕裂的"董监高:实务中的困惑何其多?

1. 董监高困惑之一:股东之间存在争议的情况下,董监高怎么办?

这是个非常现实的问题,也是实践中董监高经常遇到的困惑。

举个例子:某公司 A、B 两股东发生争议,A 股东通过非正常低价增资的方式增持股份(关联董事在第一次董事会会议上回避表决),从而取得控股地位;后通过股东会决议将公司主要业务转让给 A 股东 100% 控股的公司(关联董事在本次董事会会议上亦回避表决)。如果 B 股东以 A 股东滥用股东权利损害股东利益为由提起诉讼,并追加在两次董事会上投赞成票的董事为共同被告,法院是否会判令这些董事和 A 股东构成共同侵权并对 B 股东承担过错赔偿责任?

答案是肯定的。按照公平对待所有股东的原则,如果 B 股东提交的证据充分确凿,能够证明 A 股东侵权责任成立,则在两次董事会上投赞成票的董事与 A 股东构成共同侵权,应对 B 股东承担赔偿责任。换句话说,如果非关联董事在两次董事会上均行使了否决权,则 A 股东的侵权行为将无法完成。

2. 董监高困惑之二:股东之间发生争议的情况下,董监高的正确做法是什么?

按照董监高对公司负有忠实和勤勉尽责义务的原则,股东争议显然是不利于公司利益的。所以,董监高应当尽力促使股东协商解决争议,如创造条件促成双方和解、积极寻找和解方案(如异议股东退出、阻却侵权方股东的错误行为)、积极接纳一方股东提出的股东会议议案和提案。而不是采取相反的做法，如完全倒向争议的一方股东。这种做法不仅无助于解决争议，还可能加剧矛盾，甚至导致公司陷入僵局，损害公司、董监高、股东和债权人等所有公司法律关系主体的利益。

试想：在这种情况下，哪个股东会放弃对有过错的董事个人的责任追偿呢？

3. 董监高困惑之三：股东与公司发生争议的情况下，董监高的正确做法是什么？

实践中公司与股东之间的争议可能表现为公司损害股东利益，或者股东滥用权利损害公司利益。在这种情况下，董监高应该怎么做？

如果公司损害股东利益，通常是通过董事高管完成的，或者由股东指示高管完成的，如不回应异议股东回购请求权、不为股权转让完成后的股东制作出资证明和股东名册导致新股东无法行使股东权利等。董事高管应当对股东错误指令说"不"，发现错误后立即停止侵权行为，并采取必要的补救措施，按照法律规定的正确行为模式促使股东权利实现。

如果股东滥用股东权利损害公司利益，那么公司董事高管应当坚决维护公司利益，对股东不当行为说"不"，并采取一切必要措施予以制止。如在股东抽逃出资、违法分配利润或违法减资的情况下，如果没有财务总监的协助，加上形式合法的董事会决议和股东会决议，股东侵权行为是难以完成的。这也是2023年《公司法》保留在股东抽逃出资的情况下，董事高管要承担连带责任的原因。

4. 董监高困惑之四：如何处理与股东的利益冲突？

如果董监高勤勉尽责，有能力促使公司成功，则股东能够实现投资回报，大家目标一致，没有利益冲突。董事高管与股东的利益冲突通常发生在公司盈利能力下降,出现大额亏损或持续亏损、持续经营障碍甚至到了需要重整/破产的境地时。此时,若董事高管继续拿着高额的工资却无力拯救公司,甚至为了个人私利(如维护职业声誉或延续高工资)而向股东隐瞒实际经营困境,拖延通过启动重整/预重整程序获得救助的机会,最后可能导致公司走向破产。这种"冰棍效应"(指处于困境的公司像冰棍一样,放在外面的时间久了就化了,公司价值随着时间的推移而减损)会导致股东利益归零。这也是部分发达国家对破产企业的董事高管采取必要措施的原因。

综合上述董监高困惑,无论发生何种情形,对于董事高管来说,都需要明确自己的法定义务,对争议各方的权利义务和责任有清晰的认知。必要的时候,需要借助专业人士的力量协助判断和寻找有效的解决方案。实践中多数公司陷入僵局或困境,往往是由于董事高管拖延或没有及时采取必要措施,从而错过了解决问题的良好时机。

(四)"困惑的公司":找个经理怎么这么难?

对于作为大股东的董事长来说,其关键任务可以概括为两件大事:选好人、分好钱。选好人是首要的、第一位的事。在当前尚未形成一支兼具良好的职业素养和专业技能的职业经理人队伍的环境下,怎么解决这个难题?笔者认为,关键还是在股东。因为,在股东与董监高的法律关系中,股东处于优势地位。

1. 举一个成功的例子:一位创始人股东在公司业务达到一定规模后开始物色总经理人选,最后成功为自己公司的两个业务板块选择了合适的总经理,自己便逐步退到董事长位置上,从全球视野和行业高度思考公司战略和公司文化建设。第一位总经理来自同行业,50多岁,辞职后来到公司,双方进行了3年以上的磨合,创始人便果断放权,正式任命其为总经理。第二位总经理是来自公司收购的一个研发和技术团队的"90后"年轻人。收购完成后,该业务仍然在年轻人主导下进行,双方完成了磨合,创始人发现年轻人有胆识,也具备管理能力,于是不仅继续让他管理原有的业务和团队,还将公司现有的同领域的其他业务也交由他负责。

2. 再举一个例子:公司多年培养的技术骨干拟在创始人逐步退出管理岗位后承接公司。创始人无偿赠与其10%的股权,并在最近完成的对外股权合作(出让控制权)中再赠与10%的股权。这样的安排在未来能否成功实现创始人股东的意愿?

笔者认为要完全达到创始人预期,并借本次股权合作一并解决公司传承问题,还需要满足以下条件:

(1) 对于本次给予职业经理人的10%股权,创始人需出资,否则职业经理人可能不会珍惜这部分股权。

(2) 借本次对外股权合作的机会实施"一揽子"股权激励计划,对这位拟任总经理的人选和其他骨干一并进行激励。事实证明,做好一个公司需要的不仅是一位干将,还需要一个整体、一个团队,尤其要避免出现负面的激励效果。所以,通过大面积股权激励和科学的考核机制,激发员工的积极性和创造性,也能使大家心服口服。

(3) 借助本次股权合作中对方的力量。由于这是一次控股权转让,作为交易完成后交易对方的子公司,虽然独立经营,但在战略安排和管理上可以借用控股股东的力量。这也是一次难得的选择职业经理人、实现公司传承的机会。

(五)恒大集团和中植集团引发的思考

1. 恒大案

2022年恒大集团发生债务危机后,2024年5月中国证监会作出行政处罚[①],认定公司巨额财务造假,对恒大集团、实际控制人许家印和时任6名地产集团总裁、财务总监作出顶格行政处罚,对公司罚款41.75亿元,对许家印罚款4700万元,其他董事高管作出从20万元至900万元不等罚款以及禁入证券市场的处罚,许家印及多名高管在被追究刑事责任程序中。

摘录中国证监会官网发布的行政处罚部分内容如下:

一、恒大地产披露的2019年、2020年年度报告存在虚假记载

恒大地产通过提前确认收入方式实施财务造假,2019年虚增收入2139.89亿元,占当期营业收入的50.14%,对应虚增成本1732.67亿元,虚增利润407.22亿元,占当期利润总额的63.31%;2020年虚增收入3501.57亿元,占当期营业收入的78.54%,对应虚增成本2988.68亿元,虚增利润512.89亿元,占当期利润总额的86.88%。

二、恒大地产公开发行公司债券存在欺诈发行

恒大地产2020年5月26日发行20恒大02债券,发行规模

---

① 中国证监会行政处罚决定书(恒大地产及其责任人员),载中国证监会官网,http://www.csrc.gov.cn/csrc/c101928/c7484333/content.shtml。

40亿元；2020年6月5日发行20恒大03债券，发行规模25亿元；2020年9月23日发行20恒大04债券，发行规模40亿元；2020年10月19日发行20恒大05债券，发行规模21亿元；2021年4月27日发行21恒大01债券，发行规模82亿元。

恒大地产在发行上述债券过程中公告的发行文件中分别引用了存在虚假记载的2019年、2020年年度报告的相关数据，存在欺诈发行。

三、恒大地产未按规定披露相关信息

（一）恒大地产未按期披露2021年年度报告、2022年中期报告及2022年年度报告

2023年8月10日，恒大地产公开披露2021年年度报告、2022年中期报告、2022年年度报告，上述定期报告的披露日均超过规定报送并公告日。恒大地产未依法按时披露定期报告。

（二）未按规定披露重大诉讼仲裁的情况

截至2023年8月31日，恒大地产2020年1月1日以来，共有1533笔重大诉讼仲裁事项（涉案金额5000万元以上）未按规定及时予以披露，涉及金额4312.59亿元。

（三）未按规定披露未能清偿到期债务的情况

截至2023年8月31日，恒大地产2021年1月1日以来，共有2983笔未能清偿到期债务未按规定及时予以披露，涉及金额2785.31亿元。

中国证监会认为，恒大地产披露的2019年、2020年年度报告存在虚假记载的行为，违反《证券法》第七十八条第二款"信息披

露义务人披露的信息,应当真实、准确、完整,简明清晰,通俗易懂,不得有虚假记载、误导性陈述或者重大遗漏"的规定,构成《证券法》第一百九十七条第二款所述行为。

2. 中植案

由于中植集团万亿债务"爆雷",截至目前,49 名董事高管以涉嫌非法吸收公众存款罪被提起公诉,那些曾经获得高额薪水的职业经理人在退赔,248 家企业在实质合并破产清算过程中。

综合恒大集团和中植集团两个案例,笔者认为,在市场经济初级阶段,民营企业的股东与董监高关系极度密切,可以说是一荣俱荣、一损俱损。股东直接承担了董事高管错误决策的法律后果,而董监高也不可避免地承担了股东违法行为的后果,给社会和无数的家庭带来了巨大的损失。究其实质,是各方没有坚守行为的边界,没有对不法行为说"不",导致决策—执行—监督和纠错的法人治理功能无效。当然,可以肯定的是,两大公司由盛转衰的过程中,那些发现问题并迅速离开公司的董监高用自己的行为对股东说了"不",从而使自己幸免于难。

(六)新公司法时代,民营企业如何建立良性的股东——董监高生态关系?

在市场经济初级阶段,除上市公司股东以及少数财务投资人外,多数股东直接参加公司经营管理活动,职业经理人队伍正在培育过程中。基于这种密切的股东与职业经理人关系,为促使公司尽快进入规模化、组织化和现代化阶段,2023年《公司法》进一步强化了股东和董监高对公司的法律义务,加重了违法行为的法律责任。为实现投资目标,股东需要选择具有良好职业技能和职业素养、能够忠实和勤勉尽责履行义务、为公司创造价值的职业经理人;反之亦然,职业经理人也应当选择诚实、有信用、有能力带领公司走得更远的股东。唯有建立良性生态关系,各方才能实现商业目标。

五、公司与债权人：善待"外人"

《公司法》关注的债权人问题不是指公司与单一债权人(如银行,某供应商/客户等)一对一的债权债务法律关系,而是公司法特有的债权人问题,是公司与不确定的、多数债权人之间的法律关系,是一对多的法律问题。公司与债权人之间的法律关系主要包括两种情形:一是公司进行减资、分立、合并过程中与作为整体的债权人之间的权利义务关系,二是公司在发行和交易债券过程中与债券持有人整体间的权利义务关系。

在公司法的七组法律关系中,公司/股东/董监高与债权人之间的法律关系属于外部法律关系,相对人股东/董监高和公司是"自己人",债权人是"外人"——并不直接参与到公司的经营管理活动中,而是公司的交易对方——原材料的提供方、产品和服务的接受方、借款资金提供方和债券融资资金提供方等。这些债权人作为一个整体,对于公司持续经营具有重要意义。

没有债权人的支持，公司是无法存续的。为此，法律要给予债权人特别的制度保护，防止在公司法律关系中处于相对弱势地位的债权人的利益受到公司/股东和董监高的侵犯，尤其在公司偿债能力下降、资不抵债的情况下。

(一)公司减资、分立、合并过程中对债权人的利益保护

1. 公司减资、合并与分立

（1）减资

减资是指公司减少注册资本的行为。2023 年《公司法》规定，以全体股东同比例减资为原则，以向个别股东定向减资为例外。实践中减资行为时有发生，如公司设定注册资本后发现后续公司经营活动中不需要这么多资金，或者股东没有缴纳后续出资的能力，或者公司在 IPO 过程中发现个别股东的实物出资不适当，可以通过减资或替代履行方式进行调整。

《公司法》规定的减资的操作程序：

①公司编制资产负债表及财产清单、作出股东会决议，并经代表 2/3 以上表决权的股东通过；

②10 日内通知已知债权人，30 日内公告未知债权人；

③接到通知的债权人 30 日内、未接到通知的债权人自公告之日起 45 日内有权要求公司清偿债务或者提供担保；

④通知和公告期满，公司可以办理减资的财务和变更登记。

（2）公司合并

合并分立是并购重组中经常使用的手段。对债权人而言，合并分立涉

及债务人的变更,将直接影响债权人债权是否能够实现。因此,《公司法》对合并、分立规定了严格的程序,应当依法进行。

合并方式分两种,即吸收合并和新设合并。一个公司吸收其他公司为吸收合并,被吸收的公司解散。两个以上公司合并设立一个新的公司为新设合并,合并各方解散。公司合并后,合并前各方的债权、债务应当由合并后存续的公司或者新设的公司承继。

公司合并的操作程序:首先,合并各方签订合并协议,并编制资产负债表及财产清单。当然,合并双方签订合并协议前各方应当履行内部股东会审议程序,并经2/3以上多数通过。其次是对债权人的通知和公告程序,同减资。

2023年《公司法》修订增加了两种简易合并的便利程序,一种情形是在公司与其持股90%以上的公司合并的情况下,被合并公司不需经股东会决议,但应当通知其他股东,其他股东可以行使异议股东回购请求权。另一种情形是在合并支付的价款不超过本公司净资产10%的情况下,可以不经股东会决议,章程另有约定的除外。

(3)公司分立

公司分立是指一个公司分为两个公司,两个公司股东一致,股权结构相同。公司分立需对原公司财产进行分割,相对应的业务、人员、机构以及债权、债务均进行分割。对债权人来说,这意味着债务人变更,将实质性影响债权人权利的实现。因此,《公司法》规定,公司分立除需要履行通知和公告程序外,法律赋予了分立后两公司在义务和责任上承担连带责任的规定,但是,债权人同意并在分立前与债权人就债务清偿达成的书面协议另有约定的除外。

2. 公司发生减资、分立、合并的情形下对债权人利益的特别保护

对于债权人来说，减资是导致公司资产减少并可能导致公司偿债能力下降从而损害债权人利益的行为；在公司合并、分立的情况下，债务人发生变化也可能导致公司资产减少或者偿债能力下降从而损害债权人。因此，法律规定需履行对债权人的特别通知和公告程序。也就是说，债权人同意是公司实施减资、合并的前置程序，也是法律行为有效的前提条件。收到公司通知时，债权人可以要求公司偿还债务或者提供担保，债权人不同意公司减资、合并的，公司不能进行减资、合并。在公司分立的情况下，法律直接规定公司分立前的债务由分立后的公司承担连带责任，从法律制度上防止公司利用分立损害债权人利益的行为发生。

考虑到公司规模大小不一，总体债权数量和债权人数量不一，且处于变动的状态，实践中上市公司重组过程中采取公司分立、合并方式的，会取得主要债权人（占债权总额的多数）的书面同意，公司同步提供一个履约担保，确保因此不会损害债权人利益。

当公司股东通过减资的方式抽逃出资时，公司和股东对债权人构成共同侵权。

（二）公司债券发行和交易过程中对债券持有人的利益保护

1. 证券交易市场对股票和债券发行和交易行为的法律规制并无二致

公司公开或者非公开发行的股票和债券在证券市场上进行交易，二者是证券市场主要的交易品种，同时受证券法规制。对公司来说，发行股票和债券均属于融资行为，前者为股权融资，后者为债权融资。无论是股票

持有人(股东)还是债券持有人(债权人),都是公司的投资人,是不确定的多数投资人。他们并非通过一对一的商务谈判形成交易,而是通过公司发布的要约邀请(公司公告的股票/债券募集计划)形成交易。他们对公司生产经营、业务、技术和财务数据的了解,依赖于公司自己发布的公告和中介机构的背书,且不直接参与公司生产管理过程。因此,投资者利益保护是公开证券交易市场得以形成的关键。

为保障证券发行和交易过程中投资人的利益,保障公开、公平、公正的交易市场的形成,鼓励交易和债券转让,《公司法》和《证券法》在基本原则、立法宗旨、发行和主要交易流程、市场各方要素的构成、公司作为发行人的主要义务(信息披露、禁止内幕交易、禁止操纵市场等)等方面均作出了相应规定。

目前,公开发行债券与公开发行股票的程序相同,都由交易所负责受理、审核,并报中国证监会注册。2023年《公司债券发行与交易管理办法》(证监会令第222号)是当前规制证券发行与交易行为的主要法规依据。

2. 公众公司股票持有人(股东)与债券持有人(债权人)法律地位的主要差异

(1)股东和债券持有人追求的利益不同:股东是公司剩余资产的所有者,其回报具有不确定性;债券持有人是公司债权人,拥有按照事先约定的计息条件取得固定收益的权利。除发生债券违约外,债券持有人的回报通常是确定的。所以,股东侧重于关注公司的持续盈利能力,而债券持有人侧重于关注公司的偿债能力。

《证券法》规定的公开发行股票的条件:

第十二条　公司首次公开发行新股,应当符合下列条件:

(一)具备健全且运行良好的组织机构;

(二)具有持续经营能力;

(三)最近三年财务会计报告被出具无保留意见审计报告;

(四)发行人及其控股股东、实际控制人最近三年不存在贪污、贿赂、侵占财产、挪用财产或者破坏社会主义市场经济秩序的刑事犯罪;

(五)经国务院批准的国务院证券监督管理机构规定的其他条件。

上市公司发行新股,应当符合经国务院批准的国务院证券监督管理机构规定的条件,具体管理办法由国务院证券监督管理机构规定。

公开发行存托凭证的,应当符合首次公开发行新股的条件以及国务院证券监督管理机构规定的其他条件。

《证券法》规定的公开发行债券的条件:

第十五条　公开发行公司债券,应当符合下列条件:

(一)具备健全且运行良好的组织机构;

(二)最近三年平均可分配利润足以支付公司债券一年的利息;

(三)国务院规定的其他条件。

公开发行公司债券筹集的资金,必须按照公司债券募集办法所列资金用途使用;改变资金用途,必须经债券持有人会议作出决议。公开发行公司债券筹集的资金,不得用于弥补亏损和非生产性支出。

(2)股东可以亲自参加股东会行使股东权利,也可以委托代理人参加股东会代为行使股东权利。股东会是公司最高权力机构。在公开发行债券的情况下,债券持有人不能亲自行使债权人权利,发行人需代为委托中国证监会认可的专业的代理人——受托管理人参加债券持有人大会,代表债券持有人行使权利。对于非公开发行的债券,债券持有人一般也不能亲自行使权利,债券募集说明书中应当约定受托管理人的职责。国内的受托管理人一般是证券公司。

债券持有人通过债券持有人大会行使权利。公司发行债券时需公告债券持有人会议的召集、召开、提案、审议、决议等议事规则(其法律逻辑与股东会类似)。根据规则审议通过的决议,对全体债券持有人(包括所有出席会议、未出席会议、反对决议或放弃投票权的债券持有人以及在相关决议通过后受让本次可转债的持有人)均具有同等约束力。

(3)股东权利和债券持有人身份可以相互转换,如可转债就是公司发行的可以按照债券持有人意愿和事先确定的条件,到期后转换为公司股票的债券。

(4)从财务角度看,股东和债权人作为资产负债表右侧的利益相关者,二者在数据上呈现此消彼长的关系,尤其在公司偿债能力不足的情况下,股东有滥用股东权利损害债权人利益的冲动。

(三)公司在债券发行和交易过程中的信息披露义务

无论是公开发行的债券还是非公开发行的债券,都要公开交易。所以,与公司公开发行股票类似,公司的业务经营和管理行为将直接影响不特定多数债券持有人的利益。基于此,公司在债券发行和交易过程中也应当履行信息披露义务。《证券法》规定,债券发行和交易过程中,公司需披露的年度报告、半年度报告等经常性信息外,还需披露的可能对上市交易公司债券的交易价格产生较大影响的重大事件,包括:

①公司股权结构或者生产经营状况发生重大变化;

②公司债券信用评级发生变化;

③公司重大资产抵押、质押、出售、转让、报废;

④公司发生未能清偿到期债务的情况;

⑤公司新增借款或者对外提供担保超过上年末净资产的百分之二十;

⑥公司放弃债权或者财产超过上年末净资产的百分之十;

⑦公司发生超过上年末净资产百分之十的重大损失;

⑧公司分配股利,作出减资、合并、分立、解散及申请破产的决定,或者依法进入破产程序、被责令关闭;

⑨涉及公司的重大诉讼、仲裁;

⑩公司涉嫌犯罪被依法立案调查,公司的控股股东、实际控制人、董事、监事、高级管理人员涉嫌犯罪被依法采取强制措施;

⑪国务院证券监督管理机构规定的其他事项。

(四) 债券持有人权利与债券持有人会议

为便于不特定的多数债券持有人行使权利,《公司债券发行与交易管理办法》规定,债券持有人按照多数决的原则,通过债券持有人会议行使权利,并形成共同的意思表示。"债券持有人会议按照本办法的规定及会议规则的程序要求所形成的决议对全体债券持有人有约束力,债券持有人会议规则另有约定的除外。"

摘录2024年6月深圳市路维光电股份有限公司公告的可转换公司债券持有人会议规则如下,供大家参考。

第五条 投资者认购、持有或受让本次可转债,均视为其同意本规则的所有规定并接受本规则的约束。

第二章 债券持有人的权利与义务

第六条 本次可转债债券持有人的权利:

(一)依照其所持有的本次可转换公司债券数额享有约定利息;

(二)根据《募集说明书》约定条件将所持有的本次可转债转为公司股票;

(三)根据《募集说明书》约定的条件行使回售权;

(四)依照法律、行政法规及《公司章程》的规定转让、赠与或质押其所持有的本次可转债;

(五)依照法律、行政法规及《公司章程》的规定获得有关信息;

(六)按《募集说明书》约定的期限和方式要求公司偿付本次可转债本息;

(七)依照法律、行政法规等相关规定参与或者委托代理人参与债券持有人会议并行使表决权;

(八)法律、行政法规及《公司章程》所赋予的其作为公司债权人的其他权利。

第七条 本次可转债债券持有人的义务:

(一)遵守公司所发行的本次可转债条款的相关规定;

(二)依其所认购的本次可转债数额缴纳认购资金;

(三)遵守债券持有人会议形成的有效决议;

(四)除法律、法规规定及《募集说明书》约定之外,不得要求公司提前偿付本次可转债的本金和利息;

(五)法律、行政法规及《公司章程》规定应当由本次可转债持有人承担的其他义务。

第三章 债券持有人会议的权限范围

第八条 债券持有人会议的权限范围如下:

(一)当公司提出变更《募集说明书》约定的方案时,对是否同意公司的建议作出决议,但债券持有人会议不得作出决议同意公司不支付本次债券本息、变更本次债券利率和期限、取消《募集说明书》中的赎回或回售条款等;

(二)当公司未能按期支付可转债本息时,对是否同意相关解决方案作出决议,对是否通过诉讼等程序强制公司和担保人(如有)偿还债券本息作出决议,对是否参与公司的整顿、和解、重组或者破产的法律程序作出决议;

(三)当公司减资(因实施员工持股计划、股权激励或公司为维护公司价值及股东权益所必需回购股份导致的减资除外)、合并、分立、解散或者申请破产时,对是否接受公司提出的建议,以及行使债券持有人依法享有的权利方案作出决议;

(四)当担保人(如有)或担保物(如有)发生重大不利变化时,对行使债券持有人依法享有权利的方案作出决议;

(五)当发生对债券持有人权益有重大影响的事项时,对行使债券持有人依法享有权利的方案作出决议;

(六)对变更、解聘债券受托管理人或变更债券受托管理协议的主要内容作出决议;

(七)在法律规定许可的范围内对本规则的修改作出决议;

(八)法律法规、规范性文件及本规则规定应当由债券持有人会议作出决议的其他情形。

(五)受托管理人职责

与股东可以亲自行使股东权利不同,《公司债券发行与交易管理办法》强制要求债券持有人在债券存续期间需委托专业受托管理人代其行使权利。《公司债券发行与交易管理办法》对受托人职责作了明确的规定:

第五十七条　公开发行公司债券的,发行人应当为债券持有人聘请债券受托管理人,并订立债券受托管理协议;非公开发行公司债券的,发行人应当在募集说明书中约定债券受托管理事项。在债券存续期限内,由债券受托管理人按照规定或协议的约定维护债券持有人的利益。

发行人应当在债券募集说明书中约定,投资者认购或持有本期公司债券视作同意债券受托管理协议、债券持有人会议规则及债券募集说明书中其他有关发行人、债券持有人权利义务的相关约定。

第五十八条　……债券受托管理人应当勤勉尽责,公正履行受托管理职责,不得损害债券持有人利益。对于债券受托管理人在履行受托管理职责时可能存在的利益冲突情形及相关风险防范、解决机制,发行人应当在债券募集说明书及债券存续期间的信息披露文件中予以充分披露,并同时在债券受托管理协议中载明。

第五十九条　公开发行公司债券的受托管理人应当按规定或约定履行下列职责:

(一)持续关注发行人和保证人的资信状况、担保物状况、增信措施及偿债保障措施的实施情况,出现可能影响债券持有人重大权益的事项时,召集债券持有人会议;

(二)在债券存续期内监督发行人募集资金的使用情况;

(三)对发行人的偿债能力和增信措施的有效性进行全面调查和持续关注,并至少每年向市场公告一次受托管理事务报告;

（四）在债券存续期内持续督导发行人履行信息披露义务；

（五）预计发行人不能偿还债务时，要求发行人追加担保，并可以依法申请法定机关采取财产保全措施；

（六）在债券存续期内勤勉处理债券持有人与发行人之间的谈判或者诉讼事务；

（七）发行人为债券设定担保的，债券受托管理人应在债券发行前或债券募集说明书约定的时间内取得担保的权利证明或其他有关文件，并在增信措施有效期内妥善保管；

（八）发行人不能按期兑付债券本息或出现募集说明书约定的其他违约事件的，可以接受全部或部分债券持有人的委托，以自己名义代表债券持有人提起、参加民事诉讼或者破产等法律程序，或者代表债券持有人申请处置抵质押物。

第六十条　非公开发行公司债券的，债券受托管理人应当按照债券受托管理协议的约定履行职责。

第六十一条　受托管理人为履行受托管理职责，有权代表债券持有人查询债券持有人名册及相关登记信息、专项账户中募集资金的存储与划转情况。证券登记结算机构应当予以配合。

……

第六十三条　存在下列情形的，债券受托管理人应当按规定或约定召集债券持有人会议：

（一）拟变更债券募集说明书的约定；

（二）拟修改债券持有人会议规则；

（三）拟变更债券受托管理人或受托管理协议的主要内容；

（四）发行人不能按期支付本息；

（五）发行人减资、合并等可能导致偿债能力发生重大不利变化，需要决定或者授权采取相应措施；

（六）发行人分立、被托管、解散、申请破产或者依法进入破产程序；

（七）保证人、担保物或者其他偿债保障措施发生重大变化；

（八）发行人、单独或合计持有本期债券总额百分之十以上的债券持有人书面提议召开；

（九）发行人管理层不能正常履行职责，导致发行人债务清偿能力面临严重不确定性；

（十）发行人提出债务重组方案的；

（十一）发生其他对债券持有人权益有重大影响的事项。

在债券受托管理人应当召集而未召集债券持有人会议时，单独或合计持有本期债券总额百分之十以上的债券持有人有权自行召集债券持有人会议。

（六）频发的高额债券违约事件引人深思

近年来，债券市场高额违约事件频发。据新浪财经报道，2020年全年共有67家主体的189只债券发生违约，涉及金额1661.86亿元。2023年4月25日，恒大集团公告显示其逾期债务达2370亿元、逾期商票2479亿元。

如此高额债务违约事件频发表明，债券市场制度存在明显缺陷：公司信息披露造假，受托管理人没有忠实、勤勉尽责地维护债券持有人权益，债券市场中介机构没有坚守专业底线等问题突出。同时,大量的债券持有人作为"权利的睡眠者"导致债券持有人大会形同虚设,没有达到保护债券持有人利益的目的。一句话,如果说股票市场的繁荣是建立在公司持续盈利的基础上,那么债券市场的繁荣一定是以信用为基础的。没有发行人的持续盈利和诚实信用的基本条件以及债券持有人的理性决策,就难以形成公开、公平、公正的债券发行和交易市场。

六、股东与债权人：此消彼长的利益冲突

在股东与债权人的法律关系中，债权人处于外部，是消极的、被动的，所以，不可能发生债权人作为一个整体损害股东利益的情形。相反，股东违法减少公司资产，导致公司偿债能力降低，直接损害债权人利益的情形则是可能发生的。为此，法律确立了股东对债权人的消极义务原则，即禁止滥用股东权利损害债权人利益，并为债权人设置了特别的纠偏机制。特别强调对债权人的利益保护也是2023年《公司法》修订的主要内容。

具体如下：

1.当公司不能清偿债务时，债权人有权要求未届出资期限的股东加速出资，以增强公司清偿能力并偿还债务。

这是2023年《公司法》修订变更的内容，此前公司债权人主张股东出资加速到期的前提是公司资不抵债，该次修订降低为"不能清偿到期债务"。当然，行使该等权利，债权人需要提供证据证明公司不能清偿到期债

务,但证明义务并不重。

2. 股东违法减资、违法分配利润损害债权人利益的,债权人可以要求股东在违法行为范围内承担责任。

(1) 违法减资

从财务和税务角度讲,减资是公司对股东利益分配的一种行为。若公司未履行法律规定的债权人通知和公告程序进行减资,构成违法减资。在这种情况下,债权人可以追加股东在获得减资利益的范围内承担赔偿责任。

(2) 违法利润分配

实践中,违法利润分配通常表现为公司通过制作虚假财务报表,在事实上没有可供分配利润的情况下向股东分配利润。2023年《公司法》修订增加了在这种情况下股东和董事监高对公司的赔偿责任。《公司法司法解释(三)》进一步提出,违法利润分配的实质属于股东抽逃出资,因此,债权人可以以此为由追究股东责任。

3. 在股东严重滥用公司法人地位和股东有限责任,逃避债务并严重损害公司债权人利益的情况下,债权人可以"横向/纵向揭开公司面纱"为由,否定公司法人人格,要求股东对自己投资的公司或者自己控制的关联公司的债务承担连带责任。

4. 在公司破产状况下,如有股东未完成实缴出资的行为,清算组可以要求股东补足出资。

5. 在公司执行不能的情况下,如发现股东存在未全面履行出资义务、抽逃出资或者未履行出资义务即转让股权等情况,法律规定民事执行过程中可以不经诉讼程序直接追加股东作为被执行人——《最高人民法院关于民事执行中变更、追加当事人若干问题的规定》(2020年修正)。

第十七条 作为被执行人的营利法人,财产不足以清偿生效法律文书确定的债务,申请执行人申请变更、追加未缴纳或未足额缴纳出资的股东、出资人或依公司法规定对该出资承担连带责任的发起人为被执行人,在尚未缴纳出资的范围内依法承担责任的,人民法院应予支持。

第十八条 作为被执行人的营利法人,财产不足以清偿生效法律文书确定的债务,申请执行人申请变更、追加抽逃出资的股东、出资人为被执行人,在抽逃出资的范围内承担责任的,人民法院应予支持。

第十九条 作为被执行人的公司,财产不足以清偿生效法律文书确定的债务,其股东未依法履行出资义务即转让股权,申请执行人申请变更、追加该原股东或依公司法规定对该出资承担连带责任的发起人为被执行人,在未依法出资的范围内承担责任的,人民法院应予支持。

第二十条 作为被执行人的一人有限责任公司,财产不足以清偿生效法律文书确定的债务,股东不能证明公司财产独立于自己的财产,申请执行人申请变更、追加该股东为被执行人,对公司债务承担连带责任的,人民法院应予支持。

第二十一条 作为被执行人的公司,未经清算即办理注销登记,导致公司无法进行清算,申请执行人申请变更、追加有限责任公司的股东、股份有限公司的董事和控股股东为被执行人,对公司债务承担连带清偿责任的,人民法院应予支持。

　　第二十二条　作为被执行人的法人或非法人组织,被注销或出现被吊销营业执照、被撤销、被责令关闭、歇业等解散事由后,其股东、出资人或主管部门无偿接受其财产,致使该被执行人无遗留财产或遗留财产不足以清偿债务,申请执行人申请变更、追加该股东、出资人或主管部门为被执行人,在接受的财产范围内承担责任的,人民法院应予支持。

七、董监高与债权人：如何防止被债权人追责？

承接上述，债权人对董监高不负有任何法律义务。而董监高对债权人的法律义务，可以分为积极和消极两个方面：

从积极角度讲，如果董监高全面履行了对公司的忠实、勤勉尽责义务和平等对待股东的义务，公司能够在重大事项上正确决策、正确的决策也能在实践中得到全面的实施、决策和执行过程中的错误能够得到及时发现和纠正，公司法人治理架构有效，通过制度释放善意和创造性，则公司能够实现其设立目标，即公司成功。在这种情况下，董监高自然也能全面维护债权人利益，使债权人的信赖利益得到实现。

从消极角度讲，如果公司不能实现持续经营，更不用说持续盈利，那么债权人的利益必然受到损失。更有甚者，当发生了公司或股东主动侵权损害债权人利益的情形，如果参与其中的董事、高管有过错，与公司或股东构成共同侵权，则董事高管同时承担赔偿责任。《公司法》第191条新增董事高管直接对第三人(债权人)的责任,"董事、高级管理人员执行职务,给他人造成损害的,公司应当承担赔偿责任;董事、高级管理人员存在故意或者重大过失的,也应当承担赔偿责任"。董事高管协助股东抽逃出资、违法利润分配、违法减资都应当对公司承担赔偿责任。

需要强调的是,如果没有董事高管的积极或消极配合,任何公司/股东对债权人的侵权是无法实现的。

八、如何处理好公司法律关系？

问个问题：公司如果处在优质行业赛道，在技术、市场、管理、团队和资金等多方面均拥有优势，是不是一定能够成功？恐怕谁也不敢做肯定的回答。因为即使具备上述优势条件，一次简单的股东争议、一个关键时刻的错误决策便可能使公司瞬间陷入困境，最终走向重整或破产。或者说，良好的技术、团队、管理、市场和充足的资金仅是公司成功的必要条件，而非充分条件。

但就这些必要条件而言，从消极角度讲，如果公司的顶层架构——股东、公司、董监高、债权人之间的平衡如果出了问题，其对公司的杀伤力和破坏力往往是最大的。

从积极角度讲，大量成功案例证明：如果公司能搭好顶层架构、处理好公司法律关系，就有可能将良好的技术、团队、管理、市场等其他要素的力量结合起来，实现公司成功的目标。

这正是我们不厌其烦地强调处理好公司法律关系的重要性的原因。那么,如何才能做好?

1. 我国脱胎于农业社会,商业实践时间相对短暂,且长期受"重农抑商"文化影响。需要下大力气学习世界其他地方通过长期商业实践形成的商业文明和规则。这些规则是建立在无数失败案例的基础上的,甚至无数人为此付出了生命的代价。所以,认识到自己的不足,学习规则、敬畏规则,方可最大限度避免错误和损失。

2. 合作是商业文明的基石。对于公司法律关系来说,股东、公司、董监高、债权人之间需要合作,股东之间、董事之间、董监高之间需要合作,公司/股东/董监高与跨专业的中介机构也需要合作。

公司法律关系主体之间合作的基础是各方存在共益。任何一方在追求自益过程中如果以损害其他利益主体的利益、损害公司的共益为代价,那么自益的目标自然无法实现;只有在坚持共益的前提下,自益才有实现的可能。尤其在重大事项的决策过程中遇到困难或发生利益冲突的时候,各方应充分沟通,在多数情况下能够从共同利益的角度出发找到妥协和解决问题的方案。像个未成年人一样执拗地坚持自己的错误或者无限拖延最终都会付出代价。

公司与公司法律关系之外的主体之间的合作不是必需的,这种需求通常在公司遇到困难或进行长远战略规划时产生。这种合作需求从传统的法律、财务、税务专业服务,扩展到企业战略顾问、人力资源顾问、管理咨询、困境企业咨询顾问以及在专业分工基础上行业细领域咨询。就像自然人需要专科医生照顾身体健康、处理急诊一样,公司在成长过程中也需要"医生"协助进行"健康管理",协助公司处理"急诊"危难事件。

公司与中介机构跨专业合作的基础是专业能够创造价值,而合作的深度由社会分工的精细化程度决定。一些国家发达的中介机构的繁荣便是例证。不容忽视的是,国内那些取得成功的公司,无一例外地早已与各专业中介机构开展了长期、深入的战略合作,这些合作助力了企业的长足发展。

3.明确、稳定的法律规则和良好的外部环境非常重要。对于政府来说,充分的市场经济、有限的公权力介入、出台明确/稳定的法律,可以给市场经济主体带来足够的信赖感和安全感,从而鼓励他们去投资、扩大规模、加大技术投入。公司是社会增量财富的创造者,企业家躺平一定是件危险的事情。

第四章

如何初始建立和动态调整公司法律关系？

CHAPTER 4

我们知道，自然人复杂的人体结构是经过几千年的进化和演变形成的。多数情况下，父母都能生出健康的宝宝。即便如此，准妈妈们在孕期还是要做大量的医学检查，关注孩子孕育的过程，并在健康宝宝出生后坚持科学的养育方式。但是公司完全不一样，公司作为人为创设的"生命体"，没有预设的精巧架构，其架构必须由股东自己搭建。正如世界上找不到两片完全相同的树叶一样，自然也不存在两个完全相同的公司。

如何确保公司在初始设立时能够建立起公司法律关系的平衡，并在后续发展过程中维持这种平衡，无疑是对各方的考验。本章将通过案例的方式引发大家的思考。

一、建立公司法律关系的初始平衡：公司设立

（一）有没有最好的、最坏的或需尽量避免的股权结构？

笔者认为，凡是符合公司、股东的实际情况，有利于建立各方股东之间的平衡关系，能够激发善意和创造性，能够实现公司设立目标的股权结构，都是好的股权结构。初始股权架构有缺陷，未来适时调整后恢复了平衡关系，能够实现公司投资目的的，仍然是好的股权结构。

也有人说，51%：49%，50%：50%，这样比例的股权结构一定是最坏的股权结构。笔者不这样认为。笔者身边不乏50%：50%股权结构的案例，公司持续经营了近20年，基本健康，没有出现大的问题和困境，当然其确实也还没有大突破。但是，在当前恶劣的外部环境下，有这样的成绩也是不错了。

还有人说，从股权结构上讲，当前公司法人治理水平提升的最大障碍是"一股独大"。笔者持不同意见。

因为股东之间的良好合作建立在市场经济相对成熟的条件下,需要各方股东对公司设立和运营的规则达成高度一致,对股东行为边界有清晰的认识,同时要求大股东高度诚信、小股东充分信任大股东且不滥用权利。当前,在市场经济初级阶段,公司有一个相对大股东,既符合外部环境,也符合股东心理。这样大股东可以集中精力做好公司决策、执行和业务、业绩提升,不需要费力气和其他股东协商、妥协。

当然,股权结构相对集中对大股东提出了更高的要求,即带领公司实现投资目的,并兼顾其他股东、董监高和债权人的利益。现实中,许多股权集中的公司已经搭建了有效的法人治理架构。

对于股权结构相对分散的公司来说,有更多的股东参与公司决策,可以集合大家的力量和资源,作出正确决策,但同时需要协调好股东关系、激发各股东的善意,这其实也对公司治理提出了更高的要求。

有没有相对困难的情形?结合近年来的法律实践,国有企业与民营资本的股权合作,尤其是国资控股的情况,往往面临挑战。如何处理这个困难?实践中,除涉及国计民生的行业外,其他一般竞争领域的国有资本参股公司可以采取优先股的模式,即以放弃表决权的方式换取固定收益,从而促进股东间的合作。

综合来看,即使初始股权结构再好,如果后续法人治理制度建设没有跟上,或者发生了需要调整的情形未及时调整,公司也无法实现成功;反之,初始股权结构即使存在一些非致命缺陷,也可以在后续的运营过程中进行纠正、调整和改善。在成熟资本市场,以交换股东为交易内容的并购重组整体份额远高于 IPO 市场。

(二)初始股权结构设置的原则

初始股权架构应当以实现公司目的为目标,合理配置各方股东的权利义务关系,并防止先天缺陷,其设置可以遵循下列原则:

(1)充分考虑公司的实际情况(如业务、技术的成熟度以及对资金的需求),股东的意愿和出资能力,对公司运营所需要的业务、技术、市场和资金等各方资源进行合理配置,将对公司业务发展有重要影响且有能力和意愿带领公司实现公司目的的一方作为控股股东。

(2)既要鼓励大股东和技术方积极作为,也要鼓励各股东齐心协力,共同做好公司,鼓励公司实现初始设立目标。除此之外,还要设置防止大股东滥用权利损害公司利益和小股东利益的条款,设置技术股东的表决权安排以及财务投资人适当的退出渠道、价格和方式;事先约定公司设立目的不达的客观情形,并作出安排,防止出现公司僵局。

(3)为公司未来经营情况、股东情况发生变化预设股权调整的路径与原则。

(三)几个初始股权结构不当,或者股东权利义务配置不明确,未来可能引发争议的例子

案例1:

四位大学同学创业,基于个人业务能力和出资能力分别出资40%、30%、15%、15%,由于前面三个股东都在原单位继续工作,基于充分的信任关系,第四个持股15%的股东全职参与公司经营管理活动,并担任公司

董事长和法定代表人。

由于没有同步约定明确的议事规则,担任公司董事长的股东在公司战略大事、职业经理人聘任和薪酬、产品计划、营销市场安排等事项上都需要和其他三位股东商量,低效、频繁的沟通和协调,使这位董事长疲惫不堪。

由于未预设股权架构调整规则,这位董事长也不好意思主动提出调整方案,最终的结果可想而知。

该案中,由于公司初始股东权利义务配置不合理,没有适当的议事规则来提高效率,也没有鼓励担任公司董事长的股东积极作为,公司投资目的不达,各方投资目标均没有实现,原有的信任关系也受到了极大的伤害。

案例2:

外方设备配件供应商拟在中国组件整机进入中国市场。外方股东的优势是技术,中方的优势是市场,初始股权结构设置为中方控股、双方现金出资但并未约定技术的使用原则。公司设立后,外方股东提出按照公司惯例,对非控股企业要收取高额的技术使用费,再加上中方委派董事长、外方委派总经理和技术总监高额的薪酬,合资公司设立刚满一年,双方产生争议,公司解散。

该案中,从权利义务配置平衡角度出发,如果外方担任控股股东,其高额的技术使用费可以从合资公司运营的收益中得到满足,没有初始的平衡,自然免不了失败的结局。

案例3:

某高新技术公司初始设立时,财务投资人以现金出资并负责销售,技术股东以技术出资,大股东以土地出资。公司需要时间验证技术的成熟,同时,市场推广也是一件大事。在这种情况下,是否需要根据各方股东对公司的价值和贡献来调整股权？如何协调各股东的表决权：哪些事项要半数以上通过？哪些事项需要 2/3 以上通过？是否可以赋予技术股东在技术相关事项上的一票否决权？各股东退出条款也要合理，公司在设立目标未实现的情况下是否可以允许技术股东股权退出……上述种种，如果事先不作原则性约定，或者没有股权调整的依据，未来都可能导致股东争议和公司僵局。

二、确保动态平衡：适时调整公司法律关系的目标

(一)应予调整和必须调整的情形

如果公司法律关系初始设置不平衡或存在缺陷,后期能够根据公司各方情况的变化作出相应的调整,仍然是可行的。这些需要调整的情形包括但不限于:股东自身变化(主观意愿、投资计划、客观情形变化)、新投资人引进、原股东退出、股权架构调整、私公司变更为公众公司、公司经营和财务状况发生变化,等等。

公司法律关系需要调整的情形包括七组公司法律关系,其中主要调整集中在法人治理的第一层面(股东与股东之间关系)和第二层面(股东会与董事会之间的关系)。从公司法律关系角度看,即股东与股东之间、股东与公司之间以及股东与董事高管之间的法律关系调整,一旦股东与各方之间的权利义务调整到位,其他关系则相应调整,与调整相关的问题便迎刃而解,调整起来难度不大。反之,应予调整而未及时调整,或者调整不当都会

导致公司法律关系失衡。

1. 举个例子

某公司设立于 2000 年左右,由一个大股东和两位朋友共同创业,朋友因为设立时没有出资,所以不是公司设立时的股东。后来公司作了一轮股权激励,两位朋友适当出资、金额不大,各持有公司不到 1% 的股权。为鼓励市场,公司设立时制定了高额的销售提成制度,该制度确实达到了激励的效果,两位朋友在公司设立后一直是公司的销售冠军,公司销售收入规模达到 5 亿元,股东和两位朋友合计给公司贡献了 80% 以上的订单。也就是说,其他业务员拿订单能力不足,同时,公司 80% 以上的客户掌握在个人手里,而不在公司手里。

该案中,这种公司架构在公司快速发展阶段是适当的,可以促进公司的迅速成长,提高市场占有率和公司销售规模。但是公司规模化之后,需要通过组织化、信息化提高管理水平,巩固规模化成果并实现持续发展。此时需要调整薪酬结构,解决业务员提成比例过高的问题,将客户资源移交公司进行统一维护和管理。这时候在组织架构和薪酬管理制度上的调整就打破了两人之前的利益平衡,调整必然遇到困难。

2. 民营企业传承、股权继承的预先安排

改革开放初期创业的第一代民营企业家多已接近退休年龄,股东关系、公司法人治理架构到了必须调整的时间,以避免陷入被动的局面。通常来说,公司存在以下五种需要提前调整的情形:

①如果下一代主观有意愿、客观有能力承接公司,民营家族企业应如何实现成功交接并建立新的平衡?

②如果下一代主观有意愿,但客观没有能力承接公司,民营家族企业如何在职业经理人的协助下,成功交接并建立新的平衡?

③民营家族企业如何在下一代主观没有意愿承接公司的情况下通过职业经理人完成交接并建立新的平衡?

④民营非家族企业(如大学同学/朋友创业)如何在创始人即将退出公司经营管理的情况下重建股东关系的平衡?

⑤如何对上述民营控股企业和民营非家族的股权继承进行安排?

(二)如何调整?

1. 在上述案例中,两位朋友自股东创业就一起在公司,其身份和地位相当于公司创始人和股东。客观来看,三人在公司设立阶段的平衡是适当的,公司和个人均获得了利益。但由于他们获得的利益没有与公司整体发展产生的利润挂钩,他们就不会关心公司的整体发展和持续发展问题。在这种情况下,个别董事高管的个人利益与公司利益、股东利益产生了冲突,导致公司法律关系失衡。所以,调整的方向就是让他们成为股东,以低于其他股东的价格承认他们对公司的贡献,建立董事、高管与股东和公司利益的强关联,使他们有机会分享公司成长带来的利益。

2. 公司传承过程中涉及的调整相对复杂,需综合考虑公司发展的历史、业务、未来发展前景、股东的实际情况、家庭的实际情况、各方主观意愿和客观能力,在遵循人性和尊重公司法律关系基本规律、市场经济规律的前提下作出调整。每个公司情况不同,调整内容自然不同,但应遵循相同的原则：

①以公司持续经营和家庭/成员团结为目标；

②调整当前股权架构及股权的四项权能，按照当前情况将股权在下一代之间适当进行分配，并根据公司、股东实际情况对股东权利的行使作出安排：股权是否登记，对股权表决权、分红权、处分权作出限制和安排，根据参与经营管理的成员的业绩做动态调整，鼓励接班人的积极性等，满足当前发展的需要；

③设计股权继承制度应对不确定性，规避未来被动局面，满足未来需求；

④建立与股权关系调整相对应的法人治理制度，确保正确决策和有效实施；

⑤建立防范二代越权、经理人越权的约束机制和争议解决机制，防止最坏情况发生，如承接企业经营的董事高管不能实现持续盈利、会计师出具非标审计报告、公司陷入僵局、家庭成员出现重大分歧等；

⑥照顾职业经理人利益，使职业经理人在二代接班的情况下主动、积极、善意地协助二代促使公司成功，在二代不接班的情况下更要激发善意。

3. 对于私公司而言，在当前经济环境下，小股东若想迅速实现股权退出的目标，就不得不与股东、公司长期合作。

在这种情况下股东应如何调整权益？是纷纷提起诉讼将公司推向困境甚至破产？还是通过协商：如何回归事物的本质——为全面实现公司成功而群策群力？

事实上，如果公司或股东不具备履行回购义务的能力，享有回购权的股东提起诉讼,不仅难以实现其回购目标,还会引发股东挤兑,继而引发银行抽贷,最终将公司和股东一并推向深渊,致使股东个人利益与各方共同利益均无法达成。

笔者建议,如果公司还有价值,务实的解决方案是股东协商,通过引进新股东解决资金困境,同时寻求专业机构的帮助,协助公司搭建公司组织架构、明晰部门责/权/利,建立有效的约束机制,借助信息化手段和现代管理工具,提升组织能力和执行力,确保公司能够扭亏为盈。

如果公司没有价值,及时启动解散、清算程序也是理性地解决问题的方案。

4. 比较而言,非上市公司的调整难度远大于上市公司。因为上市公司股东可以按照自己的意愿、不受限制地进行股权处置,可以采用的调整手段比非上市公司多,且董事会和职业经理人制度基本建立起来,法人治理架构也基本搭建起来。

即便如此,下述案例(见图4-1)也显示了公司上市后调整的困难:海伦哲(300201)2011年上市至今10多年的时间里,从完成控股股东和实际控制人变更到无实际控制人的状态,其间经历了大量诉讼,相关方也付出了高昂的代价。

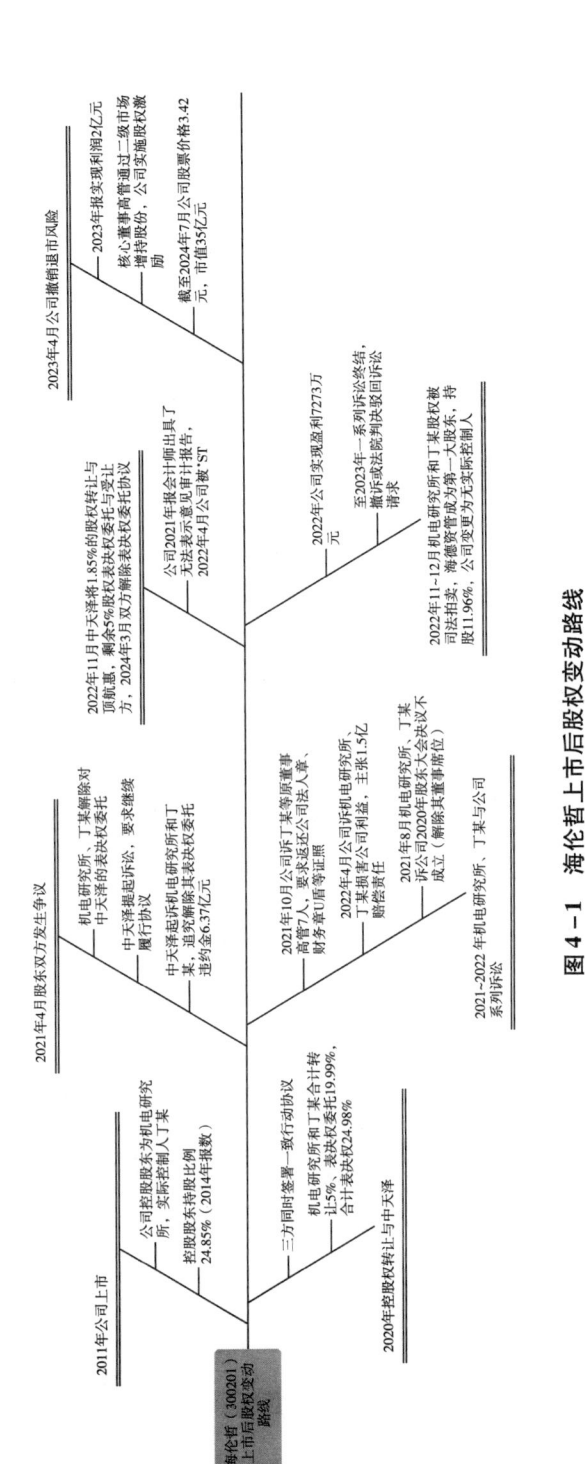

图 4-1 海伦哲上市后股权变动路线

(三)什么是调整的合适时机？

对于任何调整,尤其是公司法律关系这样重大的调整而言,选择合适的时机非常重要。一旦错过合适的时机,再想调整就非常困难了。但是,什么是合适的时机,不能一概而论,需要根据公司所处行业、发展阶段、具体业务、财务经营情况及股东的情况具体分析。一般来说,公司法律关系各方尤其是股东之间的信任关系是否存在是判断调整时机的重要标准。

1.对前述案例而言,调整公司关系的合适时机是公司设立后两位朋友市场销售能力彰显出来、三人存在信任关系的时候。一旦错过这个时机,如果两位朋友应当获得的利益没有得到满足,在后面的公司运营和管理提升过程中就很难激发他们的善意,他们在很大程度上也会成为公司提升管理水平、进一步持续发展的障碍。

2.对于公司传承来说,信任关系存在、提前安排就是好的时机。当然,如果公司在一代创业者的努力下上了一个大的台阶,传承问题处理起来难度就会小一些,一方面二代接班意愿提升,另一方面职业经理人的力量也能借上。

3.对于想退出的小股东来说,退出时机的把握需要智慧。(见图4-2)

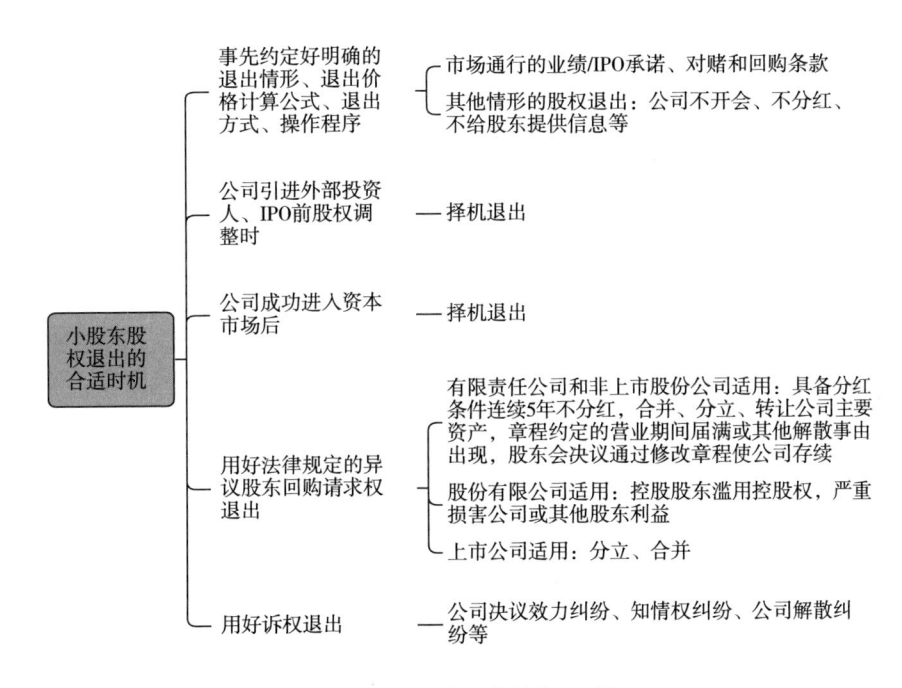

```
                    ┌─ 事先约定好明确的  ┌─ 市场通行的业绩/IPO承诺、对赌和回购条款
                    │  退出情形、退出价  │
                    │  格计算公式、退出  └─ 其他情形的股权退出：公司不开会、不分红、
                    │  方式、操作程序      不给股东提供信息等
                    │
                    ├─ 公司引进外部投资
                    │  人、IPO前股权调   ─── 择机退出
          小股东股   │  整时
          权退出的  ─┤
          合适时机   ├─ 公司成功进入资本 ─── 择机退出
                    │  市场后
                    │
                    │                    ┌─ 有限责任公司和非上市股份公司适用：具备分红
                    │                    │  条件连续5年不分红，合并、分立、转让公司主要
                    ├─ 用好法律规定的异  │  资产，章程约定的营业期间届满或其他解散事由
                    │  议股东回购请求权 ─┤  出现，股东会决议通过修改章程使公司存续
                    │  退出              │
                    │                    ├─ 股份有限公司适用：控股股东滥用控股权，严重
                    │                    │  损害公司或其他股东利益
                    │                    │
                    │                    └─ 上市公司适用：分立、合并
                    │
                    └─ 用好诉权退出    ─── 公司决议效力纠纷、知情权纠纷、公司解散纠
                                           纷等
```

图 4-2　小股东退出的合适时机

4. 以娃哈哈集团股权架构调整为例，探讨什么是合适的时机。

娃哈哈集团成立于 1993 年 2 月改革开放的初期阶段，在宗庆后创业的校办工厂的基础上改制成立。工商登记显示，1999 年 12 月公司股权结构为杭州国资委约占 46%、宗庆后先生个人占 29%、公司员工持股会占 26%，公司注册资本约 5.2 亿元。

娃哈哈集团的上述股权结构与 1999 年改制时的社会背景有关，国资、创业者和员工共同参与，形成了一个相对制衡的股权结构，任何一方都不能单独控制公司，不能单独决定公司的重大事项，公司任何重大决定都需要受其他两方股东力量的牵制。对于娃哈哈这样的一般竞争领域企业来说，股权结构上的制衡必然影响公司在市场上的反应速度，不利于激发股东积极性，也不利于公司法人治理建设，即股权结构应予调整而未及时调整。

那么,娃哈哈股权结构调整的合适时机是什么?

作为多年公司法和资本市场法律服务律师,我觉得有一点是肯定的,即宗先生在世时永远都是合适的时机。无论是否通过进入资本市场的方式进行调整,娃哈哈创始人与国资委的协商路径一直是存在的。无论有多大的困难,这个时机都是好的。错过了这个时机,增加了股东关系调整的困难,各方可能都要付出代价。

三、主动协商与被动诉讼：公司法律关系调整的方式

1. 主动协商调整需要条件：事先有约定，或者有法律规定的情形。

如果能通过一方或者双方主动协商完成调整，则对公司、董监高、债权人的伤害最小。当然，各方通过协商找到合适的方案就很重要了。

2. 被动诉讼调整也需要条件：诉讼要有力量、选择合适的时机、合适的度。

对于维持公司法律关系平衡的目标来说，诉讼不是目的。但是要借诉讼这个手段，就得确保诉讼有力量，否则这个力量借不上，难以达到预期效果。

还要选择合适的时机，除 3 年诉讼时效外，公司决议效力纠纷还须在 1 年内提起诉讼，过了这个期间就无法再提起诉讼。

所谓合适的度，就是在股东退出和公司持续经营之间，兼顾其他股东、董监高和债权人以及员工的利益平衡。近 5 年来，有很多公司因为业绩下

滑触发对外部投资人的对赌、回购条款,引发外部投资人诉讼挤兑,叠加引发银行诉讼收贷,使公司、股东账户、资产被司法查封,公司正常业务无法开展,订单、高管流失,最终令公司陷入困境甚至重整、破产。当公司到达重整、破产的状态,各方利益都受到了严重损害,最早提起诉讼的股东也无法实现其目标。

四、尊重公司和股东自治，穷尽内部救济：司法处理公司法领域争议的原则

(一) 司法介入公司法律关系的基本原则

"司法轻易不进家门"这个司法处理婚姻家庭关系的原则在公司法律关系中同样适用。最近受经济形势影响，与公司有关的纠纷呈井喷状态，司法(公权力)不得不大量涌进公司大门。如何处理疑难复杂的公司争议？法官是否有能力为各方争议提供商务的解决意见？大家期望通过法院定分止争的目标是否能够彻底实现？而且一旦各方争执不下，公司长期涉诉，必然导致订单、高管和其他员工流失，公司不能持续经营；如果不能控制诉讼的度，便会产生致公司—股东—董监高—债权人—员工甚至当地税务、政府各方利益于不利的状态。所以，经过多年的司法实践，法院在处理公司法诉讼中已达成一致的基本原则：

(1) 以公司持续经营为目标。

(2)最大限度尊重公司自治和股东自治——"有约定从约定,没有约定从法律规定"。

(3)穷尽内部救济,尽最大努力促成争议双方协商解决,避免损失扩大。特别说明的是,关于最后达成的协商的方案还得争议双方自己讨论,法官只是给大家提供一个方向和思路。

如公司法司法解释(五)第五条明确规定:

人民法院审理涉及有限责任公司股东重大分歧案件时,应当注重调解。当事人协商一致以下列方式解决分歧,且不违反法律、行政法规的强制性规定的,人民法院应予支持:(一)公司回购部分股东股份;(二)其他股东受让部分股东股份;(三)他人受让部分股东股份;(四)公司减资;(五)公司分立;(六)其他能够解决分歧,恢复公司正常经营,避免公司解散的方式。

最高人民法院民二庭相关负责人就《公司法司法解释(五)》答记者问中再次指出:

基于公司永久存续性特征,在有限责任公司股东产生重大分歧,使公司无法正常运营,出现公司僵局时,只要尚有其他途径解决矛盾,应当尽可能采取其他方式解决,从而维持公司运营,避免解散。解决公司僵局一般采取股东离散方式来避免公司解散。但是有限责任公司基于其人合性特征,股权转让受到诸多限制,不愿意继续经营公司的股东退出公司较为困难。目前通过调解方式在诉讼过程中实现类似的效果是一条可行途径。

(二) 一个案例展示公司法诉讼的基本原则

摘录最高人民法院(2017)最高法民申2148号公司解散纠纷判决书说理部分,协助大家理解公司法诉讼的基本原则。

该案法院支持了原告解散的诉讼请求。

本院认为,本案的焦点问题是东北亚公司是否符合公司解散的法定条件。

首先,关于法律适用问题……需要指出的是,有限责任公司系具有自主决策和行为能力的组织体,虽然公司会由于内部成员间的对抗而出现机制失灵、无法运转,公司决策和管理无法形成有效决议而陷入僵局,但是基于公司永久存续性的特征,国家公权力对于股东请求解散公司的主张必须秉持谨慎态度。当股东之间的冲突不能通过协商达成谅解,任何一方都不愿或无法退出公司时,为保护股东的合法权益,强制解散公司就成为唯一解决公司僵局的措施。……在公司解散案件中,法律并未设置主张解散公司的股东需要行使某项权利作为请求人民法院解散公司的前置程序。一审、二审法院依照《中华人民共和国公司法》第一百八十二条、最高人民法院《关于适用〈中华人民共和国公司法〉若干问题的规定(二)》第一条第一款之规定,根据查明的案件事实,在多次调解未果的情况下,为充分保护公司股东合法权益,依法规范公司治理结构,促进市场经济健康发展,作出解散东北亚公司的判决,适用法律并无不当。

其次,关于东北亚公司是否符合公司解散的法定条件的问题。

(一)东北亚公司的经营管理已发生严重困难。判断公司的经营管理是否出现严重困难,应当从公司组织机构的运行状态进行综合分析,公司是否处于盈利状态并非判断公司经营管理发生严重困难的必要条件。其侧重点在于公司经营管理是否存在严重的内部障碍,股东会或董事会是否因矛盾激化而处于僵持状态,一方股东无法有效参与公司经营管理。

就本案而言,可以从董事会、股东会及监事会运行机制三个方面进行综合分析。根据一审、二审法院查明的事实:

关于董事会方面,东北亚公司董事会有5名成员,董某琴方3人,荟冠公司方2人。公司章程第53条规定:董事会会议由董事代股东行使表决权,董事会会议对所议事项作出决议,决议应由代表五分之三以上(含本数)表决权的董事表决通过。根据以上规定,董某琴方提出的方案,无须荟冠公司方同意即可通过。荟冠公司曾3次提出修改公司章程,均遭到董某琴的拒绝。此外荟冠公司向东证公司转让部分股权一事,东北亚公司拒绝配合,最终通过诉讼才得以实现。2013年8月6日起,东北亚公司已有两年未召开董事会,董事会早已不能良性运转。

关于股东会方面,自2015年2月3日至今,东北亚公司长达两年没有召开股东会,无法形成有效决议,更不能通过股东会解决董事间激烈的矛盾,股东会机制失灵。

关于监事会方面，东北亚公司成立至今从未召开过监事会，监事亦没有依照公司法及公司章程行使监督职权。

综上，客观上东北亚公司董事会已由董某琴控制，荟冠公司无法正常行使股东权利，无法通过委派董事加入董事会参与经营管理。东北亚公司的内部机构已不能正常运转，公司经营管理陷入僵局。

（二）东北亚公司继续存续会使荟冠公司股东权益受到重大损失。

公司股东依法享有选择管理者、参与重大决策和分取收益等权利。本案中，荟冠公司已不能正常委派管理者。2007年8月29日，荟冠公司推荐常某出任总经理，2015年3月11日，荟冠公司委派宋某、徐某出任董事并担任副董事长和副总经理，东北亚公司均以未达到公司章程规定的五分之三决策比例为由拒绝，东北亚公司人事任免权完全掌握在董某琴一方。荟冠公司不能正常参与公司重大决策，东北亚公司向董某琴个人借款7222万元，没有与之对应的股东会或董事会决议，另外审计报告显示董某琴的关联方从东北亚公司借款近1亿元。2014年10月，东北亚公司向中国工商银行申请了5000万元贷款，而荟冠公司对于该笔贷款的用途并不知晓。2015年东北亚公司粮油市场改造扩建一事，荟冠公司及其委派的董事也并未参与。荟冠公司未能从东北亚公司获取收益，东北亚公司虽称公司持续盈利，但多年并未分红。荟冠公司作为东北亚公司的第二大股东，早已不能正常行使参与公司经营决策、管理和监督以及选择管理者的股东权利，荟冠公司投资东北亚公司的合同目的无法实现,股东权益受到重大损失。

(三)通过其他途径亦不能解决东北亚公司股东之间的冲突。

基于有限责任公司的人合性,股东之间应当互谅互让,积极理性地解决冲突。在东北亚公司股东发生矛盾冲突后,荟冠公司试图通过修改公司章程改变公司决策机制解决双方纠纷,或通过向董某琴转让股权等退出公司的方式解决公司僵局状态,但均未能成功。即使荟冠公司向东证公司转让部分股权,也由于荟冠公司与董某琴双方的冲突历经诉讼程序方能实现。同时,一审法院基于慎用司法手段强制解散公司,多次组织各方当事人进行调解。在二审法院调解过程中,荟冠公司、东证公司主张对东北亚公司进行资产价格评估,确定股权价格后,由董某琴收购荟冠公司及东证公司所持东北亚公司的股权,荟冠公司及东证公司退出东北亚公司,最终各方对此未能达成一致意见,调解未果。东北亚公司僵局状态已无法通过其他途径解决。

综合来看,东北亚公司股东及董事之间长期冲突,已失去继续合作的信任基础,公司决策管理机制失灵,公司继续存续必然损害荟冠公司的重大利益,且无法通过其他途径解决公司僵局,荟冠公司坚持解散东北亚公司的条件已经成就。

(三)最高人民法院发布的与广义的公司有关的纠纷的案由

从股东、公司、董监高的角度来讲,理解公司诉讼对于经营管理好公司、处理好公司法律关系具有重要意义。毕竟,一方面,市场经济的本质是法治经济。另一方面,在公司法律关系失衡、穷尽内部救济无效的情况下,诉讼是最有效的办法、最有力的武器。

关于与公司有关的诉讼种类,根据最高人民法院印发《关于修改〈民事案件案由规定〉的决定》的通知(法〔2020〕346号)的规定,广义的与公司有关的纠纷包括与公司有关的纠纷、合伙企业纠纷、与破产有关的纠纷、证券纠纷等若干案由。其中与公司有关的纠纷包括股东资格确认纠纷、股权转让纠纷等25个案由。

五、以当前数万亿元规模对赌回购纠纷为例：如何寻找合适的方案？

（一）对赌回购失败引发的连环诉讼

中国创投的活跃与迅猛发展始于 2014 年。根据清科研究中心统计的数据,中国股权投资市场(包括早期投资机构、VC、PE)投资规模 2018 年为 10,788 亿元,2019 年为 7631 亿元,2020 年为 8871 亿元,2021 年到达最高峰为 14,288 亿元,此后迅速下跌,到 2022 年为 9077 亿元,2023 年为 6928 亿元,2024 年上半年为 2567 亿元。考虑到投资阶段和时机选择,按投资周期 3～8 年算,这意味着从 2014 年开始,除了那些动作快的公司通过 IPO 实现了上市、投资人同步实现了退出外,大量公司从 2018 年到 2024 年上半年,有总计超过 6 万亿元的创投资金正在或逐渐面临退出问题。由于经济下行、IPO 收紧,大量创投资金无法完成通过 IPO 这一单一渠道退出。由于公司没有实现上市触发投资人的对赌、回购条款,引发了大量的连环诉

讼(见图4-3),公司、投资人股东、其他股东、实际控制人、董监高深陷诉讼泥潭:

(1)投资人股东诉请公司履行回购义务并要求大股东/实际控制人承担担保责任;

(2)其他股东诉请投资人股东、公司、董监高因损害股东利益而承担侵权责任;

(3)公司诉请采取查封公司资产、银行账户等措施的投资人股东,就其滥用股东权利损害公司利益的行为要求投资人股东承担责任;

(4)债权人诉请公司偿还债权,要求股东加速出资,追究董监高损害债权人利益的责任;

(5)有限合伙企业内部GP诉LP因越权或违反忠实、勤勉义务而损害出资人利益等。

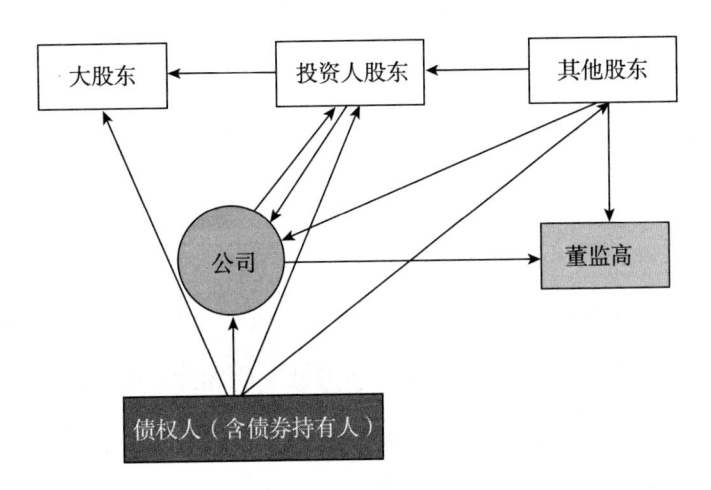

图4-3 由于触发对赌回购条款引发的连环诉讼

(二)司法实践中的困境

司法实践中处理对赌回购纠纷的态度几经演变,但始终难以妥善解决大规模的对赌回购纠纷,大量公司深陷对赌回购困境。

➡ 以 2012 年海富案为代表:与股东对赌有效,但与公司对赌因损害公司和债权人利益而无效

➡ 2019 年《九民纪要》提出股份回购是否有效要按照"股东不得抽逃出资"和是否违反股份回购的强制性规定进行审查,目标公司未完成减资程序的,法院应驳回其诉讼请求

➡ 2024 年 8 月 29 日最高人民法院答疑:投资人回购权属于形成权,其权利行使不受诉讼时效限制,而受合理期间限制(不超过 6 个月)

(三)诉讼是否能够解决各方困境?有没有更好的办法?

毋庸置疑,复杂的对赌回购纠纷再次展示了公司法律关系的复杂性,既体现了公司法和合同法的冲突,又体现了股东与股东之间、股东与公司之间的利益冲突,以及在外部环境下各方冲突的加剧。作为一直在一线协助公司对接投资人、协助投资人对接投资和项目、协助公司/投资人处理对赌回购纠纷的律师,我们深知:导致当前投资困境的原因,除公司和投资人决策失误外,还有不可忽视的时代因素,即各方市场经济要素还不够成熟。在此背景下,重建失衡的公司法律关系是非常困难的。

那么,连环诉讼是不是能够解决各方的问题?答案是否定的。

有没有更好的办法？笔者从实务的角度，对公司、公司创始人、大股东、财务投资人以及公司董监高的建议如下：

(1)困境发生后各方要寻找共益

如果公司还有核心竞争力和存续的价值，各方要回到谈判桌协商处理争议；进行股权重组，调整现股东关系，或者引进新股东控股或参股；进行业务和资产重组，出售公司核心业务/资产；引进中介机构进行管理和信息化升级。如果个别投资人坚持自己的利益而忽略公司利益、其他股东的利益，或者以牺牲公司利益、全体股东利益为代价，结果可能是不仅自己的利益无法得到满足，还可能引发新一轮股东赔偿责任纠纷。所以，协商的最优方案自然还是股东权益调整。

如果不能及时回到谈判桌进行协商，最终当公司仅有的一点核心竞争力和存续价值像"冰棍"一样化掉后，各方目标都将无法实现。

如果公司没有持续存在的价值：及时启动解散、清算甚至破产程序也是各方的共益所在。

(2)公司和创始人股东、董监高要理性对待投资行为，把工作做在困境发生前

①对自己在业内的竞争优势和不足有清晰的认识，确保能够借用外部投资人提供的资金和资源优势发力，实现业务和业绩的预期增量；

②对外部投资人投资行为的目标有清晰的认识，确认能够达到新投资人期望的收益；

③对自己的股东和公司法人治理水平有清晰的认识，确保大股东和董事高管能够善待新股东，依法履行自己的义务，及时开会，避免发生侵犯股东权益的情形等；

④对自己公司估值有清醒的认识,理解高估值的法律风险,不过分追求高估值,双方能够实事求是地对公司进行估值和设定商务条款等;

⑤密切关注合同签署后的履行过程,发现需要调整的情形,及时调整交易条款,确保各方权利义务的平衡。

(3)财务投资人也要理性对待投资行为,把工作做在困境发生前

①选好标的,通过价值发现并获取投资收益;

②全面评估标的公司所处的行业地位、竞争优势以及战略部署,确保双方合作的时机是适当的;

③依法行使股东权利,遵守《公司法》的强制性规定,不能既要公司3年后的业绩和财务数据,又要一票否决权,还要反稀释权、清算优先权等股东权利,应在新股东进入时建立股东之间的平衡关系,并尽可能预留未来调整的空间;

④实事求是地设定退出条款,用好小股东股权退出的机会;

⑤做好投后管理,全面发挥投资人对标的公司的助力作用,如资金、资源,以及帮助标的公司建立健全法人治理制度,确保投资能够为标的公司创造价值;

⑥密切关注合同签署后的履行过程,做好投后管理,发现需要调整的情形,及时调整交易条款,确保各方权利义务的平衡。

总而言之,对赌回购纠纷给公司、创始股东、外部投资人、董监高带来了不小的挑战,免不了造成一些损失。不过,对个体而言,总还是可以有所作为的。